COLLECTION
FOLIO CLASSIQUE

Molière

L'Amour médecin
Le Médecin malgré lui
Monsieur de Pourceaugnac
Les Fourberies de Scapin

Texte établi, présenté et annoté
par Georges Couton

Gallimard

MOLIÈRE, LA FARCE
ET LA COMÉDIE ITALIENNE

> *Monsieur Jouvet, pourquoi jouez-vous des pièces à succès?*
>
> JOUVET : *Vous voulez que je joue des pièces à insuccès?*
>
> Giraudoux. *L'Impromptu de Paris.*

Demandons à Furetière, qu'on ne consulte jamais sans profit, ce qu'il entend par « farce ».

« Farce, se dit de ces petites facéties que donnent les charlatans en place publique pour y amasser le monde, parce qu'elles sont remplies de plusieurs pointes [calembours] et mots de gueule [« paroles sales et obscènes »]. Les comédiens en ont fait de plus régulières qui ont gardé le même nom chez le peuple et qu'ils appellent plus honnêtement de petites pièces comiques : les farces de Tabarin, de Marroquin, de Turlupin, etc. La farce du Baron de la Crasse [auteur : Poisson, 1669, Hôtel de Bourgogne, un acte], du Souper malapprêté [Hauteroche, 1669, Hôtel de Bourgogne, un acte], etc. Les vieux poètes ont fait grand état de la farce du Patelin. »

Ainsi nous est-il suggéré que les farces des « opérateurs » sur la place publique — nous reparlerons d'eux

— et celles des comédiens sont de même nature, les premiers parlant plus gaillardement, les comédiens étant « plus réguliers », plus soucieux des convenances. Mais, même « plus régulière », la farce chez les comédiens n'ose plus afficher son nom : on lui donne le titre plus « honnête » de « petite pièce comique ». Il sera bon de revenir à ces distinctions de vocabulaire. Mais adoptons d'abord un point de vue plus théâtral.

Une représentation à l'Hôtel de Bourgogne, le grand théâtre parisien, faisait, à un public qui ne manquait pas d'appétit, bonne mesure : d'abord un prologue ; puis la grande pièce : tragédie, tragi-comédie, pastorale suivant les modes et les occasions ; ensuite la farce ; et l'on terminait par une chanson. De quoi, je pense, retenir les spectateurs trois heures et demie ou quatre. On songe au cinéma il n'y a pas si longtemps : une représentation comportait actualités, film documentaire, film comique ou dessin animé, et le grand film.

Au début du siècle, les Bourguignons ont eu un trio de farceurs illustres : Gaultier-Garguille, Gros-Guillaume, Turlupin. Ils disparaissent, mais non leur souvenir, en 1632, 1634, 1637. Le grand farceur de la génération suivante sera Jodelet, qui passera du théâtre du Marais à l'Hôtel de Bourgogne, reviendra au Marais et finira, pendant un an seulement, dans la troupe de Molière ; assez grand personnage pour ne plus paraître seulement dans des farces, mais pour que des comédies entières, en cinq actes, soient écrites pour lui.

Il me paraît certain que l'Hôtel de Bourgogne a gardé cette composition de ses séances tout au long de son existence : le public n'aurait pas aisément admis qu'on le frustrât de telle partie attendue d'un spectacle. Lorsque Tallemant des Réaux assure (vers 1658?) : « il n'y a plus de farce qu'au Marais à cause

que [*Jodelet*] *y est* », *cela doit, à mon sens, s'entendre :
il n'y a plus de farce qui vaille, qui mérite d'être
mentionnée. Je ne crois pas à la disparition de la farce.*

  *Comment une séance était-elle composée chez
Molière? Il est aisé de le savoir, pense-t-on d'abord :
nous avons le* Registre *de La Grange. Donnons son
titre exact :* Extrait des recettes et des affaires de la
comédie depuis Pâques de l'année 1659. *La Grange
l'a tenu jusqu'en 1685, inscrivant les événements
marquants de la vie de la troupe, départs, mariages,
décès : notant aussi la recette et la part qui revenait à
chaque acteur. Ce registre lui est personnel*[a] *: il ne
constitue pas le livre de comptes de la troupe. Pour
chaque représentation, il indique la pièce jouée,
quelquefois il ajoute le titre d'une petite comédie : il
arrive qu'il inscrive seulement « une petite comédie ».
Faut-il entendre que lorsqu'il ne mentionne pas une
petite comédie au programme de la soirée, c'est qu'il
n'y en avait pas eu? Quelquefois sans doute; nous le
verrons plus loin. Certainement pas toujours.
M*me* S. Chevalley a dressé le* Répertoire des [...]
pièces jouées par la troupe de Molière de Pâques
1659 au 17 février 1673[b]. *A ce compte, en quatorze
ans,* La Casaque, Les Trois Docteurs *auraient été
joués une fois seulement,* Le Docteur pédant *trois
fois,* Le Fagotier *deux fois,* Gros-René écolier *deux
fois,* Le Fin lourdaud *trente fois. Cela n'est pas
pensable. D'autre part, nous savons que Molière a
connu son premier succès devant le roi avec, pour sa
première représentation, une farce de son répertoire :*
Le Docteur amoureux *(octobre 1658). Le 18 avril*

  a. Voir S. Chevalley, « Les registres au théâtre à l'époque de
Molière », revue XVIIe siècle, 1973, no 98, p. 17-32.
  b. S. Chevalley, *Molière en son temps,* p. 382.

1659 Gros-René écolier *et* Le Médecin volant *sont joués devant le roi. Mais d'avril 1659 à novembre 1659* (Les Précieuses ridicules) *aucune farce ni petite pièce n'est mentionnée par La Grange. Peut-on penser qu'il n'y en a pas eu, que Molière qui avait à s'imposer à Paris, et le faisait à grand-peine, aurait renoncé à son meilleur atout, la farce, qui avait plu à Sa Majesté? Il faut à mon sens nécessairement conclure qu'en bien des occasions La Grange a négligé de mentionner la farce. Je croirais donc que la farce a été jouée chez Molière beaucoup plus souvent que La Grange ne l'indique.*

Quant aux prologues, La Grange les mentionne très rarement. Il résume cependant un prologue particulièrement original à Versailles devant le roi : « M. Molière fit un prologue en marquis ridicule, qui voulait être sur le théâtre malgré les gardes et eut une conversation risible, avec une actrice qui fit la marquise ridicule, placée au milieu de l'assemblée » *(12 juin 1665).*

« Prologue », « annonce », « compliment » *paraissent être la même chose. Même non mentionné, le prologue ouvre toutes les représentations. A preuve cette phrase de Chappuzeau :* « Comme [La Grange] a beaucoup de feu et de cette honnête hardiesse si nécessaire à l'orateur, il y a plaisir à l'écouter quand il vient faire le compliment. » *Chappuzeau a écrit* le *compliment et non* un *compliment : le compliment est de règle, c'est une institution. Il contient l'annonce des prochaines représentations et sans doute des propos d'actualité. Le souvenir d'une autre de ces* « annonces » *a été conservé. A propos des* Femmes savantes *le bruit courait qu'un homme de lettres connu y serait représenté par M. Trissotin;* « mais M. de Molière s'est suffisamment justifié de cela par une harangue qu'il fit au public deux jours avant la première représentation de

sa pièce » (Le Mercure galant, *25 mai 1672).*
Molière avait repris en la circonstance sa fonction
d' « orateur » de la troupe, qu'il avait cédée depuis
novembre 1664 à La Grange, pour apporter un de ces
démentis malicieux, qui confirment. Que les « an-
nonces » dans la troupe de Molière aient souvent été
malignes, à l'occasion méchantes, on peut s'en douter.
Si elles n'ont guère laissé de souvenir, c'est sans doute
parce qu'elles restaient de bonne compagnie. On s'en
ferait une idée fausse en pensant à leur propos aux
truculences des prologues de Bruscambille à l'Hôtel de
Bourgogne au début du siècle.

Le grand chansonnier de l'Hôtel de Bourgogne
avait été Gaultier-Garguille. Ce que devient après lui
la chanson, on le sait mal. Elle a continué à exister, au
moins a-t-on gardé le souvenir d'une chanson ignoble,
qui éclaboussait Madeleine Béjart, pendant la querelle
de L'École des femmes : *la chanson de la coquille*
(Molière, Pléiade, I, p. 1302). A notre connaissance,
les représentations, chez Molière, ne comportaient pas
de chanson.

Une représentation au Palais-Royal devait donc
être sensiblement plus courte que chez les Bourgui-
gnons. Mais ce théâtre ressemblait un peu à ce que
nous appelons un « théâtre d'essai » : le public atten-
dait sans doute du repas théâtral qui lui était servi
plutôt l'originalité que l'abondance. N'empêche : une
représentation ne peut guère descendre au-dessous
d'une certaine durée ; on ne peut envoyer le public se
coucher au bout d'une heure. On ne peut pas lui
donner moins de trois actes plus quelques hors-d'œuvre.

La troupe de Molière jouait donc ordinairement,
après « l'annonce », une grande pièce, tragédie, comé-
die en cinq actes, ou en trois, d'ordinaire du chef de la
troupe lui-même. Lorsque la pièce est nouvelle, elle
suffit, avec « l'annonce » ou « prologue », à constituer le

spectacle. Du moins le Registre *de* La Grange *le laisse penser. Ainsi* Le Tartuffe *ou* Psyché *remplissaient une représentation : l'une, pièce longue, attendue, l'autre, pièce longue aussi, et à grand spectacle. Lorsque l'intérêt pour la grande pièce nouvelle faiblissait, on ajoutait une pièce en un acte.*

Au moment où les recettes de Sertorius *baissent (avril 1663),* Le Docteur pédant *ou* La Jalousie de Gros-René, *ou* Gorgibus dans le sac *viennent à la rescousse. Ce doit être humiliant; Racine a dû être peiné que sa* Thébaïde, *jouée d'abord seule, ait été à partir de la cinquième représentation accompagnée d'une farce :* Le Médecin volant, Gorgibus dans le sac, Le Cocu imaginaire, *ou d'une danse. Un ami des* Corneille, *auteur dramatique lui-même, parle à propos de l'adjonction d'une farce à une tragédie de Quinault d'un « secours si peu honnête [c] ».*

Pour étoffer des séances qui ne pouvaient pas descendre au-dessous d'une certaine longueur, Molière disposait donc d'un répertoire de pièces en un acte, des farces, même s'il ne leur donne pas ce nom. Sans doute ne connaissons-nous pas tout ce répertoire [d]. Certaines farces sont de lui : La Jalousie du Barbouillé, Le Médecin volant, *ont été conservés.* Le Docteur amoureux *dont nous avons le texte n'est pas le* Docteur amoureux *de Molière (voir Pléiade, I, p. 7 et* Studi francesi, *mai 1975, nº 56, p. 304 sq). Pour d'autres nous n'avons que des titres :* Les Trois Docteurs rivaux, Le Maître d'école, Gros-René écolier *ou* Gros-René petit enfant, Gorgibus dans le sac... *Son répertoire s'enrichira de pièces en un acte de*

c. Coquetot de la Clairière à l'abbé de Pure, 13 janvier 1660, BN, ms. fs. 15209 fº 67.
d. Voir G. Michaut, *La Jeunesse de Molière*, p. 212, et S. Chevalley, *Molière en son temps*, p. 382.

Donneau de Visé : La Veuve à la mode, L'Accou-
chée ou l'embarras de Godard. *Pendant la querelle
d'*Andromaque, La Critique d'Andromaque *ou la
folle querelle de Subligny remplira ce rôle de pièce
d'appoint, encore qu'elle soit en trois actes.* La
Critique de l'École des femmes, L'Impromptu de
Versailles *servent aussi à compléter une représentation.*

Le rôle de pièce d'appoint est à l'occasion dévolu
par Molière à des comédies en trois actes ; elles font,
alors, fonction de farce. Ainsi L'École des maris
accompagne Héraclius, Nicomède. L'Amour médecin *vient étayer* La Thébaïde, Sertorius *ou* Le
Menteur. Le Médecin malgré lui *suit* Sertorius *ou*
Le Misanthrope. *Molière en ces occasions-là a fait
bonne mesure : huit actes. Au reste après la mort de
Molière les choses ne changent pas :* Polyeucte *est
suivi du* Médecin malgré lui ; *cette organisation du
spectacle est traditionnelle.*

La farce est ainsi d'abord cet appoint qui donne au
spectacle une durée suffisante. Elle est aussi l'élément
de gaieté après une pièce qui a pu demander au
spectateur plus d'attention, voire de tension. Elle a dû
être aussi le moment où le théâtre se débridait et se
permettait, à l'occasion, les « personnalités »* [e]. Agacés
par l'importance accordée au financier Montauron,
« les gens de M. d'Orléans le firent jouer à la farce et
il y avait une fille à la Montauron, qu'on disait être
mariée* Tallemant *quellement » (des Réaux,* Histo-
riettes, *Pléiade, II, p. 539). Cela se passait au

---

e. La tradition est ancienne. A l'Hôtel de Bourgogne, Valleran-
le-Conte jouait après la comédie « une farce sur ce qui peut être
arrivé de drôle à Paris en fait d'amourettes ou d'autres anecdotes
du même genre » (témoignage de Thomas Platter, cité par
R. Lebègue).

*théâtre du Marais. Mais les Italiens ne craignent pas
davantage les allusions personnelles. Une Aurélie s'est
éprise d'un écrivain besogneux et de mauvaise mine.
Pour l'en éloigner, on lui joue un tour : on la mène à
la Comédie italienne. « Vous savez la manière de ce
théâtre, l'esprit et la liberté des acteurs. » Aurélie a la
pénible surprise de voir qu'elle est « jouée sur le
théâtre » ainsi que son « poète contrefait ». La leçon
ainsi faite en public lui servira pourtant (voir
Molière, Pléiade, I, pp. 251-252). Comment Molière
de son côté a joué de façon transparente des médecins
fort connus dans son Amour médecin, on le verra
dans la notice de cette pièce.*

*Cette orientation possible, et sans doute plus fré-
quente que nous ne le savons, vers les allusions
personnelles contribue à donner à la farce une
réputation inquiétante qui se traduit de diverses
façons : par des jugements explicites et dans le
vocabulaire par les emplois, les résonances, les définitions des mots farce et farceur, qui mériteraient bien
une étude.*

*Beaucoup des Rituels composés pour l'instruction de
leurs prêtres par les évêques du XVIIe siècle prévoient
que la sépulture ecclésiastique sera refusée aux comédiens, farceurs, bateleurs, usuriers, prostituées s'ils
n'ont pas renoncé avant leur mort. Lorsque les
comédiens ne sont pas mentionnés, les « farceurs »
d'ordinaire le sont : ils se situaient ainsi à l'échelon le
plus bas et le plus méprisé des gens de théâtre,
condamnés encore par l'Église lorsque déjà les comédiens ne l'étaient plus. On s'attendrait à ce que les
auteurs dramatiques au moins rendent justice aux
farceurs. Ils semblent estimer au contraire que les
farceurs compromettent le théâtre et ils tâchent de se
désolidariser d'eux. L'abbé d'Aubignac constate que
chez les Anciens les comédiens et tragédiens étaient*

*beaucoup plus honorablement considérés que les bate-
leurs et histrions. Mais les comédiens se sont « abandonnés de nouveau à des farces ridicules et malhonnêtes que feu M. le Cardinal de Richelieu avait
bannies de la scène et ayant ressuscité les Turlupins,
les Gaultier-Garguilles et les Jodelets, qui sont les
vrais histrions, ils ne doivent pas trouver étrange qu'on
leur donne le nom des personnages qu'ils jouent ».*
L'abbé d'Aubignac écrit ces lignes en 1666 dans sa
Dissertation sur la condamnation des théâtres. Il
prévoit la répression et on craint bien qu'il ne la
souhaite : depuis quelques années « *notre théâtre se
laisse retomber peu à peu dans sa vieille corruption et
les farces impudentes, les comédies libertines où l'on
mêle bien des choses contraires au sentiment de la piété
et aux bonnes mœurs ranimeront bientôt la justice de
nos rois et y rappelleront la honte et les châtiments* ».
Ce disant il regarde certainement du côté de Molière
et ne pardonne pas la scène du le dans L'École des
femmes (II, v). Racine n'est pas plus tendre : « *Je
me sais gré [d'avoir réjoui le monde] sans qu'il m'en
ait coûté une seule de ces sales équivoques et de ces
malhonnêtes plaisanteries qui coûtent maintenant si
peu à la plupart de nos écrivains et qui font retomber
le théâtre dans la turpitude d'où quelques auteurs plus
modestes l'avaient tiré. Avis au lecteur des* Plaideurs, 1668. » On pourrait allonger cette liste de
condamnation des farceurs par les gens de théâtre.

Le malheur est que, dans les troupes peu nombreuses
du XVIIe siècle, les mêmes comédiens jouent à la farce
et dans la tragédie. Leurs rôles à la farce les
discrédite. Un ami des Corneille évoque des démêlés
obscurs qui ont opposé un amateur de théâtre, le
marquis de Sourdéac, aux comédiens qui ont créé en
son château du Neubourg La Conquête de la Toison
d'or de Pierre Corneille. Il a eu tort, dit-il, « *de se*

jouer avec des gens qui de Roys en un moment deviennent
des farceurs » (BN, ms. fr. 15209, fol. 61). Voilà qui
ressemble assez aux sentiments de Boileau :

Dans ce sac ridicule où Scapin s'enveloppe
Je ne reconnais plus l'auteur du *Misanthrope*.
(*L'Art poétique*, III.)

    Le caractère péjoratif du mot farceur est certain
dans les occasions où il est appliqué à Molière. « Il a
la vanité d'être le premier farceur de France », écrit
Somaize *qui ne l'aime guère, et concède avec mépris*
qu'il « vaut mieux être le premier d'un village que le
dernier d'une ville, bon farceur que méchant comé-
dien » ; en somme il n'y a pas de sot métier. Défense
fielleuse. Lorsque Mlle Desjardins *reproduit de*
mémoire Les Précieuses ridicules, *elle intitule son*
opuscule Récit de la farce des Précieuses, *et je crains*
que cela n'ait pas fait plaisir à Molière qui lui-même
appelle sa pièce « comédie ». Thomas Corneille regrette
*que l'*Oreste et Pilade *de son ami Coquetot de la*
Clairière joué par la troupe de Molière ait fait un
« four ». « Tout le monde dit qu'ils ont joué détestable-
ment sa pièce et le grand monde qu'ils ont eu à leur
farce des Précieuses *après l'avoir quittée fait bien*
connaître qu'ils ne sont propres qu'à soutenir de
semblables bagatelles » (à l'abbé de Pure, 1er *décembre*
1659, BN, ms. fr. 12763, fol. 171). « Bagatelles » est
le mot le plus doux dont puisse s'appeler une farce,
pour Thomas Corneille qui cependant a écrit pour
Jodelet, mais des comédies en cinq actes. Il est sûr que
Rochemont n'entendait pas faire un compliment à
Molière lorsqu'il écrivait : « Il faut tomber d'accord
que s'il réussit mal la comédie, il a quelque talent
pour la farce, *et quoiqu'il n'ait ni les rencontres de*
Gaultier-Garguille, ni les impromptus de Turlupin, ni

*la bravoure de Capitan, ni la naïveté de Jodelet, ni la
panse de Gros-Guillaume, ni la science du Docteur, il
ne laisse pas de plaire quelquefois et de divertir en
son genre* » (Observations sur le Festin de pierre,
1665). *Tallemant de Réaux est moins sévère :* Molière
« *fit des farces qui réussirent un peu plus que des
farces* », *ensuite il voulut* « *faire une pièce en cinq
actes* ». *Molière est accusé pendant la querelle de*
L'École des femmes *d'avoir par ses* « *rhapsodies* »
contaminé les Bourguignons et d'avoir obligé cette
« *unique et incomparable troupe à représenter des
bagatelles et des* farces *qui n'auraient été bonnes en un
autre temps qu'à divertir la lie du peuple dans les
carrefours et les autres places publiques* ». *Il est
responsable d'une invasion de* « *monstres* », *de*
« *farces* » : « *Ne sont-ce pas d'agréables choses que des*
Secrétaires de saint Innocent, Les Miracles du
mépris, L'Intrigue des carrosses, *des* Colins-Mail-
lards [*pièces de Chevalier, Chappuzeau et d'auteurs
non identifiés*] *et je ne sais combien d'autres fatras
dont les uns ont suivi* Les Précieuses *et* Le Cocu
imaginaire *et les autres précédé ou accompagné*
L'École des maris *et celle des* femmes *pour leur
disputer l'honneur de divertir les honnêtes gens ?* »
(*Robinet*, Panégyrique de l'École des femmes). *Le
contexte semble bien impliquer que* L'École des maris,
comme celle des femmes *sont farces au même titre que
les* Précieuses *ou* Le Cocu imaginaire.

   Les Précieuses ridicules *faisant rechuter le théâtre
dans la farce, le ramenant au niveau des* « *divertissements de la lie du peuple dans les carrefours* »...! *Il
fallait bien de l'aveuglement, du dépit ou de la haine
pour ne pas voir que si les* Précieuses *tenaient à la
farce, elles annonçaient au moins la grande comédie.
Mais ces textes, si injustes, montrent par leur outrance
même que les mots* farce *et* farceur *étaient devenus*

mots de la polémique et de l'insulte. Et c'est de quoi
une autre preuve nous est fournie par des silences.
Molière mort, les épitaphes ont pullulé, ordinairement
sévères; aucune pourtant ne va jusqu'à le traiter de
farceur, tant le mot était méprisant.

   Je voudrais citer un texte largement postérieur.
« Farce, espèce de comique grossier où toutes les règles de
la bienséance, de la vraisemblance et du bon sens sont
également violées. L'absurde et l'obscène sont à la farce
ce que le ridicule est à la comédie. ... Il serait aussi
surprenant qu'un homme qui fait ses délices journalières
de ces grossières absurdités fût vivement touché des
beautés du Misanthrope *et d'*Athalie *qu'il le serait de*
voir un homme nourri dans la débauche se plaire à la
société d'une femme vertueuse. ... La farce n'exerce ni
le goût ni la raison; de là vient qu'elle plaît aux âmes
paresseuses, et c'est pour cela même que ce spectacle est
pernicieux... La farce est le spectacle de la grossière
populace et c'est un plaisir qu'il faut lui laisser, mais
dans la forme qui lui convient, c'est-à-dire avec des
tréteaux pour théâtre et pour salle des carrefours; par
là il se trouve à la bienséance des seuls spectateurs qu'il
lui convienne d'y attirer. Lui donner des salles
décentes et une forme régulière, l'orner de musique, de
danses, de décorations agréables, c'est dorer les bords
de la coupe où le public vient boire le poison du
mauvais goût. » Ce texte est de 1756, dans l'Encyclo-
pédie et l'auteur, qui devait être fier de son réquisi-
toire, a signé expressément : « article de M. Marmon-
tel [f] ». La farce méritait-elle tant d'honneur ou tant
d'indignité? M. Marmontel avait plus de vertu que
d'humour.

---

   f. On notera que la signature est annoncée d'une façon
inusitée. Est-ce pour rejeter la responsabilité de ce jugement si
tranchant sur son auteur?

L'*Académie,* en *1762,* est moins sévère pour la
farce : « *petite comédie plaisante et bouffonne, qui se
joue ordinairement après une pièce de théâtre plus
sérieuse* ». Elle est bien obligée de constater cependant
que le farceur est « *le comédien qui ne joue que des
farces. Il se dit par mépris d'un acteur qui se charge
d'un rôle comique* ». Le Dictionnaire de *Trévoux (4ᵉ
éd. 1771)* reconnaît implicitement que le mot farce
reste inquiétant : « *petite comédie bouffonne quelquefois plaisante... On dit plus ordinairement aujourd'hui
petite pièce* ». Pendant toute cette période qui va de
Molière à la fin du XVIIIᵉ siècle, il ne se rencontre
guère qu'une définition sympathique et non passionnée
de la farce, celle du dictionnaire de Richelet *(éd. de
1721)* : « *Farce, forme de poésie dramatique contenant une action plaisante dont le but est de faire rire
et d'instruire agréablement. La farce doit être vive,
railleuse, et écrite d'un style aisé et facile. Elle se
compose en vers ou en prose. Elle doit être égayée et
remplie d'incidents ingénieux et plaisants.* »

On le voit : pour une appréciation sympathique de
la farce, beaucoup sont défavorables. Autour des mots
farce et farceur flottent des mots dépréciateurs, des
images méprisantes. Qui dit farceur pense plus volontiers saltimbanque, bouffon, histrion, baladin ou bate-
leur que comédien; voit plus aisément des tréteaux
à un carrefour qu'un théâtre ayant pignon sur rue. Je
songe à un frontispice bien curieux — mais quand
aurons-nous une iconographie théâtrale complète? —
en tête du livre De charlataneria eruditorum decla-
mationes duae *(Amsterdam, 1715).* Les tréteaux d'un
opérateur : à gauche un petit Arlequin avec sa batte
dirige un enfant acrobate qui marche sur les mains;
l'opérateur, homme de distinction, porte grande per-

ruque et longue épée ; des Maures enturbannés l'enca-
drent et distribuent le médicament à la clientèle ; au
fond, assise sur un lit, une dame, quelque Colombine ;
dans l'entrebâillement du rideau de fond on distingue
Valère ou Lélio ; et par côté sur un perchoir, un singe.
Les comédiens et le singe savant ont même fonction
publicitaire, et ce n'est pas de quoi redorer le blason
des farceurs, eussent-ils tout le talent imaginable.
Ajoutez que la farce en général est soupçonnée de ne
pas trop hésiter devant les allusions personnelles et les
propos gaillards. Les gens d'ordre avaient bien des
raisons pour dresser un réquisitoire sans appel contre
les farceurs pour diffamation, pornographie et incon-
duite ; quelques occasions aussi de rire, même avec
mauvaise conscience. « Hypocrite spectateur, mon
semblable, mon frère ! » pouvait dire Molière.

Que Molière ne partageât pas ce mépris de la farce,
si général, on n'en saurait douter. Il savait combien il
est difficile de faire rire les honnêtes gens, même avec
des allusions spirituellement libertines. N'empêche : il
a cédé lui aussi à ce mouvement où entrent snobisme,
purisme, voire puritanisme, et qui chasse le mot farce
du vocabulaire plus que la farce du théâtre. Il a
consenti à la mort du mot farce. Il n'a sous-titré farce
aucune de ses petites pièces en un acte, mais les appelle
toujours comédies [g]. *Ainsi font au reste ses confrères les*
Bourguignons ou les comédiens du Marais : lorsque
l'Hôtel de Bourgogne revient à la farce, ou renouvelle
son répertoire de farces avec R. Poisson qui crée le
personnage de Crispin, ces pièces en un acte seront
appelées « comédies ».

Pour être tout à fait précis, il faut donc, à mon sens,

g. Je ne vois pas que La Grange emploie jamais le mot farce.
Ainsi au 17 février 1661, il marque qu'ont été joués « D. Garcie
et une P[etite] comédie ».

insister sur trois points. D'abord, qui voudrait s'en
tenir à l'extérieur, à la sécheresse des fiches bibliogra-
phiques, dirait : Molière n'a pas écrit de farces, mais
seulement des comédies en un acte : La Jalousie du
Barbouillé, Le Médecin volant, Les Précieuses,
Sganarelle, Le Mariage forcé... *Le deuxième point :
Mettons-nous à la place de l'homme de théâtre, qui
compose son affiche : Molière dispose de pièces en un
acte, de pièces en trois actes aussi, capables d'étoffer
un spectacle et de faire fonction de farces. Les pièces
en trois actes sont souvent ambivalentes et peuvent soit
appuyer une grande pièce, soit constituer le centre du
spectacle. Le troisième point : à considérer les thèmes,
les situations, le jeu, l'esprit de farce n'est cantonné ni
dans les pièces en un acte, ni dans les pièces en trois
actes mais pousse des prolongements dans tout le
théâtre de Molière.*

Les liens personnels de Molière avec les farceurs et
le monde de la farce sont nombreux. Furetière a
signalé deux occasions où l'on rencontre la farce : sur
les tréteaux des charlatans, et chez les comédiens de
métier. Sinon la farce elle-même sous forme d'une
petite pièce comique en un acte, du moins son esprit se
trouve dans le théâtre des comédiens italiens. On ne
peut pas, à mon sens, étudier la farce chez Molière en
laissant à part les comédiens italiens.

Grimarest, le biographe de Molière, qu'on peut
critiquer mais non négliger, assure que son grand-père,
passionné de théâtre, le menait souvent à l'Hôtel de
Bourgogne. Il a pu voir jouer l'illustre trio des
farceurs : il avait déjà dix ans quand est mort
Gaultier-Garguille, quinze ans quand a disparu Turlupin. Il a certainement vu le successeur de Gaultier-
Garguille, Guillot-Gorju. Si l'on veut croire Somaize,

il « *tire toute sa gloire des mémoires de Guillot-Gorju qu'il a achetés de sa veuve et dont il adopte tous les ouvrages* » (*Préface des* Véritables précieuses, *1660*). *Ce n'est pas article de foi, il n'est pas impensable pourtant que Molière ait fait l'acquisition des livres et des papiers de Guillot-Gorju* [h]. *Cela n'enlève rien à son mérite.*

Qu'il ait bien connu les Italiens n'est pas douteux. Dès ses années d'enfance, c'est probable. Revenu à Paris, c'est certain : il partage leur salle. Il va les voir jouer. Dès 1663, on lui reproche de n'être qu'une « *copie de Trivelin et de Scaramouche* » (*Donneau de Visé*, Nouvelles nouvelles). *Le frontispice d'*Élomire hypocondre, *que nous allons retrouver, le montre en face de Scaramouche essayant d'imiter ses jeux de physionomie et contrôlant dans un miroir s'il y réussit bien. Les Italiens jouaient en improvisant sur un canevas : c'est la* commedia dell'arte. *Ils intercalent dans leur dialogue des scènes en français mais ne viendront tout à fait au français qu'après la mort de Molière. Jouant en italien devant un public étranger, ils étaient amenés à insister beaucoup sur les gestes et la mimique. Ce pourrait bien être à leur école que Molière a développé un talent de mime, unanimement reconnu. Leur audace dans les allusions personnelles était notoire ; elles leur vaudront l'expulsion. Gherardi par qui surtout ce théâtre des Italiens nous est connu* (Le Théâtre italien ou le Recueil de toutes les scènes françaises qui ont été jouées sur le théâtre italien de l'Hôtel de Bourgogne, 1694), *insiste beaucoup sur l'art d'improvisation de ses compatriotes :* « *Les*

h. Guillot-Gorju, 1600-1648. Il remplace Gaultier-Garguille à l'Hôtel de Bourgogne, et se retire peu après 1642. Sa veuve vit encore en 1657.

Comédiens italiens n'apprennent rien par cœur, et il leur suffit pour jouer une comédie, d'en avoir vu le sujet un moment avant d'entrer sur le théâtre. Ainsi la plus grande beauté de leurs Pièces est inséparable de l'action, le succès de leurs Comédies dépendant absolument des acteurs, selon qu'ils ont plus ou moins d'esprit, et selon la situation bonne ou mauvaise où ils se trouvent en jouant » (Avertissement du Théâtre italien, *1721 ; t. I, p. 1*). *Molière n'a-t-il pas voulu rivaliser avec ses voisins et amis les Italiens, se montrer capable de la même virtuosité? Nous croirions assez que chaque représentation des farces et des comédies en trois actes comportait des lazzis ou des mots différents selon l'humeur du jour ; et que là serait l'une des raisons pour lesquelles les* Fourberies, Pourceaugnac, Le Médecin malgré lui, L'Amour médecin *sont en prose. Hypothèse, certes ; je la crois très vraisemblable. Je me demande si une variante de* L'Amour médecin *(voir p. 70 et note 46* bis*) n'est pas une de ces additions malicieuses que l'actualité suggérait.*

Un des témoignages les plus remarquables sur Molière est une comédie, Élomire hypocondre *(1670)*. Ce qu'est l'hypocondrie, on y reviendra à propos de Monsieur de Pourceaugnac. L'auteur est malveillant, mais il est informé. A l'en croire, Molière aurait commencé sa carrière théâtrale sur les tréteaux de charlatans. Sur les places, sur le Pont-Neuf, dans les foires au XVIIe siècle on voyait des marchands de remèdes mirifiques, l'orviétan par exemple. C'est d'eux que parle l'article de Furetière comme de ces « charlatans » qui donnent de « petites facéties » pour amasser le public, qui de spectateur deviendra acheteur. De ces charlatans ou « opérateurs » plusieurs étaient illustres : ainsi Tabarin, ainsi Bary et l'Orviétan. De *leurs farces, il est resté peu de chose* [i], *leurs prologues ont été mieux conservés. Une petite troupe était au service des mieux pourvus de ces charlatans, d'autres attiraient le client par des moyens plus modestes. Une parade, puis une farce attroupaient les badauds. Quand ils étaient en nombre suffisant, la vente commençait. Les prologues facétieux abondent, comme le dit Furetière, en calembours et « mots de gueule ». Comique direct et qui fait grand usage du contraste burlesque entre des pédanteries et un réalisme brutal. A croire Élomire hypocondre, Molière aurait tenu un rôle chez l'Orviétan, et brigué chez Bary « un quatrième emploi ». Il aurait même joué le rôle de « compère », se faisant piquer par des vipères pour montrer l'efficacité du contrepoison que vendait l'opérateur. Que retenir de tout cela? Il n'est pas d'une improbabilité criante qu'un garçon passionné de théâtre ait débuté de la façon la plus modeste au service d'un opérateur. Pas plus qu'il ne le serait qu'un jeune comédien de nos jours débutât dans une bande publicitaire. On notera que dans* L'Amour *médecin, après avoir consulté sans profit des médecins très illustres, Sganarelle va acheter pour sa fille son remède universel à l'Orviétan. L'Orviétan ne donne pas à ses clients la comédie, mais il les régale d'une danse de ses valets, costumés en Trivelins et en Scaramouches, donc en personnages de la comédie italienne (*L'Amour *médecin, II, 7).*

On voit que les occasions n'ont pas manqué à Molière pour se familiariser avec la farce. L'Illustre Théâtre pendant sa courte existence parisienne, la troupe provinciale, à laquelle Molière ensuite se

---

i. Sur les opérateurs, voir la note 6 de *L'Amour médecin* et la note 38 pour l'Orviétan. Sur Tabarin, Yves Giraud, *Les Fantaisies du farceur Tabarin*, 1976, La Pensée Universelle éd.

rattacha et dont il devint le chef, avaient sans aucun doute des farces à leur programme : c'était plus qu'un usage, une nécessité, et le public les aurait exigées. Lesquelles? On ne le sait pas.

Le 24 octobre 1658 est une date qui compte : Molière jouait pour la première fois devant le roi; du succès dépendait largement son avenir parisien. Il donne Nicomède. *« Ces nouveaux acteurs ne déplurent point », écrit La Grange. Est-ce une litote et faut-il entendre « plurent beaucoup »? Est-ce la vérité toute simple et l'affirmation d'un succès d'estime sanctionné par des applaudissements polis? On le craint. Après la pièce « l'orateur » de la troupe, Molière, vint faire son compliment au roi en le « suppliant très humblement d'avoir pour agréable qu'il donnât un de ces petits divertissements qui lui avaient acquis quelque réputation et dont il régalait les provinces ». Ce fut* Le Docteur amoureux. *« M. de Molière faisait le Docteur et la manière dont il s'acquitta de ce personnage le mit dans une si grande estime que Sa Majesté donna des ordres pour établir sa troupe à Paris » (La Grange dans Mongrédien, p. 103). Molière avait donc déjà quelque réputation comme farceur, et c'est au* Docteur amoureux *plus qu'à* Nicomède *qu'il dut la faveur du roi. Ce n'est pas un Molière couronné des lauriers tragiques qui a d'abord séduit Louis XIV, mais un farceur peut-être masqué. On a dû penser que Sa Majesté s'encanaillait.*

Les Italiens portaient le masque, nous le savons par les gravures; les comédiens des opérateurs ne le portaient pas, au moins dans les gravures dont nous disposons (voir S. Chevalley, album Théâtre classique*). Jodelet était masqué, au moins sur la gravure qui le montre échappant du théâtre du Marais en feu; d'autres fois il est enfariné. Les farceurs à l'Hôtel de*

Bourgogne ne portaient pas, croyons-nous, le masque, mais s'enfarinaient le visage.

En ce qui concerne la troupe de Molière nous avons quelques témoignages. Dans Les Précieuses ridicules, *Molière-Mascarille portait le masque (voir René Bray,* Molière, homme de théâtre, *p. 79). Dans la même pièce, Jodelet était enfariné : « Il ne fait que sortir d'une maladie qui lui a rendu le visage pâle comme vous le voyez » (*Précieuses, *sc. XI). De même, René Berthelot, de son nom de théâtre du Parc, devenait à la farce Gros-René. Sa réputation était suffisante pour que ce nom fît le titre de farces. Il s'enfarinait comme Jodelet. Edme Villequin avait pour nom de théâtre de Brie ; il devenait Villebrequin à la farce et lui aussi devait s'enfariner. Jodelet disparaîtra très tôt (26 mars 1660). Les rôles de farceurs, chez Molière, ont donc dû revenir à Molière lui-même, à du Parc, à de Brie ; un trio qui pouvait faire penser au trio défunt et illustre de l'Hôtel de Bourgogne, le nom même de Gros-René évoquant Gros-Guillaume. Quelles actrices leur donnaient la réplique, on l'ignore. A propos du port du masque, il sera prudent de ne pas trop généraliser : les témoignages conservés ne le permettent pas. Il a dû y avoir des tentatives diverses, des changements qui nous échappent. Mascarille masqué, cela produit un effet comique certain mais c'est aussi sacrifier les possibilités que donnait à Molière son talent de mime. Il y tenait pourtant et le cultivait ; la preuve : le frontispice d'*Élomire hypocondre. *Pour certains rôles, le masque a été conservé longtemps, ainsi pour les deux vieillards des* Fourberies de Scapin.

Le mot masque ne désigne pas seulement le « loup » de certains comédiens, ou le masque de cuir comme celui d'Arlequin, si visible sur les frontispices du théâtre italien et dont un exemplaire est conservé à

*l'Opéra. Il a pris un sens figuré : un acteur a
normalement l'ambition de retrouver le succès en
reparaissant, avec le costume, avec le caractère qui a
plu au public, dans des situations nouvelles. Telle est
aussi l'ambition par exemple du dessinateur : un type
comique a plu et voici* Babar à New York, Babar
dans l'île aux oiseaux, *etc., ou encore* Tintin en
Amérique, Tintin au Tibet, *etc. Un farceur du
XVIIᵉ siècle a réuni admirablement ce type comique
qui fait rire, ou dispose à rire, dès son apparition sur
la scène avant même d'ouvrir la bouche : c'est Jodelet
pour qui ont été composées tant de pièces dans
lesquelles son nom servait d'enseigne :* Jodelet maître
et valet, Jodelet duelliste, Jodelet prince, *etc. Et
plus encore au XVIIIᵉ siècle Arlequin : son nom
figure au titre de très nombreuses comédies italiennes :*
Arlequin Mercure galant, Arlequin lingère du
Palais, Arlequin Phaéton, Arlequin empereur dans
la lune, *etc. Il est devenu pour ainsi dire, à lui seul,
l'affiche du spectacle. Masqué effectivement ou simplement enfariné, ou même visage nu, un acteur qui reste
ainsi fidèle à son type a créé un « masque ».*

*Telle était sans doute l'ambition de Molière. Il lui
fallait trois noms comme tous les comédiens du
XVIIᵉ siècle. Son père lui avait transmis un nom
honoré par plusieurs générations de tapissiers : Poquelin. Il s'était donné un nom de théâtre : Molière, dont
l'origine est obscure. Il lui fallait pour la farce trouver
un nom d'abord, imposer ensuite le personnage.
Trouver un nom qui sonne bien, qui se retienne, à quoi
puisse s'accrocher la notoriété, Molière y est arrivé. Il
en a même trouvé deux qui n'existaient pas avant lui
et qui ne lui survivront pratiquement pas. Sganarelle
d'abord. Le nom apparaît pour la première fois dans*
Le Médecin volant. *La finale évoque des noms
italiens, Briguelle, Polichinelle. La première partie du*

*nom est d'interprétation plus difficile : on a proposé
« ganaro », l'ivrogne, ou le languedocien « ingana-
rello », le trompeur. On peut se dire que le* Sg
initial rappelle Scaramouche ou Scapin. Mascarille,
*ensuite. Quant au sens de ce nom, deux explications
sont possibles. On peut penser au verbe* machurer :
« *barbouiller ou noircir quelqu'un ou quelque chose...*
Mascara *en toulousain signifie charbonner, barbouiller* » (Furetière). De nos jours encore, dans le Velay,
on dit d'un enfant barbouillé qu'il est mascariné.
D'autre part, mascara *signifie en espagnol un demi-
masque, un loup. De toute façon un nom qui convenait
aussi bien à un acteur barbouillé de farine ou de lie de
vin qu'à un acteur masqué. Les noms étaient bien
trouvés. Restait à imposer un type : à donner au
personnage baptisé de la sorte la continuité. Molière y
est moins bien arrivé. Mascarille, valet de Lélie dans*
L'Étourdi, *de Valère dans* Le Dépit amoureux, *faux
marquis et valet authentique dans les* Précieuses
*remplit une courte carrière (trois pièces). Celle de
Sganarelle est plus longue (sept pièces). Valet dans*
Le Médecin volant; *valet encore dans* Dom Juan,
*roublard et non dépourvu de bon sens; il devient
bourgeois de Paris dans* Sganarelle, L'École des
maris, Le Mariage forcé, L'Amour médecin; *bûcheron dans* Le Médecin malgré lui. *Il a un nom, mais
pas la continuité qui ferait de lui un type* [j].*

Le titre Sganarelle ou le Cocu imaginaire *laisse
penser que le personnage pouvait devenir le premier
d'une lignée; comme il y a* Jodelet prince, Jodelet
astrologue, *etc. Il n'en sera rien. Molière abandonne
le nom après 1666, peut-être parce que de plus en plus*

j. Sur le type de Sganarelle, voir R. Pelous, « Les Métamor-
phoses de Sganarelle », *Revue d'Histoire littéraire de la France*,
septembre-décembre 1972, p. 821-849.

*il se tourne vers un autre type de comédie. Avec un
mépris qui devance Marmontel, Boileau a flétri une
rechute de Molière dans le rôle de farceur. Force est
bien de citer à nouveau les vers illustres et incompré-
hensifs de* L'Art *poétique (1674) :*

Dans ce sac ridicule où Scapin s'enveloppe,
Je ne reconnais plus l'auteur du *Misanthrope*.

*Scapin apparaît comme premier zanni dans la
commedia dell'arte au début du XVIIe siècle. Callot
en a fait un de ses modèles. On le rencontre peu dans
la comédie ou la farce française : chez Dorimont en
1659 et 1660, mais il est très effacé ; de même que chez
Poisson dans* La Mégère amoureuse *en 1668* k. *
Molière en 1671 lui communique une exceptionnelle
vitalité. S'il avait vécu plus longtemps, l'aurait-il fait
reparaître ? Scapin n'est pas sans quelque parenté avec
l'un des Sganarelle, celui du* Médecin malgré lui. *
Son costume rappelle aussi celui de Sganarelle.*
  *La Comédie-Française possède un tableau sur lequel
la lumière n'a pas été complètement faite* l. *Il s'intitule*
Farceurs français et italiens depuis 60 ans et plus,
p[eint ?] *en 1670. Molière l'aurait donc connu. A-t-il
choisi, ou seulement accepté, le personnage dans lequel
il a été peint ? Toujours est-il qu'aux côtés des
Français Jodelet, Poisson en Crispin, Turlupin, Guillot-Gorju, Gaultier-Garguille, etc. et des Italiens
Arlequin, Polichinelle, Pantalon, etc., Molière n'est
représenté ni en Mascarille, ni en Sganarelle, mais en
Arnolphe de* L'École des femmes. *Arnolphe est un*

k. J. Emelina, *Les Valets et servantes dans le théâtre comique en
France de 1670 à 1700*, p. 142.
  l. L'auteur en serait un peintre florentin, Verio selon S. Chevalley, *Molière en son temps*, p. 323. Mais que sait-on de Verio ?

avatar de Sganarelle ; la confrontation entre L'École
des maris *et* L'École des femmes *engageait déjà à
comparer les rôles. La seule présence de Molière en
Arnolphe dans cette galerie des* Farceurs français et
italiens *avertit bien que l'humeur de la farce a envahi
non seulement les pièces en trois actes, mais les grandes
pièces en cinq actes.*

*Nous avons cité plus haut la plupart des titres
connus de farces jouées chez Molière. Il peut bien y en
avoir eu d'autres, dont l'existence même nous échappe.
Et pour certaines, nous ne connaissons que leur titre :
qu'était par exemple* Plan-plan ? *ou* Les Indes ?

*Des toutes premières farces de Molière deux seule-
ment ont été conservées :* La Jalousie du Barbouillé *et*
Le Médecin volant. *Il faut certainement penser que
nous avons là non un texte achevé, fixé* ne varietur*,
mais bien plutôt un canevas sur lequel les acteurs
brodaient comme dans la* commedia dell'arte *et qu'ils
agrémentaient de lazzis. La paternité de ces pièces a
été contestée à Molière. La seule liste des acteurs suffit
à établir qu'elles étaient jouées par la troupe de
Molière :* Gros-René *est le nom de farceur de du Parc,*
Villebrequin *celui de de Brie, quant à* Gorgibus*, c'est
le frère de Jodelet, François Bedeau dit Lespy, qui est
dans la troupe de Molière de Pâques 1659 jusqu'à sa
retraite en 1663. Comme aucun des acteurs de Molière
n'est auteur, rien n'autorise à lui retirer ces pièces. Y
avait-il dans les papiers de Molière d'autres farces,
d'autres canevas, les farces dont nous ne connaissons
que les titres notamment ? C'est probable. La Grange
ne les a pas publiées, par scrupule de dignité. Il avait
reçu les papiers de Molière. Après sa mort, ils ont dû
suivre le sort de ses papiers à lui, vendus par sa veuve
et perdus.*

*Aucune des quatre pièces réunies dans le présent
volume ne s'intitule « farce », mais toutes « comédies » ;*

nous savons pourquoi. Elles sont en trois actes, le
« gabarit », si l'on ose dire, de la comédie italienne.
Mais de même qu'il y a fagots et fagots, il y a actes et
actes. De là leurs utilisations différentes. L'Amour
médecin, *d'ordinaire appelé* Les Médecins, *est tou-*
jours joué à la suite d'une autre pièce et remplit donc le
rôle de farce ; c'est une pièce courte (trente-trois pages
dans Folio. Il appartiendrait à un homme de théâtre à
la mesurer non en pages mais en minutes de jeu). Le
Médecin malgré lui *(cinquante pages) est en quelques*
occasions joué seul, à s'en fier au Registre de La
Grange ; *mais* La Grange *n'aurait-il pas oublié*
d'indiquer quelque autre pièce qui l'accompagnait ? Ces
jours-là, le public aurait trouvé qu'on lui faisait maigre
chère. Normalement, Le Médecin malgré lui *remplit*
l'office de farce. Pourceaugnac *à notre connaissance*
est toujours donné seul ; mais avec son Entrée, et les
entrées de ballet à la fin de chaque acte, cela devait
faire un spectacle d'une durée satisfaisante. Les
Fourberies de Scapin *sont aussi données seules, sauf*
une fois où Les Médecins *les accompagnent. Mais ce*
sont trois actes de taille raisonnable (soixante-six
pages).

Si donc l'on se met dans les dispositions de Molière
composant son affiche, ne sont parmi les quatre pièces
pleinement farces que L'Amour médecin *et* Le Médecin malgré lui. *Mais si l'on cherche à définir ce qu'on*
pourrait appeler leur « climat comique », leur parenté
profonde apparaît, et cette parenté réside dans l'esprit
de farce.

Le tableau des Farceurs français et italiens *évoqué*
plus haut mêle fraternellement les uns et les autres et
l'apport de la farce française et celui de la commedia
dell'arte *se fondent dans la verve burlesque qui*
entraîne toutes ces pièces. Les Fourberies de Scapin
se passent dans une Naples où peuvent arriver toutes

les aventures et se croiser tous les destins : un meneur de jeu les anime, à l'italienne. Monsieur de Pourceaugnac était la victime d'un Sbrigani, « homme d'intrigue napolitain », qui annonçait Scapin. Cette pièce aurait bien sa place, avec George Dandin *ou* Escarbagnas, *dans un cycle de la vie de province qui évoque avec humour la bonne société de Limoges, l'assesseur, l'élu qui se donne l'honneur d'être le compère du gouverneur ; elle tient pourtant par Sbrigani au théâtre italien. Des musiciens italiens, déguisés en médecins grotesques, viennent chanter des paroles italiennes. Dans* L'Amour *médecin paraît de même un opérateur italien ou qui se dit tel, l'illustre Orviétan qui, si l'on veut croire* Élomire hypocondre, *a eu Molière à son service. L'Orviétan a costumé ses valets en Trivelins et Scaramouches qui « réjouissent en dansant ».*

Sont de la farce aussi, comme de la comédie italienne, les coups de bâton généreusement distribués à Sganarelle pour qu'il avoue qu'il est médecin, à Géronte enfermé par Scapin dans son sac, aux procureurs, sergents et commissaires par Monsieur de Pourceaugnac. Inépuisable comique du bâton, comique de Guignol. De la farce encore les querelles conjugales : les démêlés de Martine et Sganarelle.

Même devenue plus « honnête » que la farce du début du siècle, dans la farce de Molière subsistent les gaudrioles : Sganarelle, transformé en médecin par les coups de bâton, entend bien profiter de la situation : « C'est l'office du médecin de voir les tétons des nourrices. » Les Suisses se livrent sur Monsieur de Pourceaugnac à des privautés analogues : « Ly est là un petit teton que l'est drôle. »

Des effets burlesques naissent d'un langage pédant, et particulièrement du pédantisme médical : de ces consultations qui déroulent leurs périodes fleuries de mots techniques, et dont le seul tort est de s'appliquer à des patients bien portants. On ajoutera un très large emploi du comique verbal, et spécialement des patois et jargons.

Mettons à part Les Fourberies de Scapin *qui n'ont pas de quoi inquiéter les corps constitués par leur comique fait de pure clownerie. Les trois autres composent, avec* Le Malade imaginaire, *et une scène de* Dom Juan, *le cycle médical du théâtre de Molière. Un Balzac en tirerait sans peine une Physiologie du médecin.* Le Médecin malgré lui *est la plus inoffensive.* L'Amour médecin *est la plus âpre, avec des attaques personnelles d'une exceptionnelle dureté ; plus violente même que* Le Malade imaginaire, *parce qu'usant plus d'un humour noir que de la dérision. Il est caractéristique que le titre* Les Médecins *ait supplanté le titre* L'Amour médecin *dans le Registre de La Grange comme sans doute à l'affiche. Au temps de* Monsieur de Pourceaugnac, *une médecine non encore spécialisée reste à propos des maladies mentales particulièrement balbutiante. Les maladies de l'âme sont plus encore du domaine de la démonologie que de la médecine. Cela nous empêche de trop céder à la tentation de baptiser* Monsieur de Pourceaugnac *pièce psychiatrique, ou plutôt antipsychiatrique, ces deux mots n'existant pas encore. Mais là aussi, il y a, contre la médecine, un réquisitoire féroce.*

Ainsi va la farce de Molière, faite de mouvement scénique, de gestes, de verve comique et de burlesque, de joie et de férocité dont le rire peut être désintéressé ou corrosif.

Georges Couton

Sur les questions soulevées dans ces pages, voir notamment :

H. C. LANCASTER, *A History of French Dramatic Literature in the Seventeenth Century*, John Hopkins Press, 1936, III, vol. 1, p. 127-131.

G. LANSON, « Molière et la farce », *Revue de Paris*, mai 1901.

G. ATTINGER, *L'Esprit de la* commedia dell'arte *dans le théâtre français*, Neuchâtel, 1950.

R. BRAY, *Molière, homme de théâtre*, Mercure de France, 1954.

R. GARAPON, *La Fantaisie verbale et le comique*, Armand Colin, 1957.

R. LEBÈGUE, « Molière et la farce », *Cahiers de l'Association internationale des études françaises*, nº 16, 1964, p. 183-201.

SYLVIE CHEVALLEY, Album *Théâtre classique* (Gallimard, 1970) et *Molière en son temps* (éd. Minkoff, Genève, 1973).

La présente édition a été établie à partir de celle des *Œuvres complètes* de Molière parue en deux volumes dans la « Bibliothèque de la Pléiade » aux Éditions Gallimard en 1971.

L'AMOUR
MÉDECIN

COMÉDIE
Par J.-B. P. Molière.

A PARIS
Chez Théodore Girard, dans la
grande Salle du Palais du côté de la
Cour des Aides, à l'Enuie.

M. DC. LXVI
AVEC PRIVILÈGE DU ROI

L'AMOUR
MÉDECIN

COMÉDIE

Par J.-B. P. Molière.

Représentée pour la première
fois à Versailles par ordre du Roi,
le 15 septembre 1665,
et donnée depuis au public à Paris,
sur le Théâtre du Palais-Royal,
le 22 du même mois de septembre 1665
par la troupe du Roi.

NOTICE

Pour le séjour de la cour à Versailles du 13 au
17 septembre 1665, la troupe de Molière avait été convoquée.
Le roi avait demandé un divertissement. Il fut « proposé, fait,
appris et représenté en cinq jours[a] ». Première, le 14 septembre[b]. La musique avait été composée par Lulli. L'avis au
lecteur ne conseille la lecture de cette petite pièce qu'à ceux qui
« ont des yeux pour découvrir dans la lecture tout le jeu du
théâtre ». Il faut suivre ce conseil, et lire en spectateur.

Molière a écrit son Amour médecin à partir de trois
suggestions. Tel est au moins l'état actuel de nos connaissances, car il faut toujours réserver l'hypothèse d'une comédie
italienne qui n'aurait pas été conservée. Pour l'ensemble de

a. *Au lecteur*, p. 43.
H. Prunières a fait observer que Lulli avait certainement des
divertissements tout prêts pour pouvoir servir si rapidement le roi
(« Les Comédies-ballets de Molière et de Lulli », in *Revue de
France*, septembre-octobre 1931, p. 297-319). On le croira volontiers. Mais il en était de même pour Molière. « Je sais, par de très
bons mémoires, qu'on ne lui a jamais donné de sujets ; il en avait
un magasin d'ébauchés par la quantité de petites farces qu'il avait
hasardées dans les provinces » (Grimarest, *Vie de M. de Molière*,
1705).
b. Peut-être le 15 septembre, comme le dit l'édition de 1682 ?

38   *L'Amour médecin*

l'intrigue, il s'est inspiré d'une nouvelle, Olynthie, *qui figurait dans* Le Palais d'Angélie *de Charles Sorel (1622)* c. *La consultation au cours de laquelle les médecins parlent beaucoup de leurs petites affaires personnelles et peu de la malade pourrait venir de* La Vengeance de Tamar *de Tirso de Molina; source moins sûre : il ne paraît pas impossible que Molière ait imaginé lui-même la scène. Le dénouement est le même que dans* Le Pédant joué *de Cyrano de Bergerac : le pédant ne voudrait pas donner sa fille au prétendant; on lui fait croire qu'on va jouer une comédie; on lui fait signer un contrat qu'il croit fictif; point du tout : le contrat était en bonne forme et voilà les amants mariés.*

A partir de ces données, s'organise la comédie médicale. La fille est malade d'une mélancolie opiniâtre, parce que son père ne veut pas la marier; les gens de bon sens, la voisine, la suivante, recommandent le mariage, qui fera en effet le dénouement. Sganarelle refuse pour n'avoir pas à payer une dot. Quatre médecins sont donc appelés en consultation. L'un diagnostique la chaleur du sang, l'autre la réplétion d'humeurs; l'un prescrit la saignée, l'autre l'émétique. La saignée, dit le partisan de l'émétique, la tuera; l'émétique, dit le partisan de la saignée, la fera mourir. Ils sortent en poursuivant une querelle gesticulante. Deux médecins encore ont à se prononcer; ceux-là s'entendent; ils parlent d'humeurs putrides à éliminer par purgations et saignées mais ne promettent qu'une chose : si la malade en meurt, au moins mourra-t-elle dans les règles.

Un opérateur vient vendre un remède qu'il dit miraculeux. On n'aura pas le loisir de contrôler son effet.

Les médecins peuvent s'entendre ou s'opposer, être bien et dûment docteurs, ou bien des charlatans, Molière fait comprendre bien clairement que le résultat est le même : la médecine est une illusion. Encore la vanité de ses résultats est-

c. Cette source est signalée dans le *Charles Sorel* d'E. Roy (1891). Roy ne pense pas de Molière qu'il ait connu directement *Le Palais d'Angélie* : on ne voit pas pourquoi il ne l'aurait pas connu. — Voir l'analyse de cette nouvelle dans G. Michaut, *Les Luttes de Molière*, p. 192-193.

*elle moins rudement mise en question que le relâchement de sa
déontologie. Il y a bien peu de conscience professionnelle et
beaucoup de passions humaines, et des plus étroitement
égoïstes, dans le comportement de ces médecins. Molière ne
s'est pas contenté de les ridiculiser, il les a flétris. La
flétrissure la plus vive n'est pas infligée aux consultants, qui
se sont soit querellés devant la famille du malade, soit
entendus pour ne lui dire que balivernes, elle est infligée à
M. Filerin, qui n'était pas à la consultation et qui intervient
comme arbitre entre les deux querelleurs. Il y a dans les
propos de M. Filerin plus d'un souvenir de Montaigne* **d**, mais
aussi une dureté feutrée, qui engage à regarder ailleurs encore
que du côté des* Essais. *Sa philosophie de la médecine repose
sur une analyse sans illusion de la nature humaine. Il
recommande surtout aux médecins de ne pas désabuser les
hommes, de ne pas leur ouvrir les yeux sur la « forfanterie de
[leur] art » par des disputes qui « ne valent rien pour la
médecine ». Les hommes ont des faibles qu'utilisent des
illusionnistes divers : flatteurs, alchimistes, diseurs d'horoscope. Le pire des faibles est l'amour de la vie et la peur de
mourir : c'est celui dont profitent les médecins. Le mot
« profiter » revient avec une fréquence révélatrice, et le plus
calme des cynismes s'exprime dans la formule : « Profitons de
leur sottise* [des hommes] *le plus doucement que nous
pourrons. »*

*Mais ce « doucement », les spectateurs l'avaient déjà
entendu quelque part, et dans un contexte fort analogue. C'est
Dom Juan qui analysait la société, notait la crédulité des
dévots sincères, constatait la commodité de l'hypocrisie pour
conclure : « Je ne quitterai point mes* douces habitudes *» et :
« C'est ainsi qu'il faut profiter des faiblesses des hommes* **e**. »
*Dom Juan observe que c'est une grande force d'appartenir à
un « parti », une « société », une « cabale ». M. Filerin fait
remarquer aux médecins que leur intérêt est de former un
corps qui n'étale point ses dissensions. La libre et claire
discussion, pour le dévot comme pour le médecin, est*

d. Voir la note 46.
e. Acte V, sc. II.

l'ennemie : qui est entré dans la société est devenu homme de parti, il a abdiqué sa liberté.

En ce médecin qui a « déjà établi [ses] petites affaires », et qui peut se « passer des vivants », Molière a représenté un personnage non tant ridicule qu'odieux, comme Tartuffe, comme Dom Juan.

L'âpreté de la comédie était plus grande encore pour les contemporains. Les médecins étaient désignés par des noms qui laissaient transparaître des personnages notoires, dont les médecins du roi, de Monsieur, de Madame, de la reine. Des témoignages non négligeables établissent que Molière avait fait faire des masques à leur ressemblance [f]. *Sa comédie devenait aristophanesque* [g].

On a dit qu'il avait à se venger de son propriétaire, le médecin d'Aquin. Le témoignage venant d'abord par une source assez suspecte, Élomire hypocondre, *on a pu douter. Les documents le confirment très sérieusement* [h] : *L'Amour médecin a été écrit au moment où Molière, chassé de la maison d'Aquin, devait se chercher un autre gîte.*

*Mais le témoignage d'*Élomire hypocondre *ainsi revalorisé sur un point, on est amené à lui faire crédit sur d'autres* [i]. *Cette pièce nous apprend que Molière était malade ; le gazetier Robinet atteste qu'il allait rechuter quelques mois plus tard* [j]. *Elle nous permet, aussi, ce qui, je crois, n'a pas été signalé, de savoir le nom de ses médecins. Ils étaient trois ; qui avaient proposé trois thérapeutiques différentes, mais égale-*

f. Pour les masques et pour les identifications, voir la note 5.

g. On s'étonnera moins de la violence de Molière contre les médecins de la cour si l'on se rappelle que la reine mère Anne d'Autriche se mourait alors d'un cancer, contre lequel les médecins ne pouvaient rien ; ce qui leur était reproché, sans justice, mais sans doute non sans véhémence.

h. Voir *Élomire hypocondre*, Pléiade II, n. 3 de la page 1239, et Jurgens et Maxfield-Miller, *Cent ans de recherches sur Molière*, p. 136-137.

i. On doit rappeler toutefois qu'*Élomire hypocondre*, postérieur à *L'Amour médecin*, a pu s'en inspirer. Nous ne le croyons pourtant pas.

j. 21 février 1666. Voir Mongrédien, t. Ier, p. 256.

ment inefficaces [k]. *L'un était partisan d'attendre, c'était un* « *lambin* » *qui disait :* « *Ah! n'allons pas si vite* [l]. » *Il n'est pas malaisé de reconnaître ce M. Macroton de* L'Amour médecin, *qui* « *parle en allongeant ses mots* » *et estime qu'* « *il faut pro-cé-der a-vec-que cir-con-spec-tion et ne ri-en fai-re com-me on dit à la vo-lé-e* [m] ». *M. Macroton était Guénaut, qui parlait fort lentement.*

Le second était un « *bredouilleur* », *qui dit tout de suite :* « *Faut saigner, faut saigner* [n]. » *Il ressemble beaucoup à ce M. Babys de* L'Amour médecin, *qui* « *parle toujours en bredouillant* » *et préconise, après la purgation,* « *la saignée que nous réitérerons, s'il en est besoin* [o] ». *Le* « *bredouilleur* » *est le médecin Esprit.*

Le troisième est contre l'attente, contre la saignée :

> [...] il ne faut ni saigner ni tarder;
> Si l'on tarde, il est mort; si l'on saigne, hydropique.
> Et notre peu d'espoir n'est plus qu'en l'émétique [p],

ajoute-t-il.

Dans L'Amour médecin, *le partisan de l'émétique est Des Fonandrès : Des Fougerais.*

On voit que les médecins appelés par Sganarelle auprès de sa fille ont bien l'air d'être les quatre médecins auxquels Molière a eu affaire : personnellement, l'un s'est désigné à sa vindicte pour avoir été un propriétaire incommode, c'est Daquin-Tomès; les trois autres pour avoir été auprès de Molière malade des médecins inefficaces, qui se contredisaient et de surcroît, dit Élomire hypocondre, *avides* [q]. *Molière guérit malgré eux, malgré saignée, temporisation, émétique.*

Cet incident domestique, cet état de santé n'étaient sans doute pas de nature à le rendre indulgent. Mais il faut

---

k. *Élomire hypocondre*, acte Ier, sc. III, p. 1236 sq., Pléiade.
l. *Ibid.*, p. 1240.
m. *L'Amour médecin*, p. 63.
n. *Élomire hypocondre*, acte Ier, sc. III, p. 1240, Pléiade.
o. *L'Amour médecin*, p. 64.
p. *Élomire hypocondre*, acte Ier, sc. III, p. 1240, Pléiade.
q. *Ibid.*

chercher plus profond les raisons de son âpreté. L'Amour
médecin *est en un sens plus corrosif que* Le Malade
imaginaire *où médecins et apothicaires, avec une crédulité,
une infatuation et une sottise certaines, semblent au moins
croire à leur métier.* L'Amour médecin *fait partie du cycle le
plus amer de la comédie moliéresque : le cycle de l'hypocrisie.*
Le Tartuffe *est interdit,* Dom Juan *a été retiré de l'affiche;
Molière dénonce la grande tare de la société, l'hypocrisie qui
vit benoîtement, confortablement, honorablement en exploitant
l'inépuisable crédulité humaine.*

　　Molière fit très vite imprimer son Amour médecin[r]. *La
pièce avait été donnée au public parisien dès le 22 septembre 1665, tout de suite donc après le retour de Versailles.
Elle devait être jouée soixante-trois fois, aussi souvent que* Le
Misanthrope *et* L'Étourdi, *jusqu'à la mort de Molière,
toujours comme farce à la fin d'une représentation et sous le
titre* Les Médecins.

　　r. Privilège : 30 décembre 1665; achevé d'imprimer : 15 janvier 1666.

AU LECTEUR

Ce n'est ici qu'un simple crayon, un petit impromptu, dont le roi a voulu se faire un divertissement. Il est le plus précipité de tous ceux que Sa Majesté m'ait commandés ; et lorsque je dirai qu'il a été proposé, fait, appris et représenté en cinq jours, je ne dirai que ce qui est vrai. Il n'est pas nécessaire de vous avertir qu'il y a beaucoup de choses qui dépendent de l'action[1] : on sait bien que les comédies ne sont faites que pour être jouées ; et je ne conseille de lire celle-ci qu'aux personnes qui ont des yeux pour découvrir dans la lecture tout le jeu du théâtre ; ce que je vous dirai, c'est qu'il serait à souhaiter que ces sortes d'ouvrages pussent toujours se montrer à vous avec les ornements[2] qui les accompagnent chez le roi. Vous les verriez dans un état beaucoup plus supportable, et les airs et les symphonies de l'incomparable M. Lully, mêlés à la beauté des voix et à l'adresse des danseurs, leur donnent, sans doute, des grâces dont ils ont toutes les peines du monde à se passer.

PROLOGUE

LA COMÉDIE, LA MUSIQUE ET LE BALLET[3]

LA COMÉDIE

Quittons, quittons notre vaine querelle,
Ne nous disputons point nos talents tour à tour,
Et d'une gloire plus belle
Piquons-nous en ce jour :
Unissons-nous tous trois d'une ardeur sans seconde,
Pour donner du plaisir au plus grand roi du monde.

TOUS TROIS

Unissons-nous...

LA COMÉDIE

De ses travaux, plus grands qu'on ne peut croire,
Il se vient quelquefois délasser parmi nous :
Est-il de plus grande gloire,
Est-il bonheur plus doux?
Unissons-nous tous trois...

TOUS TROIS

Unissons-nous...

L'AMOUR MÉDECIN

Comédie

LES PERSONNAGES

SGANARELLE [4], *père de Lucinde.*
AMINTE.
LUCRÈCE.
M. GUILLAUME, *vendeur de tapisseries.*
M. JOSSE, *orfèvre.*
LUCINDE, *fille de Sganarelle.*
LISETTE, *suivante de Lucinde.*
M. TOMÈS,
M. DES FONANDRÈS,
M. MACROTON, } *médecins* [5].
M. BAHYS,
M. FILERIN,
CLITANDRE, *amant de Lucinde.*
UN NOTAIRE.
L'OPÉRATEUR [6], ORVIÉTAN.
PLUSIEURS TRIVELINS ET SCARAMOUCHES.
LA COMÉDIE.
LA MUSIQUE.
LE BALLET.

La scène est à Paris,
dans une salle de la maison de Sganarelle [7].

ACTE PREMIER

SCÈNE PREMIÈRE

SGANARELLE, AMINTE, LUCRÈCE,
M. GUILLAUME, M. JOSSE

SGANARELLE : Ah! l'étrange chose que la vie! et
que je puis bien dire, avec ce grand philosophe de
l'antiquité [8], que qui terre a guerre a, et qu'un
malheur ne vient jamais sans l'autre! Je n'avais
qu'une seule femme, qui est morte.

M. GUILLAUME : Et combien donc en voulez-vous
avoir?

SGANARELLE : Elle est morte, Monsieur mon ami.
Cette perte m'est très sensible, et je ne puis m'en
ressouvenir sans pleurer. Je n'étais pas fort satisfait
de sa conduite, et nous avions le plus souvent
dispute ensemble; mais enfin la mort rajuste toutes
choses. Elle est morte : je la pleure. Si elle était en
vie, nous nous querellerions. De tous les enfants
que le Ciel m'avait donnés, il ne m'a laissé qu'une
fille, et cette fille est toute ma peine. Car enfin je la
vois dans une mélancolie la plus sombre du monde,

dans une tristesse épouvantable, dont il n'y a pas moyen de la retirer, et dont je ne saurais même apprendre la cause. Pour moi, j'en perds l'esprit, et j'aurais besoin d'un bon conseil sur cette matière. Vous êtes ma nièce; vous, ma voisine; et vous, mes compères[9] et mes amis : je vous prie de me conseiller tous ce que je dois faire.

M. JOSSE : Pour moi, je tiens que la braverie[10] et l'ajustement est la chose qui réjouit le plus les filles; et si j'étais que de vous, je lui achèterais, dès aujourd'hui, une belle garniture de diamants[11], ou de rubis, ou d'émeraudes.

M. GUILLAUME : Et moi, si j'étais en votre place, j'achèterais une belle tenture de tapisserie de verdure[12], ou à personnages, que je ferais mettre à sa chambre, pour lui réjouir l'esprit et la vue.

AMINTE : Pour moi, je ne ferais point tant de façon; et je la marierais fort bien, et le plus tôt que je pourrais, avec cette personne qui vous la fit, dit-on, demander il y a quelque temps.

LUCRÈCE : Et moi, je tiens que votre fille n'est point du tout propre pour le mariage. Elle est d'une complexion trop délicate et trop peu saine, et c'est la vouloir envoyer bientôt en l'autre monde que de l'exposer, comme elle est, à faire des enfants. Le monde n'est point du tout son fait, et je vous conseille de la mettre dans un couvent, où elle trouvera des divertissements qui seront mieux de son humeur.

SGANARELLE : Tous ces conseils sont admirables assurément; mais je les tiens un peu intéressés, et trouve que vous me conseillez fort bien pour vous. Vous êtes orfèvre, Monsieur Josse, et votre conseil sent son homme qui a envie de se défaire de sa marchandise. Vous vendez des tapisseries, Monsieur Guillaume, et vous avez la mine d'avoir

quelque tenture qui vous incommode. Celui que
vous aimez, ma voisine, a, dit-on, quelque inclination pour ma fille, et vous ne seriez pas fâchée de la
voir la femme d'un autre. Et quant à vous, ma
chère nièce, ce n'est pas mon dessein, comme on
sait, de marier ma fille avec qui que ce soit, et j'ai
mes raisons pour cela ; mais le conseil que vous me
donnez de la faire religieuse est d'une femme qui
pourrait bien souhaiter charitablement d'être mon
héritière universelle. Ainsi, Messieurs et Mes-
dames, quoique tous vos conseils soient les meilleurs du monde, vous trouverez bon, s'il vous plaît,
que je n'en suive aucun. Voilà de mes donneurs de
conseils à la mode.

SCÈNE II

LUCINDE, SGANARELLE

SGANARELLE : Ah! voilà ma fille qui prend l'air.
Elle ne me voit pas ; elle soupire ; elle lève les yeux
au ciel. Dieu vous gard! Bon jour, ma mie. Hé
bien! qu'est-ce? Comme vous en va? Hé! quoi?
toujours triste et mélancolique comme cela, et tu ne
veux pas me dire ce que tu as. Allons donc,
découvre-moi ton petit cœur. Là, ma pauvre mie,
dis, dis ; dis tes petites pensées à ton petit papa
mignon. Courage! Veux-tu que je te baise? Viens.
J'enrage de la voir de cette humeur-là. Mais, dis-
moi, me veux-tu faire mourir de déplaisir, et ne
puis-je savoir d'où vient cette grande langueur?
Découvre-m'en la cause, et je te promets que je

ferai toutes choses pour toi. Oui, tu n'as qu'à me
dire le sujet de ta tristesse; je t'assure ici, et te fais
serment qu'il n'y a rien que je ne fasse pour te
satisfaire : c'est tout dire. Est-ce que tu es jalouse
de quelqu'une de tes compagnes que tu voies plus
brave que toi? et serait-il quelque étoffe nouvelle
dont tu voulusses avoir un habit? Non. Est-ce que
ta chambre ne te semble pas assez parée, et que tu
souhaiterais quelque cabinet de la foire Saint-
Laurent[13]? Ce n'est pas cela. Aurais-tu envie
d'apprendre quelque chose? et veux-tu que je te
donne un maître pour te montrer à jouer du
clavecin? Nenni. Aimerais-tu quelqu'un, et souhai-
terais-tu d'être mariée?

> *Lucinde lui fait signe que c'est cela.*

SCÈNE III

LISETTE, SGANARELLE, LUCINDE

LISETTE : Hé bien! Monsieur, vous venez d'entretenir votre fille. Avez-vous su la cause de sa
mélancolie?

SGANARELLE : Non. C'est une coquine qui me fait
enrager.

LISETTE : Monsieur, laissez-moi faire, je m'en vais
la sonder un peu.

SGANARELLE : Il n'est pas nécessaire; et puisqu'elle veut être de cette humeur, je suis d'avis
qu'on l'y laisse.

LISETTE : Laissez-moi faire, vous dis-je. Peut-être

qu'elle se découvrira plus librement à moi qu'à vous. Quoi? Madame, vous ne nous direz point ce que vous avez, et vous voulez affliger ainsi tout le monde? Il me semble qu'on n'agit point comme vous faites, et que, si vous avez quelque répugnance à vous expliquer à un père, vous n'en devez avoir aucune à me découvrir votre cœur. Dites-moi, souhaitez-vous quelque chose de lui? Il nous a dit plus d'une fois qu'il n'épargnerait rien pour vous contenter. Est-ce qu'il ne vous donne pas toute la liberté que vous souhaiteriez, et les promenades et les cadeaux [14] ne tenteraient-ils point votre âme? Heu. Avez-vous reçu quelque déplaisir de quelqu'un? Heu. N'auriez-vous point quelque secrète inclination, avec qui vous souhaiteriez que votre père vous mariât? Ah! je vous entends. Voilà l'affaire. Que diable? pourquoi tant de façons? Monsieur, le mystère est découvert; et...

SGANARELLE, *l'interrompant :* Va, fille ingrate, je ne te veux plus parler, et je te laisse dans ton obstination.

LUCINDE : Mon père, puisque vous voulez que je vous dise la chose...

SGANARELLE : Oui, je perds toute l'amitié que j'avais pour toi.

LISETTE : Monsieur, sa tristesse...

SGANARELLE : C'est une coquine qui me veut faire mourir.

LUCINDE : Mon père, je veux bien...

SGANARELLE : Ce n'est pas la récompense de t'avoir élevée comme j'ai fait.

LISETTE : Mais, Monsieur...

SGANARELLE : Non, je suis contre elle dans une colère épouvantable.

LUCINDE : Mais, mon père...

SGANARELLE : Je n'ai plus aucune tendresse pour toi.

LISETTE : Mais...

SGANARELLE : C'est une friponne.

LUCINDE : Mais...

SGANARELLE : Une ingrate.

LISETTE : Mais...

SGANARELLE : Une coquine, qui ne me veut pas dire ce qu'elle a.

LISETTE : C'est un mari qu'elle veut.

SGANARELLE, *faisant semblant de ne pas entendre :* Je l'abandonne.

LISETTE : Un mari.

SGANARELLE : Je la déteste [15].

LISETTE : Un mari.

SGANARELLE : Et la renonce pour ma fille.

LISETTE : Un mari.

SGANARELLE : Non, ne m'en parlez point.

LISETTE : Un mari.

SGANARELLE : Ne m'en parlez point.

LISETTE : Un mari.

SGANARELLE : Ne m'en parlez point.

LISETTE : Un mari, un mari, un mari.

SCÈNE IV

LISETTE, LUCINDE

LISETTE : On dit bien vrai : qu'il n'y a point de pires sourds que ceux qui ne veulent point entendre.

LUCINDE : Hé bien! Lisette, j'avais tort de cacher mon déplaisir et je n'avais qu'à parler pour avoir tout ce que je souhaitais de mon père! Tu le vois.

LISETTE : Par ma foi! voilà un vilain homme; et je vous avoue que j'aurais un plaisir extrême à lui jouer quelque tour. Mais d'où vient donc, Madame, que jusqu'ici vous m'avez caché votre mal?

LUCINDE : Hélas! de quoi m'aurait servi de te le découvrir plus tôt? et n'aurais-je pas autant gagné à le tenir caché toute ma vie? Crois-tu que je n'aie pas bien prévu tout ce que tu vois maintenant, que je ne susse pas à fond tous les sentiments de mon père, et que le refus qu'il a fait porter à celui qui m'a demandée par un ami n'ait pas étouffé dans mon âme toute sorte d'espoir?

LISETTE : Quoi? c'est cet inconnu qui vous a fait demander, pour qui vous...

LUCINDE : Peut-être n'est-il pas honnête à une fille de s'expliquer si librement; mais enfin je t'avoue que, s'il m'était permis de vouloir quelque chose, ce serait lui que je voudrais. Nous n'avons eu ensemble aucune conversation, et sa bouche ne m'a point déclaré la passion qu'il a pour moi; mais, dans tous les lieux où il m'a pu voir, ses regards et ses actions m'ont toujours parlé si tendrement, et la demande qu'il a fait faire de moi m'a paru d'un si honnête homme que mon cœur n'a pu s'empêcher d'être sensible à ses ardeurs; et cependant tu vois où la dureté de mon père réduit toute cette tendresse.

LISETTE : Allez, laissez-moi faire. Quelque sujet que j'aie de me plaindre de vous du secret que vous m'avez fait, je ne veux pas laisser de servir votre amour; et pourvu que vous ayez assez de résolution...

LUCINDE : Mais que veux-tu que je fasse contre

l'autorité d'un père? Et s'il est inexorable à mes vœux...

LISETTE : Allez, allez, il ne faut pas se laisser mener comme un oison; et pourvu que l'honneur n'y soit pas offensé, on peut se libérer un peu de la tyrannie d'un père. Que prétend-il que vous fassiez? N'êtes-vous pas en âge d'être mariée? et croit-il que vous soyez de marbre? Allez, encor un coup, je veux servir votre passion; je prends, dès à présent, sur moi tout le soin de ses intérêts, et vous verrez que je sais des détours... Mais je vois votre père. Rentrons, et me laissez agir.

SCÈNE V

SGANARELLE

Il est bon quelquefois de ne point faire semblant d'entendre les choses qu'on n'entend que trop bien; et j'ai fait sagement de parer la déclaration d'un désir que je ne suis pas résolu de contenter. A-t-on jamais rien vu de plus tyrannique que cette coutume où l'on veut assujettir les pères? rien de plus impertinent et de plus ridicule que d'amasser du bien avec de grands travaux, et élever une fille avec beaucoup de soin et de tendresse, pour se dépouiller de l'un et de l'autre entre les mains d'un homme qui ne nous touche de rien? Non, non : je me moque de cet usage, et je veux garder mon bien et ma fille pour moi.

SCÈNE VI

LISETTE, SGANARELLE

LISETTE[16] : Ah! malheur! Ah! disgrâce! Ah! pauvre seigneur Sganarelle! où pourrai-je te rencontrer?

SGANARELLE : Que dit-elle là?

LISETTE : Ah! misérable père! que feras-tu, quand tu sauras cette nouvelle?

SGANARELLE : Que sera-ce?

LISETTE : Ma pauvre maîtresse!

SGANARELLE : Je suis perdu.

LISETTE : Ah!

SGANARELLE : Lisette.

LISETTE : Quelle infortune!

SGANARELLE : Lisette.

LISETTE : Quel accident!

SGANARELLE : Lisette.

LISETTE : Quelle fatalité!

SGANARELLE : Lisette.

LISETTE : Ah! Monsieur!

SGANARELLE : Qu'est-ce?

LISETTE : Monsieur.

SGANARELLE : Qu'y a-t-il?

LISETTE : Votre fille.

SGANARELLE : Ah! ah!

LISETTE : Monsieur, ne pleurez donc point comme cela; car vous me feriez rire.

SGANARELLE : Dis donc vite.

LISETTE : Votre fille, toute saisie des paroles que vous lui avez dites et de la colère effroyable où elle vous a vu contre elle, est montée vite dans sa chambre, et, pleine de désespoir, a ouvert la fenêtre qui regarde sur la rivière.

SGANARELLE : Hé bien?

LISETTE : Alors, levant les yeux au ciel : « Non, a-t-elle dit, il m'est impossible de vivre avec le courroux de mon père, et puisqu'il me renonce pour sa fille, je veux mourir. »

SGANARELLE : Elle s'est jetée.

LISETTE : Non, Monsieur : elle a fermé tout doucement la fenêtre, et s'est allée mettre sur son lit. Là elle s'est prise à pleurer amèrement; et tout d'un coup son visage a pâli, ses yeux se sont tournés, le cœur lui a manqué, et elle m'est demeurée [17] entre les bras.

SGANARELLE : Ah! ma fille!

LISETTE : A force de la tourmenter, je l'ai fait revenir; mais cela lui reprend de moment en moment, et je crois qu'elle ne passera pas la journée.

SGANARELLE : Champagne, Champagne, Champagne, vite, qu'on m'aille querir des médecins, et en quantité : on n'en peut trop avoir dans une pareille aventure. Ah! ma fille! ma pauvre fille!

PREMIER ENTRACTE

Champagne, en dansant, frappe aux portes de quatre médecins, qui dansent et entrent avec cérémonie chez le père de la malade.

ACTE II

SCÈNE PREMIÈRE

SGANARELLE, LISETTE

LISETTE : Que voulez-vous donc faire, Monsieur, de quatre médecins? N'est-ce pas assez d'un pour tuer une personne?

SGANARELLE : Taisez-vous. Quatre conseils valent mieux qu'un.

LISETTE : Est-ce que votre fille ne peut pas bien mourir sans le secours de ces messieurs-là?

SGANARELLE : Est-ce que les médecins font mourir?

LISETTE : Sans doute; et j'ai connu un homme qui prouvait, par bonnes raisons, qu'il ne faut jamais dire : « Une telle personne est morte d'une fièvre et d'une fluxion sur la poitrine »; mais : « Elle est morte de quatre médecins et de deux apothicaires [18]. »

SGANARELLE : Chut. N'offensez pas ces messieurs-là.

LISETTE : Ma foi! Monsieur, notre chat est

réchappé depuis peu d'un saut qu'il fit du haut de
la maison dans la rue; et il fut trois jours sans
manger, et sans pouvoir remuer ni pied ni patte;
mais il est bien heureux de ce qu'il n'y a point de
chats médecins, car ses affaires étaient faites, et ils
n'auraient pas manqué de le purger et de le saigner.

SGANARELLE : Voulez-vous vous taire? vous dis-
je. Mais voyez quelle impertinence! Les voici.

LISETTE : Prenez garde, vous allez être bien
édifié : ils vous diront en latin que votre fille est
malade.

SCÈNE II

MESSIEURS TOMÈS, DES FONANDRÈS,
MACROTON ET BAHYS, MÉDECINS, SGANARELLE,
LISETTE

SGANARELLE : Hé bien! Messieurs.

M. TOMÈS : Nous avons vu suffisamment la
malade, et sans doute qu'il y a beaucoup d'impuretés en elle.

SGANARELLE : Ma fille est impure?

M. TOMÈS : Je veux dire qu'il y a beaucoup
d'impuretés dans son corps, quantité d'humeurs
corrompues.

SGANARELLE : Ah! je vous entends.

M. TOMÈS : Mais... Nous allons consulter ensemble.

SGANARELLE : Allons, faites donner des sièges.

LISETTE : Ah! Monsieur, vous en êtes?

SGANARELLE : De quoi donc connaissez-vous Monsieur?

LISETTE : De l'avoir vu l'autre jour chez la bonne amie de Madame votre nièce.

M. TOMÈS : Comment se porte son cocher?

LISETTE : Fort bien : il est mort.

M. TOMÈS : Mort!

LISETTE : Oui.

M. TOMÈS : Cela ne se peut.

LISETTE : Je ne sais si cela se peut; mais je sais bien que cela est.

M. TOMÈS : Il ne peut pas être mort, vous dis-je.

LISETTE : Et moi je vous dis qu'il est mort et enterré.

M. TOMÈS : Vous vous trompez.

LISETTE : Je l'ai vu.

M. TOMÈS : Cela est impossible. Hippocrate dit que ces sortes de maladies [19] ne se terminent qu'au quatorze, ou au vingt-un; et il n'y a que six jours qu'il est tombé malade.

LISETTE : Hippocrate dira ce qu'il lui plaira; mais le cocher est mort.

SGANARELLE : Paix! discoureuse; allons, sortons d'ici. Messieurs, je vous supplie de consulter de la bonne manière. Quoique ce ne soit pas la coutume de payer auparavant, toutefois, de peur que je l'oublie, et afin que ce soit une affaire faite, voici...

Il les paye, et chacun, en recevant l'argent, fait un geste différent.

SCÈNE III

MESSIEURS DES FONANDRÈS, TOMÈS,
MACROTON ET BAHYS
Ils s'asseyent et toussent.

M. DES FONANDRÈS : Paris est étrangement grand,
et il faut faire de longs trajets quand la pratique
donne un peu.

M. TOMÈS : Il faut avouer que j'ai une mule
admirable pour cela, et qu'on a peine à croire le
chemin que je lui fais faire tous les jours.

M. DES FONANDRÈS : J'ai un cheval [20] merveilleux,
et c'est un animal infatigable.

M. TOMÈS : Savez-vous le chemin que ma mule a
fait aujourd'hui? J'ai été premièrement tout contre
l'Arsenal [21], de l'Arsenal, au bout du faubourg
Saint-Germain; du faubourg Saint-Germain, au
fond du Marais; du fond du Marais, à la porte
Saint-Honoré; de la porte Saint-Honoré, au faubourg Saint-Jacques; du faubourg Saint-Jacques, à
la porte de Richelieu; de la porte de Richelieu, ici;
et d'ici, je dois aller encore à la place Royale.

M. DES FONANDRÈS : Mon cheval a fait tout cela
aujourd'hui; et de plus, j'ai été à Ruel voir un
malade.

M. TOMÈS : Mais, à propos, quel parti prenez-
vous dans la querelle des deux médecins Théophraste et Artémius? car c'est une affaire qui
partage tout notre corps.

M. DES FONANDRÈS : Moi, je suis pour Artémius.

M. TOMÈS : Et moi aussi. Ce n'est pas que son
avis, comme on a vu, n'ait tué le malade, et que

celui de Théophraste ne fût beaucoup meilleur
assurément ; mais enfin il a tort dans les circons-
tances, et il ne devait pas être d'un autre avis que
son ancien [22]. Qu'en dites-vous ?

M. DES FONANDRÈS : Sans doute. Il faut toujours
garder les formalités, quoi qu'il puisse arriver.

M. TOMÈS : Pour moi, j'y suis sévère en diable, à
moins que ce soit entre amis ; et l'on nous assembla
un jour, trois de nous autres, avec un médecin de
dehors [23], pour une consultation, où j'arrêtai toute
l'affaire, et ne voulus point endurer qu'on opinât, si
les choses n'allaient dans l'ordre. Les gens de la
maison faisaient ce qu'ils pouvaient et la maladie
pressait ; mais je n'en voulus point démordre, et la
malade mourut bravement pendant cette contesta-
tion.

M. DES FONANDRÈS : C'est fort bien fait d'apprendre aux gens à vivre, et de leur montrer leur
bec jaune.

M. TOMÈS : Un homme mort n'est qu'un homme
mort, et ne fait point de conséquence ; mais une
formalité négligée porte un notable préjudice à tout
le corps des médecins.

SCÈNE IV

SGANARELLE, MESSIEURS TOMÈS,
DES FONANDRÈS, MACROTON ET BAHYS

SGANARELLE : Messieurs, l'oppression de ma fille
augmente : je vous prie de me dire vite ce que vous
avez résolu.

M. TOMÈS : Allons, Monsieur [24].

M. DES FONANDRÈS : Non, Monsieur, parlez, s'il vous plaît.

M. TOMÈS : Vous vous moquez.

M. DES FONANDRÈS : Je ne parlerai pas le premier.

M. TOMÈS : Monsieur.

M. DES FONANDRÈS : Monsieur.

SGANARELLE : Hé! de grâce, Messieurs, laissez toutes ces cérémonies, et songez que les choses pressent.

M. TOMÈS, *ils parlent tous quatre ensemble* : La maladie de votre fille...

M. DES FONANDRÈS : L'avis de tous ces messieurs tous ensemble...

M. MACROTON : Après avoir bien consulté...

M. BAHYS : Pour raisonner...

SGANARELLE : Hé! Messieurs, parlez l'un après l'autre, de grâce.

M. TOMÈS : Monsieur, nous avons raisonné sur la maladie de votre fille, et mon avis, à moi, est que cela procède d'une grande chaleur de sang [25] : ainsi je conclus à la saigner le plus tôt que vous pourrez.

M. DES FONANDRÈS : Et moi, je dis que sa maladie est une pourriture d'humeurs, causée par une trop grande réplétion [26] : ainsi je conclus à lui donner de l'émétique [27].

M. TOMÈS : Je soutiens que l'émétique la tuera.

M. DES FONANDRÈS : Et moi, que la saignée la fera mourir.

M. TOMÈS : C'est bien à vous de faire l'habile homme.

M. DES FONANDRÈS : Oui, c'est à moi; et je vous prêterai le collet [28] en tout genre d'érudition.

M. TOMÈS : Souvenez-vous de l'homme que vous fîtes crever [29] ces jours passés.

M. DES FONANDRÈS : Souvenez-vous de la dame

que vous avez envoyée en l'autre monde, il y a trois jours.

M. TOMÈS : Je vous ai dit mon avis.

M. DES FONANDRÈS : Je vous ai dit ma pensée.

M. TOMÈS : Si vous ne faites saigner tout à l'heure votre fille, c'est une personne morte.

M. DES FONANDRÈS : Si vous la faites saigner, elle ne sera pas en vie dans un quart d'heure.

SCÈNE V

SGANARELLE, MESSIEURS MACROTON
ET BAHYS, MÉDECINS

SGANARELLE : A qui croire des deux? et quelle résolution prendre, sur des avis si opposés? Messieurs, je vous conjure de déterminer mon esprit, et de me dire, sans passion, ce que vous croyez le plus propre à soulager ma fille.

M. MACROTON, *il parle en allongeant ses mots :* Mon-si-eur. dans. ces. ma-ti-è-res-là. il. faut. pro-cé-der. a-vec-que. cir-con-spec-tion. et. ne. ri-en. fai-re. com-me. on. dit. à. la. vo-lé-e. d'au-tant. que. les. fau-tes. qu'on. y. peut. fai-re. sont. se-lon. no-tre. maî-tre. Hip-po-cra-te. d'u-ne. dan-ge-reu-se. con-sé-quen-ce.

M. BAHYS, *celui-ci parle toujours en bredouillant :* Il est vrai, il faut bien prendre garde à ce qu'on fait; car ce ne sont pas ici des jeux d'enfant, et quand on a failli, il n'est pas aisé de réparer le manquement et de rétablir ce qu'on a gâté : *experimentum periculosum* [30]. C'est pourquoi il s'agit de raisonner auparavant comme il faut, de peser mûrement les choses, de regarder le tempérament des gens, d'examiner les causes de la maladie, et de voir les remèdes qu'on y doit apporter.

SGANARELLE : L'un va en tortue, et l'autre court la poste.

M. MACROTON : Or. Mon-si-eur. pour. ve-nir. au. fait. je. trou-ve. que. vo-tre. fil-le. a. u-ne. ma-la-die. chro-ni-que. et. qu'el-le. peut. pé-ri-cli-ter. si. on. ne. lui. don-ne. du. se-cours. d'au-tant. que. les. sym-ptô-mes. qu'el-le. a. sont. in-di-ca-tifs. d'u-ne. va-peur. fu-li-gi-neu-se, et. mor-di-can-te [31]. qui. lui. pi-co-te. les. mem-bra-nes. du. cer-veau. Or. cet-te. va-peur. que. nous. nom-mons. en. grec. *at-mos*. est. cau-sé-e. par. des. hu-meurs. pu-tri-des. te-na-ces. et. con-glu-ti-neu-ses [32]. qui. sont. con-te-nues. dans. le. bas-ven-tre.

M. BAHYS : Et comme ces humeurs ont été là engendrées par une longue succession de temps, elles s'y sont recuites et ont acquis cette malignité qui fume vers la région du cerveau.

M. MACROTON : Si. bi-en. donc. que. pour. ti-rer. dé-ta-cher. ar-ra-cher. ex-pul-ser. é-va-cu-er. les-di-tes. hu-meurs. il. fau-dra. u-ne. pur-ga-tion. vi-gou-reu-se. Mais. au. pré-a-la-ble. je. trou-ve. à. pro-pos. et. il. n'y. a. pas. d'in-con-vé-ni-ent. d'u-ser. de. pe-tits. re-mè-des. a-no-dins [33]. c'est.à.dire. de. pe-tits. la-ve-ments. ré-mol-li-ents [34]. et. dé-ter-sifs [35]. de. ju-lets [36]. et. de. si-rops. ra-fraî-chis-sants [37]. qu'on. mê-le-ra. dans. sa. pti-san-ne.

M. BAHYS : Après, nous en viendrons à la purgation, et à la saignée que nous réitérerons, s'il en est besoin.

M. MACROTON : Ce. n'est. pas. qu'a-vec. tout. ce-la. vo-tre. fil-le. ne. puis-se. mou-rir. mais. au. moins. vous. au-rez. fait. quel-que. cho-se. et. vous.

au-rez. la. con-so-la-tion. qu'el-le. se-ra. mor-te.
dans. les. for-mes.

M. BAHYS : Il vaut mieux mourir selon les règles
que de réchapper contre les règles.

M. MACROTON : Nous. vous. di-sons. sin-cè-re-
ment. no-tre pen-sée.

M. BAHYS : Et nous avons parlé comme nous
parlerions à notre propre frère.

SGANARELLE, *à M. Macroton :* Je. vous. rends.
très-hum-bles. grâ-ces. *(A M. Bahys.)* Et vous suis
infiniment obligé de la peine que vous avez prise.

SCÈNE VI

SGANARELLE

Me voilà justement un peu plus incertain que je
n'étais auparavant. Morbleu! il me vient une
fantaisie. Il faut que j'aille acheter de l'orviétan [38], et
que je lui en fasse prendre; l'orviétan est un remède
dont beaucoup de gens se sont bien trouvés.

SCÈNE VII

L'OPÉRATEUR, SGANARELLE

SGANARELLE : Holà! Monsieur, je vous prie de me
donner une boîte de votre orviétan, que je m'en
vais vous payer.

L'OPÉRATEUR, *chantant.*

L'or de tous les climats qu'entoure l'Océan
Peut-il jamais payer ce secret d'importance?
Mon remède guérit, par sa rare excellence,
Plus de maux qu'on n'en peut nombrer dans tout un an :

> *La gale,*
> *La rogne,*
> *La tigne,*
> *La fièvre,*
> *La peste,*
> *La goutte,*
> *Vérole,*
> *Descente,*
> *Rougeole* [39].

Ô grande puissance de l'orviétan!

SGANARELLE : Monsieur, je crois que tout l'or du monde n'est pas capable de payer votre remède; mais pourtant voici une pièce de trente sols que vous prendrez, s'il vous plaît.

L'OPÉRATEUR, *chantant.*

Admirez mes bontés, et le peu qu'on vous vend
Ce trésor merveilleux que ma main vous dispense.
Vous pouvez avec lui braver en assurance
Tous les maux que sur nous l'ire du Ciel répand :

> *La gale,*
> *La rogne,*
> *La tigne,*
> *La fièvre,*
> *La peste,*
> *La goutte,*
> *Vérole,*
> *Descente,*
> *Rougeole.*

Ô grande puissance de l'orviétan!

DEUXIÈME ENTRACTE

Plusieurs Trivelins et plusieurs Scaramouches[40]*, valets de l'opérateur, se réjouissent en dansant.*

ACTE III

SCÈNE PREMIÈRE

MESSIEURS FILERIN, TOMÈS
ET DES FONANDRÈS

M. FILERIN : N'avez-vous point de honte, Messieurs, de montrer si peu de prudence, pour des gens de votre âge, et de vous être querellés comme de jeunes étourdis ? Ne voyez-vous pas bien quel tort ces sortes de querelles nous font parmi le monde ? et n'est-ce pas assez que les savants voient les contrariétés [41] et les dissensions qui sont entre nos auteurs et nos anciens maîtres, sans découvrir encore au peuple, par nos débats et nos querelles, la forfanterie [42] de notre art ? Pour moi, je ne comprends rien du tout à cette méchante politique de quelques-uns de nos gens ; et il faut confesser que toutes ces contestations [43] nous ont décriés, depuis peu, d'une étrange manière, et que, si nous n'y prenons garde, nous allons nous ruiner nous-mêmes. Je n'en parle pas pour mon intérêt ; car, Dieu merci, j'ai déjà établi mes petites affaires.

Qu'il vente, qu'il pleuve, qu'il grêle, ceux qui sont
morts sont morts, et j'ai de quoi me passer des
vivants; mais enfin toutes ces disputes ne valent
rien pour la médecine. Puisque le Ciel nous fait la
grâce que, depuis tant de siècles, on demeure
infatué de nous, ne désabusons point les hommes
avec nos cabales extravagantes, et profitons de leur
sottise le plus doucement que nous pourrons[44].
Nous ne sommes pas les seuls, comme vous savez,
qui tâchons à nous prévaloir de la faiblesse
humaine. C'est là que va l'étude de la plupart du
monde, et chacun s'efforce de prendre les hommes
par leur faible, pour en tirer quelque profit. Les
flatteurs, par exemple, cherchent à profiter de
l'amour que les hommes ont pour les louanges, en
leur donnant tout le vain encens qu'ils souhaitent;
et c'est un art où l'on fait, comme on voit, des
fortunes considérables. Les alchimistes tâchent à
profiter de la passion que l'on a pour les richesses,
en promettant des montagnes d'or à ceux qui les
écoutent; et les diseurs d'horoscope, par leurs
prédictions trompeuses, profitent de la vanité et de
l'ambition des crédules esprits[45]. Mais le plus
grand faible des hommes, c'est l'amour qu'ils ont
pour la vie; et nous en profitons, nous autres, par
notre pompeux galimatias, et savons prendre nos
avantages de cette vénération que la peur de mourir
leur donne pour notre métier[46]. Conservons-nous
donc dans le degré d'estime où leur faiblesse nous a
mis, et soyons de concert auprès des malades pour
nous attribuer les heureux succès de la maladie, et
rejeter sur la nature toutes les bévues de notre art.
N'allons point, dis-je, détruire sottement les heu-
reuses préventions d'une erreur qui donne du pain
à tant de personnes [46bis].

M. TOMÈS : Vous avez raison en tout ce que vous

dites; mais ce sont chaleurs de sang, dont parfois on n'est pas le maître.

M. FILERIN : Allons donc, Messieurs, mettez bas toute rancune, et faisons ici votre accommodement.

M. DES FONANDRÈS : J'y consens. Qu'il me passe mon émétique pour la malade dont il s'agit, et je lui passerai tout ce qu'il voudra pour le premier malade dont il sera question.

M. FILERIN : On ne peut pas mieux dire, et voilà se mettre à la raison.

M. DES FONANDRÈS : Cela est fait.

M. FILERIN : Touchez donc là. Adieu. Une autre fois, montrez plus de prudence.

SCÈNE II

MESSIEURS TOMÈS, DES FONANDRÈS, LISETTE

LISETTE : Quoi? Messieurs, vous voilà, et vous ne songez pas à réparer le tort qu'on vient de faire à la médecine?

M. TOMÈS : Comment? Qu'est-ce?

LISETTE : Un insolent qui a eu l'effronterie d'entreprendre sur votre métier, et qui, sans votre ordonnance [47], vient de tuer un homme d'un grand coup d'épée au travers du corps.

M. TOMÈS : Écoutez, vous faites la railleuse, mais vous passerez par nos mains quelque jour.

LISETTE : Je vous permets de me tuer, lorsque j'aurai recours à vous.

SCÈNE III

LISETTE, CLITANDRE

CLITANDRE : Hé bien! Lisette, me trouves-tu bien ainsi?

LISETTE : Le mieux du monde; et je vous attendais avec impatience. Enfin le Ciel m'a faite d'un naturel le plus humain du monde, et je ne puis voir deux amants soupirer l'un pour l'autre, qu'il ne me prenne une tendresse charitable, et un désir ardent de soulager les maux qu'ils souffrent. Je veux, à quelque prix que ce soit, tirer Lucinde de la tyrannie où elle est, et la mettre en votre pouvoir. Vous m'avez plu d'abord; je me connais en gens, et elle ne peut pas mieux choisir. L'amour risque des choses extraordinaires; et nous avons concerté ensemble une manière de stratagème, qui pourra peut-être nous réussir. Toutes nos mesures sont déjà prises : l'homme à qui nous avons affaire n'est pas des plus fins de ce monde; et si cette aventure nous manque, nous trouverons mille autres voies pour arriver à notre but. Attendez-moi là seulement, je reviens vous querir.

SCÈNE IV

SGANARELLE, LISETTE

LISETTE : Monsieur, allégresse! allégresse!

SGANARELLE : Qu'est-ce?

LISETTE. Réjouissez-vous.

SGANARELLE : De quoi?

LISETTE : Réjouissez-vous, vous dis-je.

SGANARELLE : Dis-moi donc ce que c'est, et puis je me réjouirai peut-être.

LISETTE : Non : je veux que vous vous réjouissiez auparavant, que vous chantiez, que vous dansiez.

SGANARELLE : Sur quoi?

LISETTE : Sur ma parole.

SGANARELLE : Allons donc, la lera la la, la lera la. Que diable!

LISETTE : Monsieur, votre fille est guérie.

SGANARELLE : Ma fille est guérie!

LISETTE : Oui, je vous amène un médecin, mais un médecin d'importance, qui fait des cures merveilleuses, et qui se moque des autres médecins...

SGANARELLE : Où est-il?

LISETTE : Je vais le faire entrer.

SGANARELLE : Il faut voir si celui-ci fera plus que les autres.

SCÈNE V

CLITANDRE, *en habit de médecin,* SGANARELLE, LISETTE

LISETTE : Le voici.

SGANARELLE : Voilà un médecin qui a la barbe bien jeune.

LISETTE : La science ne se mesure pas à la barbe, et ce n'est pas par le menton qu'il est habile.

SGANARELLE : Monsieur, on m'a dit que vous

aviez des remèdes admirables pour faire aller à la selle.

CLITANDRE : Monsieur, mes remèdes sont différents de ceux des autres : ils ont l'émétique, les saignées, les médecines et les lavements ; mais moi, je guéris par des paroles, par des sons, par des lettres, par des talismans et par des anneaux constellés [48].

LISETTE : Que vous ai-je dit ?

SGANARELLE : Voilà un grand homme.

LISETTE : Monsieur, comme votre fille est là tout habillée dans une chaise, je vais la faire passer ici.

SGANARELLE : Oui, fais.

CLITANDRE, *tâtant le pouls à Sganarelle* : Votre fille est bien malade.

SGANARELLE : Vous connaissez cela ici ?

CLITANDRE : Oui, par la sympathie qu'il y a entre le père et la fille.

SCÈNE VI

LUCINDE, LISETTE, SGANARELLE, CLITANDRE

LISETTE : Tenez, Monsieur, voilà une chaise auprès d'elle. Allons laissez-les là tous deux.

SGANARELLE : Pourquoi ? Je veux demeurer là.

LISETTE : Vous moquez-vous ? Il faut s'éloigner : un médecin a cent choses à demander qu'il n'est pas honnête qu'un homme entende.

CLITANDRE, *parlant à Lucinde à part* : Ah ! Madame, que le ravissement où je me trouve est grand! et que je sais peu par où vous commencer mon discours! Tant que je ne vous ai parlé que des yeux, j'avais, ce me semblait, cent choses à vous dire; et maintenant que j'ai la liberté de vous parler de la façon que je souhaitais, je demeure interdit; et la grande joie où je suis étouffe toutes mes paroles.

LUCINDE : Je puis vous dire la même chose, et je sens, comme vous, des mouvements de joie qui m'empêchent de pouvoir parler.

CLITANDRE : Ah! Madame, que je serais heureux s'il était vrai que vous sentissiez tout ce que je sens, et qu'il me fût permis de juger de votre âme par la mienne! Mais, Madame, puis-je au moins croire que ce soit à vous à qui je doive la pensée de cet heureux stratagème qui me fait jouir de votre présence?

LUCINDE : Si vous ne m'en devez pas la pensée, vous m'êtes redevable au moins d'en avoir approuvé la proposition avec beaucoup de joie.

SGANARELLE, *à Lisette :* Il me semble qu'il lui parle de bien près.

LISETTE, *à Sganarelle :* C'est qu'il observe sa physionomie et tous les traits de son visage.

CLITANDRE, *à Lucinde :* Serez-vous constante, Madame, dans ces bontés que vous me témoignez?

LUCINDE : Mais vous, serez-vous ferme dans les résolutions que vous avez montrées?

CLITANDRE : Ah! Madame, jusqu'à la mort. Je n'ai point de plus forte envie que d'être à vous, et je vais le faire paraître dans ce que vous m'allez voir faire.

SGANARELLE : Hé bien! notre malade, elle me semble un peu plus gaie.

CLITANDRE : C'est que j'ai déjà fait agir sur elle un de ces remèdes que mon art m'enseigne. Comme l'esprit a grand empire sur le corps, et que c'est de lui bien souvent que procèdent les maladies, ma coutume est de courir à guérir les esprits, avant que de venir au corps. J'ai donc observé ses regards, les traits de son visage, et les lignes de ses deux mains [49]; et par la science que le Ciel m'a donnée, j'ai reconnu que c'était de l'esprit qu'elle était malade, et que tout son mal ne venait que d'une imagination déréglée, d'un désir dépravé de vouloir être mariée. Pour moi, je ne vois rien de plus extravagant et de plus ridicule que cette envie qu'on a du mariage.

SGANARELLE : Voilà un habile homme!

CLITANDRE : Et j'ai eu, et aurai pour lui, toute ma vie, une aversion effroyable.

SGANARELLE : Voilà un grand médecin!

CLITANDRE : Mais, comme il faut flatter l'imagination des malades, et que j'ai vu en elle de l'aliénation d'esprit, et même qu'il y avait du péril à ne lui pas donner un prompt secours, je l'ai prise par son faible, et lui ai dit que j'étais venu ici pour vous la demander en mariage. Soudain son visage a changé, son teint s'est éclairci, ses yeux se sont animés; et si vous voulez, pour quelques jours, l'entretenir dans cette erreur, vous verrez que nous la tirerons d'où elle est.

SGANARELLE : Oui-da, je le veux bien.

CLITANDRE : Après nous ferons agir d'autres remèdes pour la guérir entièrement de cette fantaisie.

SGANARELLE : Oui, cela est le mieux du monde. Hé bien! ma fille, voilà Monsieur qui a envie de t'épouser, et je lui ai dit que je le voulais bien.

LUCINDE : Hélas! est-il possible?

SGANARELLE : Oui.

LUCINDE : Mais tout de bon?

SGANARELLE : Oui, oui.

LUCINDE : Quoi? vous êtes dans les sentiments d'être mon mari?

CLITANDRE : Oui, Madame.

LUCINDE : Et mon père y consent?

SGANARELLE : Oui, ma fille.

LUCINDE : Ah! que je suis heureuse, si cela est véritable!

CLITANDRE : N'en doutez point, Madame. Ce n'est pas d'aujourd'hui que je vous aime, et que je brûle de me voir votre mari. Je ne suis venu ici que pour cela; et si vous voulez que je vous dise nettement les choses comme elles sont, cet habit n'est qu'un pur prétexte inventé, et je n'ai fait le médecin que pour m'approcher de vous et obtenir ce que je souhaite.

LUCINDE : C'est me donner des marques d'un amour bien tendre, et j'y suis sensible autant que je puis.

SGANARELLE : Oh! la folle! Oh! la folle! Oh! la folle!

LUCINDE : Vous voulez donc bien, mon père, me donner Monsieur pour époux?

SGANARELLE : Oui. Çà, donne-moi ta main. Donnez-moi un peu aussi la vôtre, pour voir.

CLITANDRE : Mais, Monsieur...

SGANARELLE, *s'étouffant de rire :* Non, non : c'est pour... pour lui contenter l'esprit. Touchez là. Voilà qui est fait.

CLITANDRE : Acceptez, pour gage de ma foi, cet anneau que je vous donne. C'est un anneau constellé, qui guérit les égarements d'esprit.

LUCINDE : Faisons donc le contrat, afin que rien n'y manque.

CLITANDRE : Hélas! je le veux bien, Madame. *(A Sganarelle.)* Je vais faire monter l'homme qui écrit mes remèdes, et lui faire croire que c'est un notaire.

SGANARELLE : Fort bien.

CLITANDRE : Holà! faites monter le notaire que j'ai amené avec moi.

LUCINDE : Quoi? vous aviez amené un notaire?

CLITANDRE : Oui, Madame.

LUCINDE : J'en suis ravie.

SGANARELLE : Oh! la folle! Oh! la folle!

SCÈNE VII

LE NOTAIRE, CLITANDRE, SGANARELLE, LUCINDE, LISETTE
Clitandre parle au Notaire à l'oreille.

SGANARELLE : Oui, Monsieur, il faut faire un contrat pour ces deux personnes-là. Écrivez. Voilà le contrat qu'on fait : je lui donne vingt mille écus en mariage. Écrivez.

Le Notaire écrit.

LUCINDE : Je vous suis bien obligée, mon père.

LE NOTAIRE : Voilà qui est fait : vous n'avez qu'à venir signer.

SGANARELLE : Voilà un contrat bientôt bâti.

CLITANDRE : Au moins...

SGANARELLE : Hé! non, vous dis-je. Sait-on pas bien? Allons, donnez-lui la plume pour signer. Allons, signé, signé, signé. Va, va, je signerai tantôt, moi.

LUCINDE : Non, non : je veux avoir le contrat entre mes mains.

SGANARELLE : Hé bien! tiens. Es-tu contente?

LUCINDE : Plus qu'on ne peut s'imaginer.

SGANARELLE : Voilà qui est bien, voilà qui est bien.

CLITANDRE : Au reste, je n'ai pas eu seulement la précaution d'amener un notaire ; j'ai eu celle encore de faire venir des voix et des instruments pour célébrer la fête et pour nous réjouir. Qu'on les fasse venir. Ce sont des gens que je mène avec moi, et dont je me sers tous les jours pour pacifier avec leur harmonie les troubles de l'esprit.

SCÈNE DERNIÈRE

LA COMÉDIE, LE BALLET ET LA MUSIQUE

TOUS TROIS *ensemble.*

Sans nous tous les hommes
Deviendraient mal sains,
Et c'est nous qui sommes
Leurs grands médecins.

LA COMÉDIE

Veut-on qu'on rabatte,
Par des moyens doux,
Les vapeurs de rate [50]
Qui vous minent tous ?
Qu'on laisse Hippocrate,
Et qu'on vienne à nous.

TOUS TROIS *ensemble.*

> *Sans nous...*

> *Durant qu'ils chantent, et que les Jeux, les Ris et les Plaisirs dansent, Clitandre emmène Lucinde.*

SGANARELLE : Voilà une plaisante façon de guérir. Où est donc ma fille et le médecin?

LISETTE : Ils sont allés achever le reste du mariage.

SGANARELLE : Comment, le mariage?

LISETTE : Ma foi! Monsieur, la bécasse est bridée[51], et vous avez cru faire un jeu, qui demeure une vérité.

SGANARELLE, *les danseurs le retiennent et veulent le faire danser de force :* Comment, diable! Laissez-moi aller, laissez-moi aller, vous dis-je. Encore? Peste des gens!

LE
MÉDECIN
MALGRÉ LUI

COMÉDIE
Par J.-B. P. de MOLIÈRE.

A PARIS

Chez Jean Ribou, au Palais, sur le
Grand Perron, vis-à-vis la Porte de l'Église
de la Sainte-Chapelle, à l'Image Saint Louis.

M. DC. LXVII
AVEC PRIVILÈGE DU ROI

LE
MÉDECIN
MALGRÉ LUI

COMÉDIE
Par J.-B. P. de MOLIÈRE.

Représentée pour la première fois
à Paris, sur le Théâtre
du Palais-Royal, le vendredi 6,
du mois d'août 1666
par la Troupe du Roi.

NOTICE

Molière a donné pour la première fois son Médecin malgré lui *au Palais-Royal le 6 août 1666. La pièce, malgré ses trois actes, n'étant guère plus longue qu'une farce, n'est pas jouée seule : elle accompagne d'abord* La Mère coquette *de Donneau de Visé, puis* Le Favori *de Mlle Desjardins,* Les Fâcheux, Le Misanthrope. *Les gazetiers, Robinet, Subligny* [a] *attestent le succès.* Le Médecin malgré lui *est ainsi joué jusqu'à la fin de 1666. Il y aura encore 59 représentations jusqu'à la mort de Molière ; puis 282 jusqu'à la fin du règne de Louis XIV.* Le Médecin malgré lui *est imprimé tout de suite* [b].

Il y avait déjà au répertoire de la troupe une farce appelée tantôt Le Fagotier, *tantôt* Le Fagoteux *ou, encore,* Le Médecin par force. *On n'a pas de raison de penser que l'auteur soit un autre que Molière ; au reste, elle est perdue. Il y a toutes les chances du monde que* Le Médecin malgré lui *soit la reprise du* Fagotier ; *d'ailleurs Grimarest et La Grange appellent ainsi* Le Médecin malgré lui.

A l'origine de la farce, comme de la comédie, est un fabliau, Du Vilain mire. *Un paysan bat sa femme ; elle entend se venger. Passent deux envoyés du roi ; ils cherchent un médecin pour la fille du roi, laquelle a une arête de poisson en travers*

a. Voir Mongrédien, *Recueil des textes* etc., op. cit., p. 269-270.
b. Privilège : 8 octobre 1666 ; achevé d'imprimer : 24 décembre 1666.

de la gorge. La femme assure que son mari est bon médecin;
mais il n'opère qu'à condition qu'on le batte. On le battra. Il
guérira la fille du roi et, de surcroît, tous les malades du pays.

Le fabliau n'était pas imprimé du temps de Molière[c].
Encore faut-il faire une réserve : qui sait s'il ne figurait pas
dans quelque livret populaire perdu?

En tout cas, l'histoire faisait partie du folklore non
seulement français, mais européen. On en rencontre des
épisodes dans la dixième et dans la trentième Serée *de*
G. Bouchet, dans une des Facéties *de Pogge, dans un sermon*
du XIIIe *siècle, dans le* Voyage en Moscovie *d'Adam*
Olearius, dans un petit poème italien édité au XVIe *siècle. Il se*
pourrait bien que l'aventure ait fait aussi le thème d'une farce
française et fourni aux Italiens un canevas.

Mais une des sources de Molière pourrait être le livre de
Théobald Anguilbert, un Irlandais, qui avait écrit en latin
une Mensa philosophica. *Le quatrième traité de cet ouvrage*
contient en quarante-quatre chapitres de petits contes : « Une
femme frappée par son mari s'en alla auprès du châtelain qui
était malade, en disant que son mari était médecin, mais qu'il
ne soignait personne si on ne le battait pas, et ainsi elle fit
qu'il fut très fortement battu[d]. »

Molière s'est souvenu de Rabelais, qui avait, dit celui-ci,
joué à Montpellier La Morale Comédie de celui qui avait
épousé une femme mute[e]. *Il s'est souvenu surtout*[f] *de son*

c. Première impression connue dans les *Fabliaux et contes des*
poètes français des XII, XIII, XIV et XVe *siècles,* 1756, t. Ier.
d. *Tractatus quartus et ultimus : De Honestis ludis et jocis,* du
chapitre XVIII intitulé *De Mulieribus.* Cité par La Monnoye dans
une addition au *Menagiana,* 1715, t. III, p. 106.
e. Rabelais, *Œuvres complètes, Le Tiers livre,* chapitre XXXIV,
Pléiade, p. 452 et la note 3. — Voir, dans *Le Médecin malgré lui,*
l'idée que Lucinde est muette (acte III, sc. VI) et l'offre à
Géronte de le rendre sourd.
f. Si l'on veut croire Brossette, Molière aurait peint le caractère
de Sganarelle et de sa femme, à la fin de la scène première, sur
celui d'un perruquier et de sa première femme, qu'il connaissait
par Boileau. Le *Menagiana* confirme la tradition. Invérifiable; il
serait réconfortant que ce perruquier et sa perruquière aient été le
seul ménage à se chamailler dans le Paris de 1666.

propre Amour médecin. *Il reprend pour la malade le nom de Lucinde ; la fille dans les deux pièces fait semblant d'être malade et l'amant pour l'approcher se déguise en médecin ou en apothicaire.*

Ainsi a-t-il composé une pièce qui, sous le titre de comédie, tient encore largement de la farce par sa saveur et sa verve, mais qui s'est étoffée, qui utilise de nombreux personnages et qui sait observer ; quelque chose qui se tient à mi-chemin entre La Jalousie du Barbouillé *ou* Le Médecin volant *et* George Dandin *ou* Pourceaugnac. *Si nous osions faire sur sa genèse une hypothèse peu aventureuse, nous penserions que Molière a rédigé et mis en forme en 1666 un canevas sommaire de ses débuts.*

Pièce savoureuse en tout cas, avec ses scènes de mœurs populaires, la querelle de ménage, l'intervention mal accueillie du voisin. Avec un personnage au moins bien étudié, Sganarelle : un bûcheron et qui n'appartient pas à l'élite de la profession qui abat et débite en planches les arbres ; il fait seulement des fagots et va les vendre, d'où occasion de beuveries. Il a un passé : il n'est venu aux fagots qu'après avoir connu des jours meilleurs : il a été au collège et a appris sa grammaire latine. Si rapidement que soit évoqué ce passé, cela donne au personnage de l'épaisseur. Il est paillard, buveur, beau parleur, goguenard. Après son expérience médicale, qui a failli mal tourner, les spectateurs du XVIIe siècle devaient se dire que c'était un homme perdu pour le bûcheronnage, mais qu'il avait une carrière à faire comme « opérateur », vendeur sur les places et dans les foires de médicaments miraculeux.

LE MÉDECIN MALGRÉ LUI

Comédie

ACTEURS

SGANARELLE[1], *mari de Martine.*
MARTINE, *femme de Sganarelle.*
M. ROBERT, *voisin de Sganarelle.*
VALÈRE, *domestique de Géronte*[2].
LUCAS, *mari de Jacqueline.*
GÉRONTE, *père de Lucinde.*
JACQUELINE, *nourrice chez Géronte, et femme de Lucas.*
LUCINDE, *fille de Géronte*[3].
LÉANDRE, *amant de Lucinde.*
THIBAUT, *père de Perrin.*
PERRIN, *fils de Thibaut, paysan.*

ACTE PREMIER

SCÈNE PREMIÈRE

SGANARELLE, MARTINE,
paraissant sur le théâtre en se querellant.

SGANARELLE : Non, je te dis que je n'en veux rien faire, et que c'est à moi de parler et d'être le maître.

MARTINE : Et je te dis, moi, que je veux que tu vives à ma fantaisie, et que je ne me suis point mariée avec toi pour souffrir tes fredaines.

SGANARELLE : Ô la grande fatigue que d'avoir une femme! et qu'Aristote a bien raison, quand il dit qu'une femme est pire qu'un démon [4]!

MARTINE : Voyez un peu l'habile homme, avec son benêt d'Aristote!

SGANARELLE : Oui, habile homme : trouve-moi un faiseur de fagots qui sache, comme moi, raisonner des choses, qui ait servi six ans un fameux médecin, et qui ait su, dans son jeune âge, son rudiment [5] par cœur.

MARTINE : Peste du fou fieffé!

SGANARELLE : Peste de la carogne!

MARTINE : Que maudit soit l'heure et le jour où je m'avisai d'aller dire oui!

SGANARELLE : Que maudit soit le bec cornu[6] de notaire qui me fit signer ma ruine!

MARTINE : C'est bien à toi, vraiment, à te plaindre de cette affaire. Devrais-tu être un seul moment sans rendre grâce au Ciel de m'avoir pour ta femme? et méritais-tu d'épouser une personne comme moi?

SGANARELLE : Il est vrai que tu me fis trop d'honneur, et que j'eus lieu de me louer la première nuit de nos noces! Hé! morbleu! ne me fais point parler là-dessus : je dirais de certaines choses...

MARTINE : Quoi? que dirais-tu?

SGANARELLE : Baste, laissons là ce chapitre. Il suffit que nous savons ce que nous savons, et que tu fus bien heureuse de me trouver.

MARTINE : Qu'appelles-tu bien heureuse de te trouver? Un homme qui me réduit à l'hôpital, un débauché, un traître, qui me mange tout ce que j'ai?

SGANARELLE : Tu as menti : j'en bois une partie.

MARTINE : Qui me vend, pièce à pièce, tout ce qui est dans le logis.

SGANARELLE : C'est vivre de ménage[7].

MARTINE : Qui m'a ôté jusqu'au lit que j'avais.

SGANARELLE : Tu t'en lèveras plus matin.

MARTINE : Enfin qui ne laisse aucun meuble dans toute la maison.

SGANARELLE : On en déménage plus aisément.

MARTINE : Et qui, du matin jusqu'au soir, ne fait que jouer et que boire.

SGANARELLE : C'est pour ne me point ennuyer.

MARTINE : Et que veux-tu, pendant ce temps, que je fasse avec ma famille?

SGANARELLE : Tout ce qu'il te plaira.

MARTINE : J'ai quatre pauvres petits enfants sur les bras.

SGANARELLE : Mets-les à terre.

MARTINE : Qui me demandent à toute heure du pain.

SGANARELLE : Donne-leur le fouet : quand j'ai bien bu et bien mangé, je veux que tout le monde soit saoul dans ma maison.

MARTINE : Et tu prétends, ivrogne, que les choses aillent toujours de même ?

SGANARELLE : Ma femme, allons tout doucement, s'il vous plaît.

MARTINE : Que j'endure éternellement tes insolences et tes débauches ?

SGANARELLE : Ne nous emportons point, ma femme.

MARTINE : Et que je ne sache pas trouver le moyen de te ranger à ton devoir ?

SGANARELLE : Ma femme, vous savez que je n'ai pas l'âme endurante, et que j'ai le bras assez bon.

MARTINE : Je me moque de tes menaces.

SGANARELLE : Ma petite femme, ma mie, votre peau vous démange, à votre ordinaire.

MARTINE : Je te montrerai bien que je ne te crains nullement.

SGANARELLE : Ma chère moitié, vous avez envie de me dérober quelque chose [8].

MARTINE : Crois-tu que je m'épouvante de tes paroles ?

SGANARELLE : Doux objet de mes vœux, je vous frotterai les oreilles.

MARTINE : Ivrogne que tu es !

SGANARELLE : Je vous battrai.

MARTINE : Sac à vin !

SGANARELLE : Je vous rosserai.

MARTINE : Infâme !

SGANARELLE : Je vous étrillerai.

MARTINE : Traître, insolent, trompeur, lâche, coquin, pendard, gueux, belître⁹, fripon, maraud, voleur... !

SGANARELLE, *il prend un bâton et lui en donne :* Ah! vous en voulez donc?

MARTINE : Ah, ah, ah, ah!

SGANARELLE : Voilà le vrai moyen de vous apaiser.

SCÈNE II

M. ROBERT, SGANARELLE, MARTINE

M. ROBERT : Holà, holà, holà! Fi! Qu'est-ce ci? Quelle infamie! Peste soit le coquin, de battre ainsi sa femme!

MARTINE, *les mains sur les côtés, lui parle en le faisant reculer, et à la fin lui donne un soufflet :* Et je veux qu'il me batte, moi.

M. ROBERT : Ah! j'y consens de tout mon cœur.

MARTINE : De quoi vous mêlez-vous?

M. ROBERT : J'ai tort.

MARTINE : Est-ce là votre affaire?

M. ROBERT : Vous avez raison.

MARTINE : Voyez un peu cet impertinent, qui veut empêcher les maris de battre leurs femmes.

M. ROBERT : Je me rétracte.

MARTINE : Qu'avez-vous à voir là-dessus?

M. ROBERT : Rien.

MARTINE : Est-ce à vous d'y mettre le nez?

M. ROBERT : Non.

MARTINE : Mêlez-vous de vos affaires.

M. ROBERT : Je ne dis plus mot.

MARTINE : Il me plaît d'être battue.

M. ROBERT : D'accord.

MARTINE : Ce n'est pas à vos dépens.

M. ROBERT : Il est vrai.

MARTINE : Et vous êtes un sot de venir vous fourrer où vous n'avez que faire.

M. ROBERT. *Il passe ensuite vers le mari, qui pareillement lui parle toujours en le faisant reculer, le frappe avec le même bâton et le met en fuite ; il dit à la fin :* Compère, je vous demande pardon de tout mon cœur. Faites, rossez, battez, comme il faut, votre femme ; je vous aiderai, si vous le voulez.

SGANARELLE : Il ne me plaît pas, moi.

M. ROBERT : Ah ! c'est une autre chose.

SGANARELLE : Je la veux battre, si je le veux ; et ne la veux pas battre, si je ne le veux pas.

M. ROBERT : Fort bien.

SGANARELLE : C'est ma femme, et non pas la vôtre.

M. ROBERT : Sans doute.

SGANARELLE : Vous n'avez rien à me commander.

M. ROBERT : D'accord.

SGANARELLE : Je n'ai que faire de votre aide.

M. ROBERT : Très volontiers.

SGANARELLE : Et vous êtes un impertinent, de vous ingérer des [10] affaires d'autrui. Apprenez que Cicéron dit qu'entre l'arbre et le doigt il ne faut point mettre l'écorce [11]. *(Ensuite il revient vers sa femme, et lui dit, en lui pressant la main :)* Ô ça, faisons la paix nous deux. Touche là [12].

MARTINE : Oui ! après m'avoir ainsi battue !

SGANARELLE : Cela n'est rien, touche.

MARTINE : Je ne veux pas.

SGANARELLE : Eh !

MARTINE : Non.

SGANARELLE : Ma petite femme !

MARTINE : Point.

SGANARELLE : Allons, te dis-je.

MARTINE : Je n'en ferai rien.

SGANARELLE : Viens, viens, viens.

MARTINE : Non : je veux être en colère.

SGANARELLE : Fi ! c'est une bagatelle. Allons, allons.

MARTINE : Laisse-moi là.

SGANARELLE : Touche, te dis-je.

MARTINE : Tu m'as trop maltraitée.

SGANARELLE : Eh bien va, je te demande pardon : mets là ta main.

MARTINE : Je te pardonne *(elle dit le reste bas)* ; mais tu le payeras.

SGANARELLE : Tu es une folle de prendre garde à cela : ce sont petites choses qui sont de temps en temps nécessaires dans l'amitié ; et cinq ou six coups de bâton, entre gens qui s'aiment, ne font que ragaillardir l'affection. Va, je m'en vais au bois, et je te promets aujourd'hui plus d'un cent de fagots.

SCÈNE III

MARTINE, *seule.*

Va, quelque mine que je fasse, je n'oublie pas mon ressentiment ; et je brûle en moi-même de trouver les moyens de te punir des coups que tu me donnes. Je sais bien qu'une femme a toujours dans les mains de quoi se venger d'un mari ; mais c'est une punition trop délicate pour mon pendard : je veux une vengeance qui se fasse un peu mieux sentir; et ce n'est pas contentement pour l'injure que j'ai reçue.

SCÈNE IV

VALÈRE, LUCAS, MARTINE

LUCAS : Parguenne! j'avons pris là tous deux une guèble de commission; et je ne sais pas, moi, ce que je pensons attraper [13].

VALÈRE : Que veux-tu, mon pauvre nourricier [14]? il faut bien obéir à notre maître; et puis nous avons intérêt, l'un et l'autre, à la santé de sa fille, notre maîtresse; et sans doute son mariage, différé par sa maladie, nous vaudrait quelque récompense. Horace, qui est libéral, a bonne part aux prétentions qu'on peut avoir sur sa personne; et quoiqu'elle ait fait voir de l'amitié pour un certain Léandre, tu sais bien que son père n'a jamais voulu consentir à le recevoir pour son gendre.

MARTINE, *rêvant à part elle :* Ne puis-je point trouver quelque invention pour me venger?

LUCAS : Mais quelle fantaisie s'est-il boutée là dans la tête, puisque les médecins y avont tous pardu leur latin?

VALÈRE : On trouve quelquefois, à force de chercher, ce qu'on ne trouve pas d'abord; et souvent, en de simples lieux...

MARTINE : Oui, il faut que je m'en venge à quelque prix que ce soit : ces coups de bâton me

reviennent au cœur, je ne les saurais digérer, et...
*(Elle dit tout ceci en rêvant, de sorte que, ne prenant
pas garde à ces deux hommes, elle les heurte en se
retournant, et leur dit :)* Ah! Messieurs, je vous
demande pardon; je ne vous voyais pas, et cher-
chais dans ma tête quelque chose qui m'embar-
rasse.

VALÈRE : Chacun a ses soins dans le monde, et
nous cherchons aussi ce que nous voudrions bien
trouver.

MARTINE : Serait-ce quelque chose où je vous
puisse aider?

VALÈRE : Cela se pourrait faire; et nous tâchons
de rencontrer quelque habile homme, quelque
médecin particulier [15], qui pût donner quelque
soulagement à la fille de notre maître, attaquée
d'une maladie qui lui a ôté tout d'un coup l'usage
de la langue. Plusieurs médecins ont déjà épuisé
toute leur science après elle : mais on trouve parfois
des gens avec des secrets admirables, de certains
remèdes particuliers, qui font le plus souvent ce
que les autres n'ont su faire; et c'est là ce que nous
cherchons.

MARTINE. *Elle dit ces premières lignes bas :* Ah! que
le Ciel m'inspire une admirable invention pour me
venger de mon pendard! *(Haut.)* Vous ne pouviez
jamais vous mieux adresser pour rencontrer ce que
vous cherchez; et nous avons ici un homme, le plus
merveilleux homme du monde, pour les maladies
désespérées.

VALÈRE : Et de grâce, où pouvons-nous le rencontrer?

MARTINE : Vous le trouverez maintenant vers ce
petit lieu que voilà, qui s'amuse à couper du bois.

LUCAS : Un médecin qui coupe du bois!

VALÈRE : Qui s'amuse à cueillir des simples, voulez-vous dire?

MARTINE : Non : c'est un homme extraordinaire qui se plaît à cela, fantasque, bizarre, quinteux[16], et que vous ne prendriez jamais pour ce qu'il est. Il va vêtu d'une façon extravagante, affecte quelquefois de paraître ignorant, tient sa science renfermée, et ne fuit rien tant tous les jours que d'exercer les merveilleux talents qu'il a eus du Ciel pour la médecine.

VALÈRE : C'est une chose admirable, que tous les grands hommes ont toujours du caprice, quelque petit grain de folie mêlé à leur science[17].

MARTINE : La folie de celui-ci est plus grande qu'on ne peut croire, car elle va parfois jusqu'à vouloir être battu pour demeurer d'accord de sa capacité; et je vous donne avis que vous n'en viendrez point à bout, qu'il n'avouera jamais qu'il est médecin, s'il se le met en fantaisie, que vous ne preniez chacun un bâton, et ne le réduisiez, à force de coups, à vous confesser à la fin ce qu'il vous cachera d'abord. C'est ainsi que nous en usons quand nous avons besoin de lui.

VALÈRE : Voilà une étrange folie!

MARTINE : Il est vrai; mais, après cela, vous verrez qu'il fait des merveilles.

VALÈRE : Comment s'appelle-t-il?

MARTINE : Il s'appelle Sganarelle; mais il est aisé à connaître : c'est un homme qui a une large barbe[18] noire, et qui porte une fraise[19], avec un habit jaune et vert.

LUCAS : Un habit jaune et vart! C'est donc le médecin des paroquets?

VALÈRE : Mais est-il bien vrai qu'il soit si habile que vous le dites?

MARTINE : Comment? C'est un homme qui fait

des miracles. Il y a six mois qu'une femme fut abandonnée de tous les autres médecins : on la tenait morte il y avait déjà six heures, et l'on se disposait à l'ensevelir, lorsqu'on y fit venir de force l'homme dont nous parlons. Il lui mit, l'ayant vue, une petite goutte de je ne sais quoi dans la bouche, et, dans le même instant, elle se leva de son lit et se mit aussitôt à se promener dans sa chambre, comme si de rien n'eût été.

LUCAS : Ah !

VALÈRE : Il fallait que ce fût quelque goutte d'or potable[20].

MARTINE : Cela pourrait bien être. Il n'y a pas trois semaines encore qu'un jeune enfant de douze ans tomba du haut du clocher en bas, et se brisa, sur le pavé, la tête, les bras et les jambes. On n'y eut pas plus tôt amené notre homme, qu'il le frotta par tout le corps d'un certain onguent qu'il sait faire ; et l'enfant aussitôt se leva sur ses pieds, et courut jouer à la fossette[21].

LUCAS : Ah !

VALÈRE : Il faut que cet homme-là ait la médecine universelle[22].

MARTINE : Qui en doute ?

LUCAS : Testigué ! velà justement l'homme qu'il nous faut. Allons vite le charcher.

VALÈRE : Nous vous remercions du plaisir que vous nous faites.

MARTINE : Mais souvenez-vous bien au moins de l'avertissement que je vous ai donné.

LUCAS : Eh, morguenne ! laissez-nous faire : s'il ne tient qu'à battre, la vache est à nous[23].

VALÈRE : Nous sommes bien heureux d'avoir fait cette rencontre ; et j'en conçois, pour moi, la meilleure espérance du monde.

SCÈNE V

SGANARELLE, VALÈRE, LUCAS

SGANARELLE *entre sur le théâtre en chantant et tenant une bouteille :* La, la, la.

VALÈRE : J'entends quelqu'un qui chante, et qui coupe du bois.

SGANARELLE : La, la, la... Ma foi, c'est assez travaillé pour un coup. Prenons un peu d'haleine. *(Il boit, et dit après avoir bu :)* Voilà du bois qui est salé [24] comme tous les diables.

> *Qu'ils sont doux,*
> *Bouteille jolie,*
> *Qu'ils sont doux*
> *Vos petits glouglous ;*
> *Mais mon sort ferait bien des jaloux,*
> *Si vous étiez toujours remplie.*
> *Ah ! bouteille, ma mie,*
> *Pourquoi vous vuidez-vous* [25] ?

Allons, morbleu ! il ne faut point engendrer de mélancolie.

VALÈRE : Le voilà lui-même.

LUCAS : Je pense que vous dites vrai, et que j'avons bouté le nez dessus.

VALÈRE : Voyons de près.

SGANARELLE, *les apercevant, les regarde, en se tournant vers l'un et puis vers l'autre, et, abaissant la voix, dit :* Ah ! ma petite friponne ! que je t'aime, mon petit bouchon [26] !

> *... Mon sort... ferait... bien des... jaloux,*
> *Si...*

Que diable! à qui en veulent ces gens-là?

VALÈRE : C'est lui assurément.

LUCAS : Le velà tout craché comme on nous l'a défiguré [27].

SGANARELLE, *à part. Ici il pose sa bouteille à terre, et Valère se baissant pour le saluer, comme il croit que c'est à dessein de la prendre, il la met de l'autre côté; ensuite de quoi, Lucas faisant la même chose, il la reprend et la tient contre son estomac, avec divers gestes qui font un grand jeu de théâtre :* Ils consultent en me regardant. Quel dessein auraient-ils?

VALÈRE : Monsieur, n'est-ce pas vous qui vous appelez Sganarelle?

SGANARELLE : Eh quoi?

VALÈRE : Je vous demande si ce n'est pas vous qui se nomme [28] Sganarelle.

SGANARELLE, *se tournant vers Valère, puis vers Lucas :* Oui et non, selon ce que vous lui voulez.

VALÈRE : Nous ne voulons que lui faire toutes les civilités que nous pourrons.

SGANARELLE : En ce cas, c'est moi qui se nomme Sganarelle.

VALÈRE : Monsieur, nous sommes ravis de vous voir. On nous a adressés à vous pour ce que nous cherchons; et nous venons implorer votre aide, dont nous avons besoin.

SGANARELLE : Si c'est quelque chose, Messieurs, qui dépende de mon petit négoce, je suis tout prêt à vous rendre service.

VALÈRE : Monsieur, c'est trop de grâce que vous nous faites. Mais, Monsieur, couvrez-vous, s'il vous plaît; le soleil pourrait vous incommoder.

LUCAS : Monsieu, boutez dessus [29].

SGANARELLE, *bas :* Voici des gens bien pleins de cérémonie.

VALÈRE : Monsieur, il ne faut pas trouver étrange que nous venions à vous : les habiles gens sont toujours recherchés, et nous sommes instruits de votre capacité.

SGANARELLE : Il est vrai, Messieurs, que je suis le premier homme du monde pour faire des fagots.

VALÈRE : Ah! Monsieur...

SGANARELLE : Je n'y épargne aucune chose, et les fais d'une façon qu'il n'y a rien à dire.

VALÈRE : Monsieur, ce n'est pas cela dont il est question.

SGANARELLE : Mais aussi je les vends cent dix sols le cent.

VALÈRE : Ne parlons point de cela, s'il vous plaît.

SGANARELLE : Je vous promets que je ne saurais les donner à moins.

VALÈRE : Monsieur, nous savons les choses.

SGANARELLE : Si vous savez les choses, vous savez que je les vends cela.

VALÈRE : Monsieur, c'est se moquer que...

SGANARELLE : Je ne me moque point, je n'en puis rien rabattre.

VALÈRE : Parlons d'autre façon, de grâce.

SGANARELLE : Vous en pourrez trouver autre part à moins : il y a fagots et fagots; mais pour ceux que je fais...

VALÈRE : Eh! Monsieur, laissons là ce discours.

SGANARELLE : Je vous jure que vous ne les auriez pas, s'il s'en fallait un double [30].

VALÈRE : Eh fi!

SGANARELLE : Non, en conscience, vous en payerez cela. Je vous parle sincèrement, et ne suis pas homme à surfaire.

VALÈRE : Faut-il, Monsieur, qu'une personne

comme vous s'amuse à ces grossières feintes?
s'abaisse à parler de la sorte? qu'un homme si
savant, un fameux médecin, comme vous êtes,
veuille se déguiser aux yeux du monde, et tenir
enterrés les beaux talents qu'il a?

SGANARELLE, *à part :* Il est fou.

VALÈRE : De grâce, Monsieur, ne dissimulez point
avec nous.

SGANARELLE : Comment?

LUCAS : Tout ce tripotage[31] ne sart de rian; je
savons çen que je savons.

SGANARELLE : Quoi donc? que me voulez-vous
dire? Pour qui me prenez-vous?

VALÈRE : Pour ce que vous êtes, pour un grand
médecin.

SGANARELLE : Médecin vous-même : je ne le suis
point, et ne l'ai jamais été.

VALÈRE, *bas :* Voilà sa folie qui le tient. *(Haut.)*
Monsieur, ne veuillez point nier les choses davantage; et n'en venons point, s'il vous plaît, à de
fâcheuses extrémités.

SGANARELLE : A quoi donc?

VALÈRE : A de certaines choses dont nous serions
marris.

SGANARELLE : Parbleu! venez-en à tout ce qu'il
vous plaira : je ne suis point médecin, et ne sais ce
que vous me voulez dire.

VALÈRE, *bas :* Je vois bien qu'il faut se servir du
remède. *(Haut.)* Monsieur, encore un coup, je
vous prie d'avouer ce que vous êtes.

LUCAS : Et testigué! ne lantiponez[32] point davantage, et confessez à la franquette que v'êtes
médecin.

SGANARELLE : J'enrage.

VALÈRE : A quoi bon nier ce qu'on sait?

LUCAS : Pourquoi toutes ces fraimes-là [33]? A quoi est-ce que ça vous sart?

SGANARELLE : Messieurs, en un mot autant qu'en deux mille, je vous dis que je ne suis point médecin.

VALÈRE : Vous n'êtes point médecin?

SGANARELLE : Non.

LUCAS : V' n'êtes pas médecin?

SGANARELLE : Non, vous dis-je.

VALÈRE : Puisque vous le voulez, il faut s'y résoudre.

Ils prennent un bâton et le frappent.

SGANARELLE : Ah! ah! ah! Messieurs, je suis tout ce qu'il vous plaira.

VALÈRE : Pourquoi, Monsieur, nous obligez-vous à cette violence?

LUCAS : A quoi bon nous bailler la peine de vous battre?

VALÈRE : Je vous assure que j'en ai tous les regrets du monde.

LUCAS : Par ma figué! j'en sis fâché, franchement.

SGANARELLE : Que diable est-ce ci, Messieurs? De grâce, est-ce pour rire, ou si tous deux vous extravaguez, de vouloir que je sois médecin?

VALÈRE : Quoi? vous ne vous rendez pas encore, et vous vous défendez d'être médecin?

SGANARELLE : Diable emporte si je le suis!

LUCAS : Il n'est pas vrai qu'ous sayez médecin?

SGANARELLE : Non, la peste m'étouffe! *(Là ils recommencent de le battre.)* Ah! Ah! Eh bien, Messieurs, oui, puisque vous le voulez, je suis médecin, je suis médecin; apothicaire encore, si vous le trouvez bon. J'aime mieux consentir à tout que de me faire assommer.

VALÈRE : Ah! voilà qui va bien, Monsieur : je suis ravi de vous voir raisonnable.

LUCAS : Vous me boutez la joie au cœur, quand je vous vois parler comme ça.

VALÈRE : Je vous demande pardon de toute mon âme.

LUCAS : Je vous demandons excuse de la libarté que j'avons prise.

SGANARELLE, *à part :* Ouais! serait-ce bien moi qui me tromperais, et serais-je devenu médecin sans m'en être aperçu?

VALÈRE : Monsieur, vous ne vous repentirez pas de nous montrer ce que vous êtes; et vous verrez assurément que vous en serez satisfait.

SGANARELLE : Mais, Messieurs, dites-moi, ne vous trompez-vous point vous-mêmes? Est-il bien assuré que je sois médecin?

LUCAS : Oui, par ma figué!

SGANARELLE : Tout de bon?

VALÈRE : Sans doute.

SGANARELLE : Diable emporte si je le savais!

VALÈRE : Comment? vous êtes le plus habile médecin du monde.

SGANARELLE : Ah! ah!

LUCAS : Un médecin qui a guari je ne sais combien de maladies.

SGANARELLE : Tudieu!

VALÈRE : Une femme était tenue pour morte il y avait six heures; elle était prête à ensevelir, lorsque, avec une goutte de quelque chose, vous la fîtes revenir et marcher d'abord par la chambre!

SGANARELLE : Peste!

LUCAS : Un petit enfant de douze ans se laissit choir du haut d'un clocher, de quoi il eut la tête, les jambes et les bras cassés; et vous, avec je ne sais quel onguent, vous fîtes qu'aussitôt il se relevit sur ses pieds, et s'en fut jouer à la fossette.

SGANARELLE : Diantre!

VALÈRE : Enfin, Monsieur, vous aurez contentement avec nous; et vous gagnerez ce que vous voudrez, en vous laissant conduire où nous prétendons vous mener.

SGANARELLE : Je gagnerai ce que je voudrai?

VALÈRE : Oui.

SGANARELLE : Ah! je suis médecin, sans contredit : je l'avais oublié : mais je m'en ressouviens. De quoi est-il question? Où faut-il se transporter?

VALÈRE : Nous vous conduirons. Il est question d'aller voir une fille qui a perdu la parole.

SGANARELLE : Ma foi! je ne l'ai pas trouvée.

VALÈRE : Il aime à rire. Allons, Monsieur.

SGANARELLE : Sans une robe de médecin?

VALÈRE : Nous en prendrons une.

SGANARELLE, *présentant sa bouteille à Valère* : Tenez cela, vous : voilà où je mets mes juleps[34]. *(Puis se tournant vers Lucas en crachant.)* Vous, marchez là-dessus, par ordonnance du médecin.

LUCAS : Palsanguenne! velà un médecin qui me plaît : je pense qu'il réussira, car il est bouffon.

ACTE II

SCÈNE PREMIÈRE

GÉRONTE, VALÈRE, LUCAS, JACQUELINE

VALÈRE : Oui, Monsieur, je crois que vous serez satisfait; et nous vous avons amené le plus grand médecin du monde.

LUCAS : Oh! morguenne! il faut tirer l'échelle après ceti-là, et tous les autres ne sont pas daignes de li déchausser ses souillez.

VALÈRE : C'est un homme qui a fait des cures merveilleuses.

LUCAS : Qui a guari des gens qui êtiant morts.

VALÈRE : Il est un peu capricieux, comme je vous ai dit; et parfois il a des moments où son esprit s'échappe et ne paraît pas ce qu'il est.

LUCAS : Oui, il aime à bouffonner; et l'an dirait parfois, ne v's en déplaise, qu'il a quelque petit coup de hache à la tête.

VALÈRE : Mais, dans le fond, il est toute science, et bien souvent il dit des choses tout à fait relevées.

LUCAS : Quand il s'y boute, il parle tout fin drait comme s'il lisait dans un livre.

VALÈRE : Sa réputation s'est déjà répandue ici, et tout le monde vient à lui.

GÉRONTE : Je meurs d'envie de le voir; faites-le-moi vite venir.

VALÈRE : Je le vais querir.

JACQUELINE : Par ma fi! Monsieur, ceti-ci fera justement ce qu'ant fait les autres. Je pense que ce sera queussi queumi[35]; et la meilleure médeçaine que l'an pourrait bailler à votre fille, ce serait, selon moi, un biau et bon mari, pour qui elle eût de l'amiquié.

GÉRONTE : Ouais! Nourrice, ma mie, vous vous mêlez de bien des choses.

LUCAS : Taisez-vous, notre ménagère Jacquelaine : ce n'est pas à vous à bouter là votre nez.

JACQUELINE : Je vous dis et vous douze[36] que tous ces médecins n'y feront rian que de l'iau claire; que votre fille a besoin d'autre chose que de ribarbe et de sené, et qu'un mari est une emplâtre[37] qui guarit tous les maux des filles.

GÉRONTE : Est-elle en état maintenant qu'on s'en voulût charger, avec l'infirmité qu'elle a? Et lorsque j'ai été dans le dessein de la marier, ne s'est-elle pas opposée à mes volontés?

JACQUELINE : Je le crois bian : vous li vouilliez bailler cun homme qu'alle n'aime point. Que ne preniais-vous ce Monsieur Liandre, qui li touchait au cœur? Alle aurait été fort obéissante; et je m'en vas gager qu'il la prendrait, li, comme alle est, si vous la li vouillais donner.

GÉRONTE : Ce Léandre n'est pas ce qu'il lui faut : il n'a pas du bien comme l'autre.

JACQUELINE : Il a un oncle qui est si riche, dont il est hériquié.

GÉRONTE : Tous ces biens à venir me semblent autant de chansons. Il n'est rien tel que ce qu'on tient ; et l'on court grand risque de s'abuser, lorsque l'on compte sur le bien qu'un autre vous garde. La mort n'a pas toujours les oreilles ouvertes aux vœux et aux prières de Messieurs les héritiers ; et l'on a le temps d'avoir les dents longues[38], lorsqu'on attend, pour vivre, le trépas de quelqu'un.

JACQUELINE : Enfin j'ai toujours ouï dire qu'en mariage, comme ailleurs, contentement passe richesse. Les bères et les mères ant cette maudite couteume de demander toujours : « Qu'a-t-il ? » et : « Qu'a-t-elle ? » et le compère Biarre a marié sa fille Simonette au gros Thomas pour un quarquié de vaigne qu'il avait davantage que le jeune Robin, où alle avait bouté son amiquié ; et velà que la pauvre créiature en est devenue jaune comme un coing, et n'a point profité tout depuis ce temps-là. C'est un bel exemple pour vous, Monsieur. On n'a que son plaisir en ce monde ; et j'aimerais mieux bailler à ma fille un bon mari qui li fût agriable, que toutes les rentes de la Biauce.

GÉRONTE : Peste ! Madame la Nourrice, comme vous dégoisez[39] ! Taisez-vous, je vous prie : vous prenez trop de soin, et vous échauffez votre lait.

LUCAS. *En disant ceci, il frappe sur la poitrine à Géronte :* Morgué ! tais-toi, t'es cune impartinante. Monsieur n'a que faire de tes discours, et il sait ce qu'il a à faire. Mêle-toi de donner à teter à ton enfant, sans tant faire la raisonneuse. Monsieur est le père de sa fille, et il est bon et sage pour voir ce qu'il li faut.

GÉRONTE : Tout doux ! oh ! tout doux !

LUCAS : Monsieur, je veux un peu la mortifier, et li apprendre le respect qu'alle vous doit.

GÉRONTE : Oui; mais ces gestes ne sont pas nécessaires.

SCÈNE II

VALÈRE, SGANARELLE, GÉRONTE,
LUCAS, JACQUELINE

VALÈRE : Monsieur, préparez-vous. Voici notre médecin qui entre.

GÉRONTE : Monsieur, je suis ravi de vous voir chez moi, et nous avons grand besoin de vous.

SGANARELLE, *en robe de médecin, avec un chapeau des plus pointus :* Hippocrate dit... que nous nous couvrions tous deux.

GÉRONTE : Hippocrate dit cela?

SGANARELLE : Oui.

GÉRONTE : Dans quel chapitre, s'il vous plaît?

SGANARELLE : Dans son chapitre des chapeaux.

GÉRONTE : Puisque Hippocrate le dit, il le faut faire.

SGANARELLE : Monsieur le Médecin, ayant appris les merveilleuses choses...

GÉRONTE : A qui parlez-vous, de grâce?

SGANARELLE : A vous.

GÉRONTE : Je ne suis pas médecin.

SGANARELLE : Vous n'êtes pas médecin?

GÉRONTE : Non, vraiment.

SGANARELLE. *Il prend ici un bâton, et le bat comme on l'a battu :* Tout de bon?

GÉRONTE : Tout de bon. Ah! ah! ah!

SGANARELLE : Vous êtes médecin maintenant : je n'ai jamais eu d'autres licences [40].

GÉRONTE : Quel diable d'homme m'avez-vous là amené?

VALÈRE : Je vous ai bien dit que c'était un médecin goguenard.

GÉRONTE : Oui; mais je l'envoirais promener avec ses goguenarderies.

LUCAS : Ne prenez pas garde à ça, Monsieur : ce n'est que pour rire.

GÉRONTE : Cette raillerie ne me plaît pas.

SGANARELLE : Monsieur, je vous demande pardon de la liberté que j'ai prise.

GÉRONTE : Monsieur, je suis votre serviteur.

SGANARELLE : Je suis fâché...

GÉRONTE : Cela n'est rien.

SGANARELLE : Des coups de bâton...

GÉRONTE : Il n'y a pas de mal.

SGANARELLE : Que j'ai eu l'honneur de vous donner.

GÉRONTE : Ne parlons plus de cela. Monsieur, j'ai une fille qui est tombée dans une étrange maladie.

SGANARELLE : Je suis ravi, Monsieur, que votre fille ait besoin de moi; et je souhaiterais de tout mon cœur que vous en eussiez besoin aussi, vous et toute votre famille, pour vous témoigner l'envie que j'ai de vous servir.

GÉRONTE : Je vous suis obligé de ces sentiments.

SGANARELLE : Je vous assure que c'est du meilleur de mon âme que je vous parle.

GÉRONTE : C'est trop d'honneur que vous me faites.

SGANARELLE : Comment s'appelle votre fille?

GÉRONTE : Lucinde.

SGANARELLE : Lucinde! Ah! beau nom à médicamenter! Lucinde [41]!

GÉRONTE : Je m'en vais voir un peu ce qu'elle fait.

SGANARELLE : Qui est cette grande femme-là?

GÉRONTE : C'est la nourrice d'un petit enfant que j'ai.

SGANARELLE : Peste! le joli meuble que voilà! Ah! Nourrice, charmante Nourrice, ma médecine est la très humble esclave de votre nourricerie, et je voudrais bien être le petit poupon fortuné qui tetât le lait *(il lui porte la main sur le sein)* de vos bonnes grâces. Tous mes remèdes, toute ma science, toute ma capacité est à votre service, et...

LUCAS : Avec votre parmission, Monsieur le Médecin, laissez là ma femme, je vous prie.

SGANARELLE : Quoi? est-elle votre femme?

LUCAS : Oui.

SGANARELLE. *Il fait semblant d'embrasser Lucas, et se tournant du côté de la Nourrice, il l'embrasse :* Ah! vraiment, je ne savais pas cela, et je m'en réjouis pour l'amòur de l'un et de l'autre.

LUCAS, *en le tirant :* Tout doucement, s'il vous plaît.

SGANARELLE : Je vous assure que je suis ravi que vous soyez unis ensemble. Je la félicite d'avoir un mari comme vous *(il fait encore semblant d'embrasser Lucas, et, passant dessous ses bras, se jette au col de sa femme)* ; et je vous félicite, vous, d'avoir une femme si belle, si sage, et si bien faite comme elle est.

LUCAS, *en le tirant encore :* Eh! testigué! point tant de compliment, je vous supplie.

SGANARELLE : Ne voulez-vous pas que je me réjouisse avec vous d'un si bel assemblage?

LUCAS : Avec moi, tant qu'il vous plaira; mais avec ma femme, trêve de sarimonie.

SGANARELLE : Je prends part également au bonheur de tous deux; *(il continue le même jeu)* et si je vous embrasse pour vous en témoigner ma joie, je l'embrasse de même pour lui en témoigner aussi.

LUCAS, *en le tirant derechef :* Ah! vartigué, Monsieur le Médecin, que de lantiponages.

SCÈNE III

SGANARELLE, GÉRONTE, LUCAS, JACQUELINE

GÉRONTE : Monsieur, voici tout à l'heure ma fille qu'on va vous amener.

SGANARELLE : Je l'attends, Monsieur, avec toute la médecine.

GÉRONTE : Où est-elle?

SGANARELLE, *se touchant le front :* Là-dedans.

GÉRONTE : Fort bien.

SGANARELLE, *en voulant toucher les tétons de la Nourrice :* Mais comme je m'intéresse à toute votre famille, il faut que j'essaye un peu le lait de votre nourrice, et que je visite son sein.

LUCAS, *le tirant, en lui faisant faire la pirouette :* Nanin, nanin; je n'avons que faire de ça.

SGANARELLE : C'est l'office du médecin de voir les tétons des nourrices.

LUCAS : Il gnia office qui quienne, je sis votte sarviteur.

SGANARELLE : As-tu bien la hardiesse de t'opposer au médecin? Hors de là!

LUCAS : Je me moque de ça.

SGANARELLE, *en le regardant de travers :* Je te donnerai la fièvre.

JACQUELINE, *prenant Lucas par le bras et lui faisant aussi faire la pirouette :* Ôte-toi de là aussi; est-ce que je ne sis pas assez grande pour me

défendre moi-même, s'il me fait quelque chose qui
ne soit pas à faire?

LUCAS : Je ne veux pas qu'il te tâte, moi.

SGANARELLE : Fi, le vilain, qui est jaloux de sa
femme!

GÉRONTE : Voici ma fille.

SCÈNE IV

LUCINDE, VALÈRE, GÉRONTE, LUCAS, SGANARELLE, JACQUELINE

SGANARELLE : Est-ce là la malade?

GÉRONTE : Oui, je n'ai qu'elle de fille; et j'aurais
tous les regrets du monde si elle venait à mourir.

SGANARELLE : Qu'elle s'en garde bien! il ne faut
pas qu'elle meure sans l'ordonnance du médecin [42].

GÉRONTE : Allons, un siège.

SGANARELLE : Voilà une malade qui n'est pas tant
dégoûtante, et je tiens qu'un homme bien sain s'en
accommoderait assez.

GÉRONTE : Vous l'avez fait rire, Monsieur.

SGANARELLE : Tant mieux : lorsque le médecin
fait rire le malade, c'est le meilleur signe du monde.
Eh bien! de quoi est-il question? qu'avez-vous?
quel est le mal que vous sentez?

LUCINDE *répond par signes, en portant sa main à sa
bouche, à sa tête et sous son menton :* Han, hi, hom,
han.

SGANARELLE : Eh! que dites-vous?

LUCINDE *continue les mêmes gestes :* Han, hi, hom,
han, han, hi, hom.

SGANARELLE : Quoi?

LUCINDE : Han, hi, hom.

SGANARELLE, *la contrefaisant :* Han, hi, hom, han, ha : je ne vous entends point. Quel diable de langage est-ce là?

GÉRONTE : Monsieur, c'est là sa maladie. Elle est devenue muette, sans que jusques ici on en ait pu savoir la cause; et c'est un accident qui a fait reculer son mariage.

SGANARELLE : Et pourquoi?

GÉRONTE : Celui qu'elle doit épouser veut attendre sa guérison pour conclure les choses.

SGANARELLE : Et qui est ce sot-là qui ne veut pas que sa femme soit muette? Plût à Dieu que la mienne eût cette maladie! je me garderais bien de la vouloir guérir.

GÉRONTE : Enfin, Monsieur, nous vous prions d'employer tous vos soins pour la soulager de son mal.

SGANARELLE : Ah! ne vous mettez pas en peine. Dites-moi un peu, ce mal l'oppresse-t-il beaucoup?

GÉRONTE : Oui, Monsieur.

SGANARELLE : Tant mieux. Sent-elle de grandes douleurs?

GÉRONTE : Fort grandes.

SGANARELLE : C'est fort bien fait. Va-t-elle où vous savez?

GÉRONTE : Oui.

SGANARELLE : Copieusement?

GÉRONTE : Je n'entends rien à cela.

SGANARELLE : La matière est-elle louable [43]?

GÉRONTE : Je ne me connais pas à ces choses.

SGANARELLE, *se tournant vers la malade :* Donnez-moi votre bras. Voilà un pouls qui marque que votre fille est muette.

GÉRONTE : Eh oui, Monsieur, c'est là son mal; vous l'avez trouvé tout du premier coup.

SGANARELLE : Ah, ah!

JACQUELINE : Voyez comme il a deviné sa maladie!

SGANARELLE : Nous autres grands médecins, nous connaissons d'abord les choses. Un ignorant aurait été embarrassé, et vous eût été dire : « C'est ceci, c'est cela »; mais moi, je touche au but du premier coup, et je vous apprends que votre fille est muette.

GÉRONTE : Oui; mais je voudrais bien que vous me pussiez dire d'où cela vient.

SGANARELLE : Il n'est rien plus aisé : cela vient de ce qu'elle a perdu la parole.

GÉRONTE : Fort bien; mais la cause, s'il vous plaît, qui fait qu'elle a perdu la parole?

SGANARELLE : Tous nos meilleurs auteurs vous diront que c'est l'empêchement de l'action de sa langue.

GÉRONTE : Mais encore, vos sentiments sur cet empêchement de l'action de sa langue?

SGANARELLE : Aristote, là-dessus, dit... de fort belles choses [44].

GÉRONTE : Je le crois.

SGANARELLE : Ah! c'était un grand homme!

GÉRONTE : Sans doute.

SGANARELLE, *levant son bras depuis le coude :* Grand homme tout à fait : un homme qui était plus grand que moi de tout cela. Pour revenir donc à notre raisonnement, je tiens que cet empêchement de l'action de sa langue est causé par de certaines humeurs [45], qu'entre nous autres savants nous appelons humeurs peccantes; peccantes, c'est-à-dire... humeurs peccantes; d'autant que les vapeurs formées par les exhalaisons des influences

qui s'élèvent dans la région des maladies, venant...
pour ainsi dire... à... Entendez-vous le latin?

GÉRONTE : En aucune façon.

SGANARELLE, *se levant avec étonnement :* Vous
n'entendez point le latin!

GÉRONTE : Non.

SGANARELLE, *en faisant diverses plaisantes postu-
res : Cabricias arci thuram, catalamus, singulariter,
nominativo haec Musa,* « la Muse », *bonus, bona,
bonum, Deus sanctus, estne oratio latinas? Etiam,*
« oui ». *Quare,* « pourquoi »? *Quia substantivo et
adjectivum concordat in generi, numerum, et casus* [46].

GÉRONTE : Ah! que n'ai-je étudié!

JACQUELINE : L'habile homme que velà!

LUCAS : Oui, ça est si biau, que je n'y entends
goutte.

SGANARELLE : Or ces vapeurs dont je vous parle
venant à passer, du côté gauche, où est le foie, au
côté droit, où est le cœur, il se trouve que le
poumon, que nous appelons en latin *armyan* [47],
ayant communication avec le cerveau, que nous
nommons en grec *nasmus,* par le moyen de la veine
cave, que nous appelons en hébreu *cubile,* rencontre
en son chemin lesdites vapeurs, qui remplissent les
ventricules de l'omoplate [48]; et parce que lesdites
vapeurs... comprenez bien ce raisonnement, je vous
prie; et parce que lesdites vapeurs ont une certaine
malignité... Écoutez bien ceci, je vous conjure.

GÉRONTE : Oui.

SGANARELLE : Ont une certaine malignité, qui est
causée... Soyez attentif, s'il vous plaît.

GÉRONTE : Je le suis.

SGANARELLE : Qui est causée par l'âcreté des
humeurs engendrées dans la concavité du diaphragme, il arrive que ces vapeurs... *Ossabandus,*

nequeys, nequer, potarinum, quipsa milus. Voilà justement ce qui fait que votre fille est muette.

JACQUELINE : Ah! que ça est bian dit, notte
homme!

LUCAS : Que n'ai-je la langue aussi bian pendue?

GÉRONTE : On ne peut pas mieux raisonner, sans
doute. Il n'y a qu'une seule chose qui m'a choqué :
c'est l'endroit du foie et du cœur. Il me semble que
vous les placez autrement qu'ils ne sont; que le
cœur est du côté gauche, et le foie du côté droit.

SGANARELLE : Oui, cela était autrefois ainsi; mais
nous avons changé tout cela, et nous faisons
maintenant la médecine d'une méthode toute nouvelle.

GÉRONTE : C'est ce que je ne savais pas, et je vous
demande pardon de mon ignorance.

SGANARELLE : Il n'y a point de mal, et vous n'êtes
pas obligé d'être aussi habile que nous.

GÉRONTE : Assurément. Mais, Monsieur, que
croyez-vous qu'il faille faire à cette maladie?

SGANARELLE : Ce que je crois qu'il faille faire?

GÉRONTE : Oui.

SGANARELLE : Mon avis est qu'on la remette sur
son lit, et qu'on lui fasse prendre pour remède
quantité de pain trempé dans du vin.

GÉRONTE : Pourquoi cela, Monsieur?

SGANARELLE : Parce qu'il y a dans le vin et le
pain, mêlés ensemble, une vertu sympathique [49] qui
fait parler. Ne voyez-vous pas bien qu'on ne donne
autre chose aux perroquets, et qu'ils apprennent à
parler en mangeant de cela?

GÉRONTE : Cela est vrai. Ah! le grand homme!
Vite, quantité de pain et de vin!

SGANARELLE : Je reviendrai voir, sur le soir, en
quel état elle sera. *(A la Nourrice.)* Doucement,

vous. Monsieur, voilà une nourrice à laquelle il faut que je fasse quelques petits remèdes.

JACQUELINE : Qui? moi? Je me porte le mieux du monde.

SGANARELLE : Tant pis, Nourrice, tant pis. Cette grande santé est à craindre [50], et il ne sera mauvais de vous faire quelque petite saignée amiable, de vous donner quelque petit clystère dulcifiant.

GÉRONTE : Mais, Monsieur, voilà une mode que je ne comprends point. Pourquoi s'aller faire saigner quand on n'a point de maladie?

SGANARELLE : Il n'importe, la mode en est salutaire; et comme on boit pour la soif à venir, il faut se faire aussi saigner pour la maladie à venir [51].

JACQUELINE, *en se retirant* : Ma fi! je me moque de ça, et je ne veux point faire de mon corps une boutique d'apothicaire.

SGANARELLE : Vous êtes rétive aux remèdes; mais nous saurons vous soumettre à la raison. *(Parlant à Géronte.)* Je vous donne le bonjour.

GÉRONTE : Attendez un peu, s'il vous plaît.

SGANARELLE : Que voulez-vous faire?

GÉRONTE : Vous donner de l'argent, Monsieur.

SGANARELLE, *tendant sa main derrière, par-dessous sa robe, tandis que Géronte ouvre sa bourse* : Je n'en prendrai pas [52], Monsieur.

GÉRONTE : Monsieur...

SGANARELLE : Point du tout.

GÉRONTE : Un petit moment.

SGANARELLE : En aucune façon.

GÉRONTE : De grâce!

SGANARELLE : Vous vous moquez.

GÉRONTE : Voilà qui est fait.

SGANARELLE : Je n'en ferai rien.

GÉRONTE : Eh!

SGANARELLE : Ce n'est pas l'argent qui me fait agir.

GÉRONTE : Je le crois.

SGANARELLE, *après avoir pris l'argent :* Cela est-il de poids ?

GÉRONTE : Oui, Monsieur.

SGANARELLE : Je ne suis pas un médecin merce-naire [53].

GÉRONTE : Je le sais bien.

SGANARELLE : L'intérêt ne me gouverne point.

GÉRONTE : Je n'ai pas cette pensée.

SCÈNE V

SGANARELLE, LÉANDRE

SGANARELLE, *regardant son argent :* Ma foi! cela ne va pas mal : et pourvu que...

LÉANDRE : Monsieur, il y a longtemps que je vous attends, et je viens implorer votre assistance.

SGANARELLE, *lui prenant le poignet :* Voilà un pouls qui est fort mauvais.

LÉANDRE : Je ne suis point malade, Monsieur, et ce n'est pas pour cela que je viens à vous.

SGANARELLE : Si vous n'êtes pas malade, que diable ne le dites-vous donc?

LÉANDRE : Non : pour vous dire la chose en deux mots, je m'appelle Léandre, qui suis amoureux de Lucinde, que vous venez de visiter; et comme, par la mauvaise humeur de son père, toute sorte d'accès m'est fermé auprès d'elle, je me hasarde à vous prier de vouloir servir mon amour, et de me donner lieu d'exécuter un stratagème que j'ai trouvé, pour lui pouvoir dire deux mots, d'où dépendent absolument mon bonheur et ma vie.

SGANARELLE, *paraissant en colère :* Pour qui me prenez-vous? Comment oser vous adresser à moi pour vous servir dans votre amour, et vouloir ravaler la dignité de médecin à des emplois de cette nature?

LÉANDRE : Monsieur, ne faites point de bruit.

SGANARELLE, *en le faisant reculer :* J'en veux faire, moi. Vous êtes un impertinent.

LÉANDRE : Eh! Monsieur, doucement.

SGANARELLE : Un malavisé.

LÉANDRE : De grâce!

SGANARELLE : Je vous apprendrai que je ne suis point homme à cela, et que c'est une insolence extrême...

LÉANDRE, *tirant une bourse qu'il lui donne :* Monsieur...

SGANARELLE, *tenant la bourse :* De vouloir m'employer... Je ne parle pas pour vous, car vous êtes honnête homme, et je serais ravi de vous rendre service; mais il y a de certains impertinents au monde qui viennent prendre les gens pour ce qu'ils ne sont pas; et je vous avoue que cela me met en colère.

LÉANDRE : Je vous demande pardon, Monsieur, de la liberté que...

SGANARELLE : Vous vous moquez. De quoi est-il question?

LÉANDRE : Vous saurez donc, Monsieur, que cette maladie que vous voulez guérir est une feinte maladie. Les médecins ont raisonné là-dessus comme il faut; et ils n'ont pas manqué de dire que cela procédait, qui du cerveau, qui des entrailles, qui de la rate, qui du foie; mais il est certain que l'amour en est la véritable cause, et que Lucinde n'a trouvé cette maladie que pour se délivrer d'un mariage dont elle était importunée. Mais, de crainte qu'on ne nous voie ensemble, retirons-nous d'ici, et je vous dirai en marchant ce que je souhaite de vous.

SGANARELLE : Allons, Monsieur : vous m'avez donné pour votre amour une tendresse qui n'est pas concevable ; et j'y perdrai toute ma médecine, ou la malade crèvera [54], ou bien elle sera à vous.

ACTE III

SCÈNE PREMIÈRE

SGANARELLE, LÉANDRE

LÉANDRE : Il me semble que je ne suis pas mal ainsi pour un apothicaire ; et comme le père ne m'a guère vu, ce changement d'habit et de perruque est assez capable, je crois, de me déguiser à ses yeux.

SGANARELLE : Sans doute.

LÉANDRE : Tout ce que je souhaiterais serait de savoir cinq ou six grands mots de médecine, pour parer mon discours et me donner l'air d'habile homme.

SGANARELLE : Allez, allez, tout cela n'est pas nécessaire : il suffit de l'habit, et je n'en sais pas plus que vous.

LÉANDRE : Comment ?

SGANARELLE : Diable emporte si j'entends rien en médecine ! Vous êtes honnête homme, et je veux bien me confier à vous, comme vous vous confiez à moi.

LÉANDRE : Quoi ? vous n'êtes pas effectivement...

SGANARELLE : Non, vous dis-je : ils m'ont fait médecin malgré mes dents[55]. Je ne m'étais jamais mêlé d'être si savant que cela ; et toutes mes études n'ont été que jusqu'en sixième. Je ne sais point sur quoi cette imagination leur est venue ; mais quand j'ai vu qu'à toute force ils voulaient que je fusse médecin, je me suis résolu de l'être, aux dépens de qui il appartiendra. Cependant vous ne sauriez croire comment l'erreur s'est répandue, et de quelle façon chacun est endiablé à me croire habile homme. On me vient chercher de tous les côtés ; et si les choses vont toujours de même, je suis d'avis de m'en tenir, toute ma vie, à la médecine. Je trouve que c'est le métier le meilleur de tous ; car, soit qu'on fasse bien ou soit qu'on fasse mal, on est toujours payé de même sorte : la méchante besogne ne retombe jamais sur notre dos ; et nous taillons, comme il nous plaît, sur l'étoffe où nous travaillons. Un cordonnier, en faisant des souliers, ne saurait gâter un morceau de cuir qu'il n'en paye les pots cassés ; mais ici l'on peut gâter un homme sans qu'il en coûte rien. Les bévues ne sont point pour nous ; et c'est toujours la faute de celui qui meurt. Enfin le bon de cette profession est qu'il y a parmi les morts une honnêteté, une discrétion la plus grande du monde ; et jamais on n'en voit se plaindre du médecin qui l'a tué[56].

LÉANDRE : Il est vrai que les morts sont fort honnêtes gens sur cette matière.

SGANARELLE, *voyant des hommes qui viennent vers lui :* Voilà des gens qui ont la mine de me venir consulter. Allez toujours m'attendre auprès du logis de votre maîtresse.

SCÈNE II

THIBAUT, PERRIN, SGANARELLE

THIBAUT : Monsieur, je venons vous charcher, mon fils Perrin et moi.

SGANARELLE : Qu'y a-t-il?

THIBAUT : Sa pauvre mère, qui a nom Parette, est dans un lit, malade, il y a six mois.

SGANARELLE, *tendant la main, comme pour recevoir de l'argent* : Que voulez-vous que j'y fasse?

THIBAUT : Je voudrions, Monsieur, que vous nous baillissiez quelque petite drôlerie pour la guarir.

SGANARELLE : Il faut voir de quoi est-ce qu'elle est malade.

THIBAUT : Alle est malade d'hypocrisie [57], Monsieur.

SGANARELLE : D'hypocrisie?

THIBAUT : Oui, c'est-à-dire qu'alle est enflée par tout; et l'an dit que c'est quantité de sériosités qu'alle a dans le corps, et que son foie, son ventre, ou sa rate, comme vous voudrais l'appeler, au glieu de faire du sang, ne fait plus que de l'iau. Alle a, de deux jours l'un, la fièvre quotiguenne, avec des lassitules et des douleurs dans les mufles des jambes. On entend dans sa gorge des fleumes qui sont tout prêts à l'étouffer; et par fois il lui prend des syncoles et des conversions, que je crayons qu'alle est passée. J'avons dans notte village un apothicaire, révérence parler [58], qui li a donné je ne sais combien d'histoires; et il m'en coûte plus d'eune douzaine de bons écus en lavements, ne v's en déplaise, en apostumes qu'on li a fait prendre, en infections de jacinthe, et en portions cordales. Mais tout ça, comme dit l'autre, n'a été que de l'onguent miton mitaine [59]. Il velait li bailler d'eune certaine drogue que l'on appelle du vin amétile [60]; mais j'ai-s-eu peur, franchement, que ça l'envoyît à *patres;* et l'an dit que ces gros médecins tuont je ne sais combien de monde avec cette invention-là.

SGANARELLE, *tendant toujours la main et la branlant, comme pour signe qu'il demande de l'argent :* Venons au fait, mon ami, venons au fait.

THIBAUT : Le fait est, Monsieur, que je venons vous prier de nous dire ce qu'il faut que je fassions.

SGANARELLE : Je ne vous entends point du tout.

PERRIN : Monsieur, ma mère est malade; et velà deux écus que je vous apportons pour nous bailler queuque remède.

SGANARELLE : Ah! je vous entends, vous. Voilà un garçon qui parle clairement, qui s'explique comme il faut. Vous dites que votre mère est malade d'hydropisie, qu'elle est enflée par tout le corps, qu'elle a la fièvre, avec des douleurs dans les jambes, et qu'il lui prend parfois des syncopes et des convulsions, c'est-à-dire des évanouissements?

PERRIN : Eh! oui, Monsieur, c'est justement ça.

SGANARELLE : J'ai compris d'abord vos paroles. Vous avez un père qui ne sait ce qu'il dit. Maintenant vous me demandez un remède?

PERRIN : Oui, Monsieur.

SGANARELLE : Un remède pour la guérir?

PERRIN : C'est comme je l'entendons.

SGANARELLE : Tenez, voilà un morceau de fromage [61] qu'il faut que vous lui fassiez prendre.

PERRIN : Du fromage, Monsieur?

SGANARELLE : Oui, c'est un formage préparé, où il entre de l'or, du coral, et des perles, et quantité d'autres choses précieuses [62].

PERRIN : Monsieur, je vous sommes bien obligés ; et j'allons li faire prendre ça tout à l'heure.

SGANARELLE : Allez. Si elle meurt, ne manquez pas de la faire enterrer du mieux que vous pourrez.

SCÈNE III

JACQUELINE, SGANARELLE, LUCAS

SGANARELLE : Voici la belle Nourrice. Ah ! Nourrice de mon cœur, je suis ravi de cette rencontre, et votre vue est la rhubarbe, la casse et le séné[63] qui purgent toute la mélancolie de mon âme.

JACQUELINE : Par ma figué ! Monsieur le Médecin, ça est trop bian dit pour moi, et je n'entends rien à tout votte latin.

SGANARELLE : Devenez malade, Nourrice, je vous prie ; devenez malade, pour l'amour de moi : j'aurais toutes les joies du monde de vous guérir.

JACQUELINE : Je sis votte sarvante : j'aime bian mieux qu'an ne me guérisse pas.

SGANARELLE : Que je vous plains, belle Nourrice, d'avoir un mari jaloux et fâcheux comme celui que vous avez !

JACQUELINE : Que velez-vous, Monsieur ? c'est pour la pénitence de mes fautes ; et là où la chèvre est liée, il faut bian qu'alle y broute.

SGANARELLE : Comment ? un rustre comme cela ! un homme qui vous observe toujours, et ne veut pas que personne vous parle !

JACQUELINE : Hélas ! vous n'avez rien vu encore, et ce n'est qu'un petit échantillon de sa mauvaise humeur.

SGANARELLE : Est-il possible ? et qu'un homme ait l'âme assez basse pour maltraiter une personne comme vous ? Ah ! que j'en sais, belle Nourrice, et qui ne sont pas loin d'ici, qui se tiendraient heureux de baiser seulement les petits bouts de vos petons ! Pourquoi faut-il qu'une personne si bien faite soit tombée en de telles mains, et qu'un franc animal, un brutal, un stupide, un sot...? Pardonnez-moi, Nourrice, si je parle ainsi de votre mari.

JACQUELINE : Eh ! Monsieur, je sais bien qu'il mérite tous ces noms-là.

SGANARELLE : Oui, sans doute, Nourrice, il les mérite ; et il mériterait encore que vous lui missiez quelque chose sur la tête, pour le punir des soupçons qu'il a.

JACQUELINE : Il est bien vrai que si je n'avais devant les yeux que son intérêt, il pourrait m'obliger à queuque étrange chose.

SGANARELLE : Ma foi ! vous ne feriez pas mal de vous venger de lui avec quelqu'un. C'est un homme, je vous le dis, qui mérite bien cela ; et si j'étais assez heureux, belle Nourrice, pour être choisi pour...

> *En cet endroit, tous deux apercevant Lucas qui était derrière eux et entendait leur dialogue, chacun se retire de son côté, mais le Médecin d'une manière fort plaisante.*

SCÈNE IV

GÉRONTE, LUCAS

GÉRONTE : Holà ! Lucas, n'as-tu point vu ici notre médecin ?

LUCAS : Et oui, de par tous les diantres, je l'ai vu, et ma femme aussi.

GÉRONTE : Où est-ce donc qu'il peut être?

LUCAS : Je ne sais; mais je voudrais qu'il fût à tous les guèbles.

GÉRONTE : Va-t'en voir un peu ce que fait ma fille.

SCÈNE V

SGANARELLE, LÉANDRE, GÉRONTE

GÉRONTE : Ah! Monsieur, je demandais où vous étiez.

SGANARELLE : Je m'étais amusé dans votre cour à expulser le superflu de la boisson. Comment se porte la malade?

GÉRONTE : Un peu plus mal depuis votre remède.

SGANARELLE : Tant mieux : c'est signe qu'il opère.

GÉRONTE : Oui; mais, en opérant, je crains qu'il ne l'étouffe.

SGANARELLE : Ne vous mettez pas en peine; j'ai des remèdes qui se moquent de tout, et je l'attends à l'agonie.

GÉRONTE : Qui est cet homme-là que vous amenez?

SGANARELLE, *faisant des signes avec la main que c'est un Apothicaire* [64] : C'est...

GÉRONTE : Quoi?

SGANARELLE : Celui...

GÉRONTE : Eh?

SGANARELLE : Qui...

GÉRONTE : Je vous entends.

SGANARELLE : Votre fille en aura besoin.

SCÈNE VI

JACQUELINE, LUCINDE, GÉRONTE, LÉANDRE, SGANARELLE

JACQUELINE : Monsieur, velà votre fille qui veut un peu marcher.

SGANARELLE : Cela lui fera du bien. Allez-vous-en, Monsieur l'Apothicaire, tâter un peu son pouls, afin que je raisonne tantôt avec vous de sa maladie.

> *En cet endroit, il tire Géronte à un bout du théâtre, et, lui passant un bras sur les épaules, lui rabat la main sous le menton, avec laquelle il le fait retourner vers lui, lorsqu'il veut regarder ce que sa fille et l'Apothicaire font ensemble, lui tenant cependant le discours suivant pour l'amuser :*

Monsieur, c'est une grande et subtile question entre les doctes, de savoir si les femmes sont plus faciles à guérir que les hommes. Je vous prie d'écouter ceci, s'il vous plaît. Les uns disent que non, les autres disent que oui ; et moi je dis que oui et non : d'autant que l'incongruité des humeurs opaques qui se rencontrent au tempérament naturel des femmes étant cause que la partie brutale veut toujours prendre empire sur la sensitive, on voit que l'inégalité de leurs opinions dépend du mouvement oblique du cercle de la lune; et comme le soleil, qui darde ses rayons sur la concavité de la terre, trouve...

LUCINDE : Non, je ne suis point du tout capable de changer de sentiments.

GÉRONTE : Voilà ma fille qui parle! Ô grande vertu du remède! Ô admirable médecin! Que je vous suis obligé, Monsieur, de cette guérison merveilleuse! et que puis-je faire pour vous après un tel service?

SGANARELLE, *se promenant sur le théâtre, et s'essuyant le front :* Voilà une maladie qui m'a bien donné de la peine!

LUCINDE : Oui, mon père, j'ai recouvré la parole; mais je l'ai recouvrée pour vous dire que je n'aurai jamais d'autre époux que Léandre, et que c'est inutilement que vous voulez me donner Horace.

GÉRONTE : Mais...

LUCINDE : Rien n'est capable d'ébranler la résolution que j'ai prise.

GÉRONTE : Quoi...?

LUCINDE : Vous m'opposerez en vain de belles raisons.

GÉRONTE : Si...

LUCINDE : Tous vos discours ne serviront de rien.

GÉRONTE : Je...

LUCINDE : C'est une chose où je suis déterminée.

GÉRONTE : Mais...

LUCINDE : Il n'est puissance paternelle qui me puisse obliger à me marier malgré moi.

GÉRONTE : J'ai...

LUCINDE : Vous avez beau faire tous vos efforts.

GÉRONTE : Il...

LUCINDE : Mon cœur ne saurait se soumettre à cette tyrannie.

GÉRONTE : Là...

LUCINDE : Et je me jetterai plutôt dans un couvent que d'épouser un homme que je n'aime point.

GÉRONTE : Mais...

LUCINDE, *parlant d'un ton de voix à étourdir :* Non. En aucune façon. Point d'affaire. Vous perdez le temps. Je n'en ferai rien. Cela est résolu.

GÉRONTE : Ah! quelle impétuosité de paroles! Il n'y a pas moyen d'y résister. Monsieur, je vous prie de la faire redevenir muette.

SGANARELLE : C'est une chose qui m'est impossible. Tout ce que je puis faire pour votre service est de vous rendre sourd, si vous voulez[65].

GÉRONTE : Je vous remercie. Penses-tu donc...

LUCINDE : Non. Toutes vos raisons ne gagneront rien sur mon âme.

GÉRONTE : Tu épouseras Horace, dès ce soir.

LUCINDE : J'épouserai plutôt la mort.

SGANARELLE : Mon Dieu! arrêtez-vous, laissez-moi médicamenter cette affaire. C'est une maladie qui la tient, et je sais le remède qu'il faut apporter.

GÉRONTE : Serait-il possible, Monsieur, que vous pussiez aussi guérir cette maladie d'esprit?

SGANARELLE : Oui : laissez-moi faire, j'ai des remèdes pour tout, et notre Apothicaire nous servira pour cette cure. *(Il appelle l'Apothicaire et lui parle.)* Un mot. Vous voyez que l'ardeur qu'elle a pour ce Léandre est tout à fait contraire aux volontés du père, qu'il n'y a point de temps à perdre, que les humeurs sont fort aigries, et qu'il est nécessaire de trouver promptement un remède à ce mal, qui pourrait empirer par le retardement. Pour moi, je n'y en vois qu'un seul, qui est une prise de fuite purgative, que vous mêlerez comme il faut avec deux drachmes de matrimonium[66] en pilules. Peut-être fera-t-elle quelque difficulté à prendre ce remède; mais, comme vous êtes habile homme dans votre métier, c'est à vous de l'y résoudre, et de lui faire avaler la chose du mieux que vous pourrez. Allez-vous-en lui faire faire un petit tour de jardin, afin de préparer les humeurs, tandis que j'entretiendrai ici son père; mais surtout ne perdez point de temps : au remède vite, au remède spécifique!

SCÈNE VII

GÉRONTE, SGANARELLE

GÉRONTE : Quelles drogues, Monsieur, sont celles que vous venez de dire? il me semble que je ne les ai jamais ouï nommer.

SGANARELLE : Ce sont drogues dont on se sert dans les nécessités urgentes.

GÉRONTE : Avez-vous jamais vu une insolence pareille à la sienne?

SGANARELLE : Les filles sont quelquefois un peu têtues.

GÉRONTE : Vous ne sauriez croire comme elle est affolée de ce Léandre.

SGANARELLE : La chaleur du sang fait cela dans les jeunes esprits.

GÉRONTE : Pour moi, dès que j'ai découvert la violence de cet amour, j'ai su tenir toujours ma fille renfermée.

SGANARELLE : Vous avez fait sagement.

GÉRONTE : Et j'ai bien empêché qu'ils n'aient eu communication ensemble.

SGANARELLE : Fort bien.

GÉRONTE : Il serait arrivé quelque folie, si j'avais souffert qu'ils se fussent vus.

SGANARELLE : Sans doute.

GÉRONTE : Et je crois qu'elle aurait été fille à s'en aller avec lui.

SGANARELLE : C'est prudemment raisonné.

GÉRONTE : On m'avertit qu'il fait tous ses efforts pour lui parler.

SGANARELLE : Quel drôle.

GÉRONTE : Mais il perdra son temps.

SGANARELLE : Ah! ah!

GÉRONTE : Et j'empêcherai bien qu'il ne la voie.

SGANARELLE : Il n'a pas affaire à un sot, et vous savez des rubriques [67] qu'il ne sait pas. Plus fin que vous n'est pas bête.

SCÈNE VIII

LUCAS, GÉRONTE, SGANARELLE

LUCAS : Ah! palsanguenne, Monsieur, vaici bian du tintamarre : votre fille s'en est enfuie avec son Liandre. C'était lui qui était l'Apothicaire; et velà Monsieur le Médecin qui a fait cette belle opération-là.

GÉRONTE : Comment? m'assassiner de la façon! Allons, un commissaire! et qu'on empêche qu'il ne sorte. Ah, traître! je vous ferai punir par la justice.

LUCAS : Ah! par ma fi! Monsieur le Médecin, vous serez pendu : ne bougez de là seulement.

SCÈNE IX

MARTINE, SGANARELLE, LUCAS

MARTINE : Ah! mon Dieu! que j'ai eu de peine à trouver ce logis! Dites-moi un peu des nouvelles du médecin que je vous ai donné.

LUCAS : Le velà, qui va être pendu.

MARTINE : Quoi? mon mari pendu! Hélas! et qu'a-t-il fait pour cela?

LUCAS : Il a fait enlever la fille de notre maître.

MARTINE : Hélas! mon cher mari, est-il bien vrai qu'on te va pendre?

SGANARELLE : Tu vois. Ah!

MARTINE : Faut-il que tu te laisses mourir en présence de tant de gens?

SGANARELLE : Que veux-tu que j'y fasse?

MARTINE : Encore si tu avais achevé de couper notre bois, je prendrais quelque consolation.

SGANARELLE : Retire-toi de là, tu me fends le cœur.

MARTINE : Non, je veux demeurer pour t'encourager à la mort, et je ne te quitterai point que je ne t'aie vu pendu.

SGANARELLE : Ah!

SCÈNE X

GÉRONTE, SGANARELLE,
MARTINE, LUCAS

GÉRONTE : Le Commissaire viendra bientôt, et l'on s'en va vous mettre en lieu où l'on me répondra de vous.

SGANARELLE, *le chapeau à la main* : Hélas! cela ne se peut-il point changer en quelques coups de bâton?

GÉRONTE : Non, non : la justice en ordonnera... Mais que vois-je?

SCÈNE XI ET DERNIÈRE

LÉANDRE, LUCINDE, JACQUELINE, LUCAS,
GÉRONTE, SGANARELLE, MARTINE

LÉANDRE : Monsieur, je viens faire paraître Léandre à vos yeux, et remettre Lucinde en votre pouvoir. Nous avons eu dessein de prendre la fuite nous deux, et de nous aller marier ensemble; mais cette entreprise a fait place à un procédé plus honnête. Je ne prétends point vous voler votre fille, et ce n'est que de votre main que je veux la recevoir. Ce que je vous dirai, Monsieur, c'est que je viens tout à l'heure de recevoir des lettres par où j'apprends que mon oncle est mort, et que je suis héritier de tous ses biens.

GÉRONTE : Monsieur, votre vertu m'est tout à fait considérable, et je vous donne ma fille avec la plus grande joie du monde.

SGANARELLE : La médecine l'a échappé belle !

MARTINE : Puisque tu ne seras point pendu, rends-moi grâce d'être médecin ; car c'est moi qui t'ai procuré cet honneur.

SGANARELLE : Oui, c'est toi qui m'as procuré je ne sais combien de coups de bâton.

LÉANDRE : L'effet en est trop beau pour en garder du ressentiment.

SGANARELLE : Soit : je te pardonne ces coups de bâton en faveur de la dignité où tu m'as élevé ; mais prépare-toi désormais à vivre dans un grand respect avec un homme de ma conséquence, et songe que la colère d'un médecin est plus à craindre qu'on ne peut croire.

MONSIEUR

DE

POURCEAUGNAC

COMÉDIE
faite à Chambord
pour le divertissement du Roi,
Par J.-B. P. MOLIÈRE.

A PARIS

Chez Jean Ribou, au Palais, vis-à-vis
la Porte de l'Église de la Sainte-Chapelle,
à l'Image Saint Louis.

M. DC. LXX
AVEC PRIVILÈGE DU ROI.

MONSIEUR

DE

POURCEAUGNAC

COMÉDIE-BALLET
faite à Chambord
pour le divertissement du Roi,
au mois de septembre 1669.

Par J.-B. P. de MOLIÈRE.

Et représentée en public à Paris,
pour la première fois,
sur le Théâtre du Palais-Royal,
le 15 novembre de la même année 1669
par la Troupe du Roi.

NOTICE

La troupe de Molière a suivi la cour à Chambord du 17 septembre au 20 octobre 1669. C'est là que fut joué pour la première fois, le 6 octobre, Monsieur de Pourceaugnac. La pièce était agrémentée de ballets et de musique. Lulli avait écrit la musique ; les paroles des « deux musiciens italiens en médecins grotesques » sont sans doute aussi de lui et il a tenu à Chambord le rôle de l'un des deux [a].

Le public parisien vit la pièce à partir du 15 novembre. Le succès fut très vif : à la première représentation, Molière avait donné, avec Monsieur de Pourceaugnac, Le Sicilien. Pour les représentations suivantes, Monsieur de Pourceaugnac composa tout le spectacle. Il fut joué vingt fois de suite

---

a. Un livret fut imprimé pour être distribué aux spectateurs de Chambord : Le Divertissement de Chambord, mêlé de Comédie, de Musique & d'Entrées de Ballet. A Blois, par Jules Hotot, imprimeur & libraire du Roi, devant la grande Fontaine. 1669. Ce livret est pratiquement repris, avec quelques variantes, dans la pièce imprimée ; il n'apporte pas autre chose que le nom des danseurs.

Au second intermède apparaissaient deux musiciens italiens travestis en médecins grotesques (p. 173 de cette édition) ; leurs danses devaient guérir Pourceaugnac de son hypocondrie en l'égayant. Ils brandissaient des seringues à clystère en chantant Piglia-lo sù (prends le lavement). La scène était restée célèbre, d'autant que l'un des deux musiciens-médecins était Lulli.

jusqu'au 5 janvier. Il y eut encore dix-sept représentations pendant le reste de l'année 1670, sept en 1671, cinq en 1672; au total quarante-neuf du vivant de Molière.

Monsieur de Pourceaugnac *fut imprimé en 1670* [b].

On sait que Molière jouait le rôle de Pourceaugnac. Le reste de la distribution est conjectural.

Si l'on veut croire Robinet [c], *un personnage réel se serait reconnu en Monsieur de Pourceaugnac : Molière joue un*

> [...] marquis de nouvelle fonte,
> Dont, par hasard, à ce qu'on conte,
> L'original est à Paris,
> En colère autant que surpris [...]

Ce marquis douteux aurait même songé à intenter à l'auteur comique un procès. Le témoignage a le mérite d'être contemporain. Est-il recevable pour autant? On n'oserait l'affirmer.

Il est plus important sans doute de noter que Molière a pu s'inspirer de deux canevas italiens [d]. *L'un,* Policinella pazzo per forza, *fait paraître Polichinelle en provincial, venu de Sicile pour se marier. Il peste contre des enfants qui lui ont joué des tours et contre des insolents qui se sont moqués de lui. Florindo prend sa défense, se dit ami de son père qui s'appelait... Il fait semblant d'avoir un trou de mémoire et Polichinelle dit le nom. Après quoi, toujours à l'aide de silences, Florindo soutire les noms de toute la parenté de Polichinelle. Il le fait ensuite passer pour fou auprès de deux médecins. Les médecins l'entendent dire tant de sottises qu'ils le croient fou furieux et ils vont informer le futur beau-père que Polichinelle est incurable.*

L'autre, Pulcinello burlato, *fait paraître une femme suivie*

---

b. Privilège : 20 février 1670; achevé d'imprimer : 3 mars 1670.

c. Qui ne semble pas garantir l'exactitude de l'anecdote : voir Mongrédien, *op. cit.,* I, p. 351.

d. Voir G. Attinger, *L'Esprit de la* commedia dell'arte *dans le théâtre français,* 1950, p. 137.

de ses quatre enfants, qui se plaignent d'être abandonnés par leur mari et père.

Que Molière ait fait de son « homme d'intrigue » un Napolitain, alors que « la scène est à Paris », donne beaucoup de crédit à l'idée qu'il se soit inspiré de scénarios italiens.

Il a construit sa pièce simplement, comme il convenait à une comédie qui était au centre d'un spectacle fait largement de musique et de danse. Son provincial est donné en proie à trop forte partie : une « femme d'intrigue » et un « Napolitain homme d'intrigue » qui lui jouent toutes sortes de mauvais tours pour l'empêcher de se marier. Il est livré d'abord à des médecins qui diagnostiquent l'hypocondrie. L'un d'eux, s'adressant au beau-père, emploie, en se targuant de respecter le secret professionnel, un langage qui permet de comprendre que Monsieur de Pourceaugnac est syphilitique. Un Suisse vient faire savoir qu'il est couvert de dettes et entend les payer avec la dot. Puis c'est Monsieur de Pourceaugnac qui est avisé que sa fiancée est une « galante ». La demoiselle de fait se jette à son cou avec une impudeur qui lui donne à réfléchir. Après quoi, une Languedocienne de Pézenas vient faire savoir que Monsieur de Pourceaugnac l'a épousée et abandonnée. Une Picarde le revendique pour son mari et trois petits enfants embrassent le père dénaturé. Monsieur de Pourceaugnac se voit déjà pendu pour bigamie.

Il se déguise en femme pour échapper et tombe entre les mains de Suisses qui veulent le lutiner, d'archers qui viennent l'arrêter. Monsieur de Pourceaugnac va reprendre le coche pour le Limousin. C'est ce qu'il a de mieux à faire.

La pièce est emportée par le plus joyeux des mouvements scéniques, ce qui n'exclut pas l'observation, ni dans l'évocation de ce gentilhomme, ou qui se dit tel, encore que son comportement respire la gaucherie et la roture, ni dans la consultation des médecins. Elle est, en effet, remarquable : il ne s'agit point d'un comique facile qui constituerait avec des mots techniques un jargon plaisant, mais bien d'une description clinique fort cohérente de l'hypocondrie, le diagnostic le plus précis du théâtre de Molière. Les médecins emploient le langage de leur métier et arrivent à force de termes savants à un premier comique, efficace certes, mais assez facile et assez élémentaire. Ce diagnostic, si documenté, si bien organisé, s'applique à un bien-portant. La mécanique du diagnostic et du pronostic tourne bien, de façon imperturbable, mais elle tourne à vide. D'où un deuxième comique plus amer, à la réflexion, et plus mordant. En ce sens Monsieur de Pourceaugnac *pourrait être plus dur pour les médecins que* Le Malade imaginaire *lui-même, aussi âpre que* L'Amour médecin.

Monsieur de Pourceaugnac n'est pas malade, certes. Mais Molière l'était. Élomire hypocondre *le montre* e *les « yeux enfoncés », le « visage blême », un « corps qui n'a plus presque rien de vivant, et qui n'est presque plus qu'un squelette mouvant » ; portrait féroce, dont on ne peut guère douter qu'il ne soit exact. Cela ne ressemble pas mal à ce qui est dit de Monsieur de Pourceaugnac : « Cette habitude [constitution] du corps, menue, grêle, noire et velue* f*. »*

La correspondance est significative. La précision de la description clinique indique que Molière a sans doute recouru à un traité de médecine, aux conseils d'un ami médecin g *; on croirait aussi transposée — comme dans* L'Amour médecin *— quelque consultation dont il aurait été l'objet. Mais Pourceaugnac n'est pas malade, mais Pourceaugnac va échapper à l'engrenage médical qui l'avait happé. Cela est symbolique : Molière aussi proteste qu'il n'est pas malade, qu'il n'a été malade que de ses médecins, que la guérison est de leur échapper. Tel est, croyons-nous, le sens profond de la pièce :* Molière nie sa maladie.

Trois mois plus tard, Élomire hypocondre h *allait lui faire savoir qu'il était bien et dûment catalogué désormais comme malade et bien malade.*

e. Acte Ier, sc. III, Pléiade, II, p. 1241.

f. Acte Ier, sc. VIII.

g. Ce médecin est Mauvillain. Chapelle, ami intime de Molière, avait aussi fait des études médicales, Bernier était aussi médecin.

h. Achevé d'imprimer : 4 janvier 1670.

MONSIEUR
DE POURCEAUGNAC
COMÉDIE

L'Ouverture se fait par Éraste, qui conduit un grand concert, de voix et d'instruments, pour une sérénade, dont les paroles, chantées par trois voix en manière de dialogue, sont faites sur le sujet de la comédie, et expriment les sentiments de deux amants, qui, étant bien ensemble, sont traversés par le caprice des parents.

PREMIÈRE VOIX

Répands, charmante nuit, répands sur tous les yeux
De tes pavots la douce violence,
Et ne laisse veiller en ces aimables lieux
Que les cœurs que l'Amour soumet à sa puissance.
Tes ombres et ton silence,
Plus beau que le plus beau jour,
Offrent de doux moments à soupirer d'amour.

DEUXIÈME VOIX

Que soupirer d'amour
Est une douce chose,
Quand rien à nos vœux ne s'oppose!
A d'aimables penchants notre cœur nous dispose,

Mais on a des tyrans à qui l'on doit le jour.
             Que soupirer d'amour
             Est une douce chose,
     Quand rien à nos vœux ne s'oppose !

TROISIÈME VOIX

     Tout ce qu'à nos vœux on oppose
Contre un parfait amour ne gagne jamais rien,
     Et pour vaincre toute chose,
     Il ne faut que s'aimer bien.

LES TROIS VOIX, ensemble :

     Aimons-nous donc d'une ardeur éternelle :
Les rigueurs des parents, la contrainte cruelle,
L'absence, les travaux, la fortune rebelle,
Ne font que redoubler une amitié fidèle.
     Aimons-nous donc d'une ardeur éternelle :
             Quand deux cœurs s'aiment bien,
             Tout le reste n'est rien.

La sérénade est suivie d'une danse de deux
Pages, pendant laquelle quatre Curieux de
spectacles, ayant pris querelle ensemble,
mettent l'épée à la main. Après un assez
agréable combat, ils sont séparés par deux
Suisses, qui, les ayant mis d'accord, dansent
avec eux, au son de tous les instruments.

ACTEURS

MONSIEUR DE POURCEAU-
  GNAC [1].
ORONTE [2].
JULIE, *fille d'Oronte.*
NÉRINE, *femme d'in-
  trigue.*
LUCETTE, *feinte Gas-
  conne.*
ÉRASTE, *amant de Julie.*
SBRIGANI, *Napolitain,
  homme d'intrigue* [3].
PREMIER MÉDECIN.
SECOND MÉDECIN.
L'APOTHICAIRE.

UN PAYSAN.
UNE PAYSANNE.
PREMIER MUSICIEN.
SECOND MUSICIEN.
PREMIER AVOCAT.
SECOND AVOCAT.
PREMIER SUISSE.
SECOND SUISSE.
UN EXEMPT.
DEUX ARCHERS.
PLUSIEURS MUSICIENS.
JOUEURS D'INSTRUMENTS
  ET DANSEURS.

La scène est à Paris [4].

ACTE PREMIER

SCÈNE PREMIÈRE

JULIE, ÉRASTE, NÉRINE

JULIE : Mon Dieu! Éraste, gardons d'être surpris; je tremble qu'on ne nous voie ensemble, et tout serait perdu, après la défense que l'on m'a faite.

ÉRASTE : Je regarde de tous côtés, et je n'aperçois rien.

JULIE : Aie aussi l'œil au guet, Nérine, et prends bien garde qu'il ne vienne personne.

NÉRINE : Reposez-vous sur moi, et dites hardiment ce que vous avez à vous dire.

JULIE : Avez-vous imaginé pour notre affaire quelque chose de favorable? et croyez-vous, Éraste, pouvoir venir à bout de détourner ce fâcheux mariage que mon père s'est mis en tête?

ÉRASTE : Au moins y travaillons-nous fortement; et déjà nous avons préparé un bon nombre de batteries pour renverser ce dessein ridicule.

NÉRINE : Par ma foi! voilà votre père.

JULIE : Ah! séparons-nous vite.

NÉRINE : Non, non, non, ne bougez : je m'étais trompée.

JULIE : Mon Dieu! Nérine, que tu es sotte de nous donner de ces frayeurs!

ÉRASTE : Oui, belle Julie, nous avons dressé pour cela quantités de machines, et nous ne feignons point [5] de mettre tout en usage, sur la permission que vous m'avez donnée. Ne nous demandez point tous les ressorts que nous ferons jouer : vous en aurez le divertissement; et, comme aux comédies, il est bon de vous laisser le plaisir de la surprise, et de ne vous avertir point de tout ce qu'on vous fera voir. C'est assez de vous dire que nous avons en main divers stratagèmes tous prêts à produire dans l'occasion, et que l'ingénieuse Nérine et l'adroit Sbrigani entreprennent l'affaire.

NÉRINE : Assurément. Votre père se moque-t-il de vouloir vous anger [6] de son avocat de Limoges, Monsieur de Pourceaugnac, qu'il n'a vu de sa vie, et qui vient par le coche [7] vous enlever à notre barbe? Faut-il que trois ou quatre mille écus de plus, sur la parole de votre oncle, lui fassent rejeter un amant qui vous agrée? et une personne comme vous est-elle faite pour un Limosin? S'il a envie de se marier, que ne prend-il une Limosine et ne laisse-t-il en repos les chrétiens? Le seul nom de Monsieur de Pourceaugnac m'a mis dans une colère effroyable. J'enrage de Monsieur de Pourceaugnac. Quand il n'y aurait que ce nom-là, Monsieur de Pourceaugnac, j'y brûlerai mes livres [8], ou je romprai ce mariage, et vous ne serez point Madame de Pourceaugnac. Pourceaugnac! cela se peut-il souffrir? Non Pourceaugnac est une chose que je ne saurais supporter; et nous lui jouerons tant de pièces, nous lui ferons tant de niches sur niches, que nous renvoyerons à Limoges Monsieur de Pourceaugnac.

ÉRASTE : Voici notre subtil Napolitain, qui nous dira des nouvelles.

SCÈNE II

SBRIGANI, JULIE, ÉRASTE, NÉRINE

SBRIGANI : Monsieur, votre homme arrive, je l'ai vu à trois lieues d'ici, où a couché le coche ; et dans la cuisine où il est descendu pour déjeuner, je l'ai étudié une bonne grosse demi-heure, et je le sais déjà par cœur. Pour sa figure, je ne veux point vous en parler : vous verrez de quel air la nature l'a desseinée [9], et si l'ajustement qui l'accompagne y répond comme il faut. Mais pour son esprit, je vous avertis par avance qu'il est des plus épais qui se fassent ; que nous trouvons en lui une matière tout à fait disposée pour ce que nous voulons, et qu'il est homme enfin à donner dans tous les panneaux qu'on lui présentera.

ÉRASTE : Nous dis-tu vrai ?

SBRIGANI : Oui, si je me connais en gens.

NÉRINE : Madame, voilà un illustre [10] ; votre affaire ne pouvait être mise en de meilleures mains, et c'est le héros de notre siècle pour les exploits dont il s'agit : un homme qui, vingt fois en sa vie, pour servir ses amis, a généreusement affronté les galères, qui, au péril de ses bras, et de ses épaules [11], sait mettre noblement à fin les aventures les plus difficiles ; et qui, tel que vous le voyez, est exilé de son pays pour je ne sais combien d'actions honorables qu'il a généreusement entreprises.

SBRIGANI : Je suis confus des louanges dont vous m'honorez, et je pourrais vous en donner, avec plus de justice, sur les merveilles de votre vie ; et principalement sur la gloire que vous acquîtes, lorsque, avec tant d'honnêteté, vous pipâtes au jeu, pour douze mille écus, ce jeune seigneur étranger que l'on mena chez vous ; lorsque vous fîtes galamment ce faux contrat qui ruina toute une famille ; lorsque, avec tant de grandeur d'âme, vous sûtes nier le dépôt qu'on vous avait confié ; et que si généreusement on vous vit prêter votre témoignage à faire pendre ces deux personnages qui ne l'avaient pas mérité.

NÉRINE : Ce sont petites bagatelles qui ne valent pas qu'on en parle, et vos éloges me font rougir.

SBRIGANI : Je veux bien épargner votre modestie : laissons cela ; et pour commencer notre affaire, allons vite joindre notre provincial, tandis que, de votre côté, vous nous tiendrez prêts au besoin les autres acteurs de la comédie.

ÉRASTE : Au moins, Madame, souvenez-vous de votre rôle ; et pour mieux couvrir notre jeu, feignez, comme on vous a dit, d'être la plus contente du monde des résolutions de votre père.

JULIE : S'il ne tient qu'à cela, les choses iront à merveille.

ÉRASTE : Mais, belle Julie, si toutes nos machines venaient à ne pas réussir ?

JULIE : Je déclarerai à mon père mes véritables sentiments.

ÉRASTE : Et si, contre vos sentiments, il s'obstinait à son dessein ?

JULIE : Je le menacerais de me jeter dans un couvent.

ÉRASTE : Mais si, malgré tout cela, il voulait vous forcer à ce mariage?

JULIE : Que voulez-vous que je vous dise?

ÉRASTE : Ce que je veux que vous me disiez?

JULIE : Oui.

ÉRASTE : Ce qu'on dit quand on aime bien.

JULIE : Mais quoi?

ÉRASTE : Que rien ne pourra vous contraindre, et que, malgré tous les efforts d'un père, vous me promettez d'être à moi.

JULIE : Mon Dieu! Éraste, contentez-vous de ce que je fais maintenant, et n'aliez point tenter sur l'avenir[12] les résolutions de mon cœur; ne fatiguez point mon devoir[13] par les propositions d'une fâcheuse extrémité, dont peut-être n'aurons-nous pas besoin; et s'il y faut venir, souffrez au moins que j'y sois entraînée par la suite des choses.

ÉRASTE : Eh bien...

SBRIGANI : Ma foi, voici notre homme, songeons à nous.

NÉRINE : Ah! comme il est bâti!

SCÈNE III

MONSIEUR DE POURCEAUGNAC *se tourne
du côté d'où il vient,
comme parlant à des gens qui le suivent*, SBRIGANI

MONSIEUR DE POURCEAUGNAC : Hé bien, quoi? qu'est-ce? qu'y a-t-il? Au diantre soit la sotte ville, et les sottes gens qui y sont! ne pouvoir faire un pas sans trouver des nigauds qui vous regardent et se mettent à rire! Eh! Messieurs les badauds, faites vos affaires, et laissez passer les personnes sans leur rire au nez. Je me donne au diable, si je ne baille un coup de poing au premier que je verrai rire.

SBRIGANI : Qu'est-ce que c'est, Messieurs? que veut dire cela? à qui en avez-vous? Faut-il se moquer ainsi des honnêtes étrangers qui arrivent ici?

MONSIEUR DE POURCEAUGNAC : Voilà un homme raisonnable, celui-là.

SBRIGANI : Quel procédé est le vôtre? et qu'avez-vous à rire?

MONSIEUR DE POURCEAUGNAC : Fort bien.

SBRIGANI : Monsieur a-t-il quelque chose de ridicule en soi?

MONSIEUR DE POURCEAUGNAC : Oui.

SBRIGANI : Est-il autrement que les autres?

MONSIEUR DE POURCEAUGNAC : Suis-je tortu, ou bossu?

SBRIGANI : Apprenez à connaître les gens.

MONSIEUR DE POURCEAUGNAC : C'est bien dit.

SBRIGANI : Monsieur est d'une mine à respecter.

MONSIEUR DE POURCEAUGNAC : Cela est vrai.

SBRIGANI : Personne de condition.

MONSIEUR DE POURCEAUGNAC : Oui, gentilhomme limosin.

SBRIGANI : Homme d'esprit.

MONSIEUR DE POURCEAUGNAC : Qui a étudié en droit [14].

SBRIGANI : Il vous fait trop d'honneur de venir dans votre ville.

MONSIEUR DE POURCEAUGNAC : Sans doute.

SBRIGANI : Monsieur n'est point une personne à faire rire.

MONSIEUR DE POURCEAUGNAC : Assurément.

SBRIGANI : Et quiconque rira de lui aura affaire à moi.

MONSIEUR DE POURCEAUGNAC : Monsieur, je vous suis infiniment obligé.

SBRIGANI : Je suis fâché, Monsieur, de voir recevoir de la sorte une personne comme vous, et je vous demande pardon pour la ville.

MONSIEUR DE POURCEAUGNAC : Je suis votre serviteur.

SBRIGANI : Je vous ai vu ce matin, Monsieur, avec le coche, lorsque vous avez déjeuné; et la grâce avec laquelle vous mangiez votre pain [15] m'a fait naître d'abord de l'amitié pour vous; et comme je sais que vous n'êtes jamais venu en ce pays, et que vous y êtes tout neuf, je suis bien aise de vous avoir trouvé, pour vous offrir mon service à cette arrivée, et vous aider à vous conduire parmi ce peuple, qui n'a pas parfois pour les honnêtes gens toute la considération qu'il faudrait.

MONSIEUR DE POURCEAUGNAC : C'est trop de grâce que vous me faites.

SBRIGANI : Je vous l'ai déjà dit : du moment que je vous ai vu, je me suis senti pour vous de l'inclination.

MONSIEUR DE POURCEAUGNAC : Je vous suis obligé.

SBRIGANI : Votre physionomie m'a plu.

MONSIEUR DE POURCEAUGNAC : Ce m'est beaucoup d'honneur.

SBRIGANI : J'y ai vu quelque chose d'honnête.

MONSIEUR DE POURCEAUGNAC : Je suis votre serviteur.

SBRIGANI : Quelque chose d'aimable.

MONSIEUR DE POURCEAUGNAC : Ah! ah!

SBRIGANI : De gracieux.

MONSIEUR DE POURCEAUGNAC : Ah! ah!

SBRIGANI : De doux.

MONSIEUR DE POURCEAUGNAC : Ah! ah!

SBRIGANI : De majestueux.

MONSIEUR DE POURCEAUGNAC : Ah! ah!

SBRIGANI : De franc.

MONSIEUR DE POURCEAUGNAC : Ah! ah!

SBRIGANI : Et de cordial.

MONSIEUR DE POURCEAUGNAC : Ah! ah!

SBRIGANI : Je vous assure que je suis tout à vous.

MONSIEUR DE POURCEAUGNAC : Je vous ai beaucoup d'obligation.

SBRIGANI : C'est du fond du cœur que je parle.

MONSIEUR DE POURCEAUGNAC : Je le crois.

SBRIGANI : Si j'avais l'honneur d'être connu de vous, vous sauriez que je suis un homme tout à fait sincère.

MONSIEUR DE POURCEAUGNAC : Je n'en doute point.

SBRIGANI : Ennemi de la fourberie.

MONSIEUR DE POURCEAUGNAC : J'en suis persuadé.

SBRIGANI : Et qui n'est pas capable de déguiser ses sentiments.

MONSIEUR DE POURCEAUGNAC : C'est ma pensée.

SBRIGANI : Vous regardez mon habit qui n'est pas fait comme les autres; mais je suis originaire de Naples, à votre service, et j'ai voulu conserver un peu et la manière de s'habiller, et la sincérité [16] de mon pays.

MONSIEUR DE POURCEAUGNAC : C'est fort bien fait. Pour moi, j'ai voulu me mettre à la mode de la cour pour la campagne [17].

SBRIGANI : Ma foi! cela vous va mieux qu'à tous nos courtisans.

MONSIEUR DE POURCEAUGNAC : C'est ce que m'a dit mon tailleur : l'habit est propre [18] et riche, et il fera du bruit ici.

SBRIGANI : Sans doute. N'irez-vous pas au Louvre?

MONSIEUR DE POURCEAUGNAC : Il faudra bien aller faire ma cour.

SBRIGANI : Le Roi sera ravi de vous voir.

MONSIEUR DE POURCEAUGNAC : Je le crois.

SBRIGANI : Avez-vous arrêté un logis?

MONSIEUR DE POURCEAUGNAC : Non; j'allais en chercher un.

SBRIGANI : Je serai bien aise d'être avec vous pour cela, et je connais tout ce pays-ci.

SCÈNE IV

ÉRASTE, SBRIGANI, MONSIEUR DE POURCEAUGNAC

ÉRASTE : Ah! qu'est-ce ci? que vois-je? Quelle heureuse rencontre! Monsieur de Pourceaugnac! Que je suis ravi de vous voir! Comment? il semble que vous ayez peine à me reconnaître!

MONSIEUR DE POURCEAUGNAC : Monsieur je suis votre serviteur.

ÉRASTE : Est-il possible que cinq ou six années m'aient ôté de votre mémoire? et que vous ne reconnaissiez pas le meilleur ami de toute la famille des Pourceaugnac?

MONSIEUR DE POURCEAUGNAC : Pardonnez-moi. *(A Sbrigani.)* Ma foi! je ne sais qui il est.

ÉRASTE : Il n'y a pas un Pourceaugnac à Limoges que je ne connaisse depuis le plus grand jusques au plus petit; je ne fréquentais qu'eux dans le temps que j'y étais, et j'avais l'honneur de vous voir presque tous les jours.

MONSIEUR DE POURCEAUGNAC : C'est moi qui l'ai reçu [19] Monsieur.

ÉRASTE : Vous ne vous remettez point mon visage ?

MONSIEUR DE POURCEAUGNAC : Si fait. *(A Sbrigani.)* Je ne le connais point.

ÉRASTE : Vous ne vous ressouvenez pas que j'ai eu le bonheur de boire avec vous je ne sais combien de fois ?

MONSIEUR DE POURCEAUGNAC : Excusez-moi. *(A Sbrigani.)* Je ne sais ce que c'est.

ÉRASTE : Comment appelez-vous ce traiteur de Limoges qui fait si bonne chère ?

MONSIEUR DE POURCEAUGNAC : Petit-Jean ?

ÉRASTE : Le voilà. Nous allions le plus souvent ensemble chez lui nous réjouir. Comment est-ce que vous nommez à Limoges ce lieu où l'on se promène ?

MONSIEUR DE POURCEAUGNAC : Le cimetière des Arènes [20] ?

ÉRASTE : Justement : c'est où je passais de si douces heures à jouir de votre agréable conversation. Vous ne vous remettez pas tout cela ?

MONSIEUR DE POURCEAUGNAC : Excusez-moi, je me le remets. *(A Sbrigani.)* Diable emporte si je m'en souviens !

SBRIGANI : Il y a cent choses comme cela qui passent de la tête.

ÉRASTE : Embrassez-moi donc, je vous prie, et resserrons les nœuds de notre ancienne amitié.

SBRIGANI : Voilà un homme qui vous aime fort.

ÉRASTE : Dites-moi un peu des nouvelles de toute la parenté : comment se porte Monsieur votre... là... qui est si honnête homme ?

MONSIEUR DE POURCEAUGNAC : Mon frère le consul [21] ?

ÉRASTE : Oui.

MONSIEUR DE POURCEAUGNAC : Il se porte le mieux du monde.

ÉRASTE : Certes j'en suis ravi. Et celui qui est de si bonne humeur? là... Monsieur votre...?

MONSIEUR DE POURCEAUGNAC : Mon cousin l'assesseur [22]?

ÉRASTE : Justement.

MONSIEUR DE POURCEAUGNAC : Toujours gai et gaillard.

ÉRASTE : Ma foi! j'en ai beaucoup de joie. Et Monsieur votre oncle? le...?

MONSIEUR DE POURCEAUGNAC : Je n'ai point d'oncle.

ÉRASTE : Vous aviez pourtant en ce temps-là...

MONSIEUR DE POURCEAUGNAC : Non, rien qu'une tante.

ÉRASTE : C'est ce que je voulais dire, Madame votre tante : comment se porte-t-elle?

MONSIEUR DE POURCEAUGNAC : Elle est morte depuis six mois.

ÉRASTE : Hélas! la pauvre femme! elle était si bonne personne.

MONSIEUR DE POURCEAUGNAC : Nous avons aussi mon neveu le chanoine qui a pensé mourir de la petite vérole.

ÉRASTE : Quel dommage ç'aurait été!

MONSIEUR DE POURCEAUGNAC : Le connaissez-vous aussi?

ÉRASTE : Vraiment si je le connais! Un grand garçon bien fait.

MONSIEUR DE POURCEAUGNAC : Pas des plus grands.

ÉRASTE : Non, mais de taille bien prise.

MONSIEUR DE POURCEAUGNAC : Eh! oui.

ÉRASTE : Qui est votre neveu...

MONSIEUR DE POURCEAUGNAC : Oui.

ÉRASTE : Fils de votre frère et de votre sœur...

MONSIEUR DE POURCEAUGNAC : Justement.

ÉRASTE : Chanoine de l'église de... Comment l'appelez-vous ?

MONSIEUR DE POURCEAUGNAC : De Saint-Étienne [23].

ÉRASTE : Le voilà, je ne connais autre.

MONSIEUR DE POURCEAUGNAC : Il dit toute la parenté.

SBRIGANI : Il vous connaît plus que vous ne croyez.

MONSIEUR DE POURCEAUGNAC : A ce que je vois, vous avez demeuré longtemps dans notre ville ?

ÉRASTE : Deux ans entiers.

MONSIEUR DE POURCEAUGNAC : Vous étiez donc là quand mon cousin l'élu [24] fit tenir son enfant à Monsieur notre gouverneur ?

ÉRASTE : Vraiment oui, j'y fus convié des premiers.

MONSIEUR DE POURCEAUGNAC : Cela fut galant.

ÉRASTE : Très galant.

MONSIEUR DE POURCEAUGNAC : C'était un repas bien troussé.

ÉRASTE : Sans doute.

MONSIEUR DE POURCEAUGNAC : Vous vîtes donc aussi la querelle que j'eus avec ce gentilhomme périgordin ?

ÉRASTE : Oui.

MONSIEUR DE POURCEAUGNAC : Parbleu ! il trouva à qui parler.

ÉRASTE : Ah ! Ah !

MONSIEUR DE POURCEAUGNAC : Il me donna un soufflet, mais je lui dis bien son fait [25].

ÉRASTE : Assurément. Au reste, je ne prétends pas que vous preniez d'autre logis que le mien.

MONSIEUR DE POURCEAUGNAC : Je n'ai garde de...

ÉRASTE : Vous moquez-vous? Je ne souffrirai point du tout que mon meilleur ami soit autre part que dans ma maison.

MONSIEUR DE POURCEAUGNAC : Ce serait vous...

ÉRASTE : Non : le diable m'emporte! vous logerez chez moi.

SBRIGANI : Puisqu'il le veut obstinément, je vous conseille d'accepter l'offre.

ÉRASTE : Où sont vos hardes?

MONSIEUR DE POURCEAUGNAC : Je les ai laissées, avec mon valet, où je suis descendu.

ÉRASTE : Envoyons-les querir par quelqu'un.

MONSIEUR DE POURCEAUGNAC : Non : je lui ai défendu de bouger, à moins que j'y fusse moi-même, de peur de quelque fourberie.

SBRIGANI : C'est prudemment avisé.

MONSIEUR DE POURCEAUGNAC : Ce pays-ci est un peu sujet à caution.

ÉRASTE : On voit les gens d'esprit en tout.

SBRIGANI : Je vais accompagner Monsieur, et le ramènerai où vous voudrez.

ÉRASTE : Oui, je serai bien aise de donner quelques ordres, et vous n'avez qu'à revenir à cette maison-là [26].

SBRIGANI : Nous sommes à vous tout à l'heure.

ÉRASTE : Je vous attends avec impatience.

MONSIEUR DE POURCEAUGNAC : Voilà une connaissance où je ne m'attendais point.

SBRIGANI : Il a la mine d'être honnête homme.

ÉRASTE, *seul :* Ma foi! Monsieur de Pourceaugnac, nous vous en donnerons de toutes les façons; les choses sont préparées, et je n'ai qu'à frapper.

SCÈNE V

L'APOTHICAIRE, ÉRASTE

ÉRASTE : Je crois, Monsieur, que vous êtes le médecin à qui l'on est venu parler de ma part.

L'APOTHICAIRE : Non, Monsieur, ce n'est pas moi qui suis le médecin ; à moi n'appartient pas cet honneur, et je ne suis qu'apothicaire, apothicaire indigne [27], pour vous servir.

ÉRASTE : Et Monsieur le médecin est-il à la maison ?

L'APOTHICAIRE : Oui, il est là embarrassé à expédier [28] quelques malades, et je vais lui dire que vous êtes ici.

ÉRASTE : Non, ne bougez : j'attendrai qu'il ait fait ; c'est pour lui mettre entre les mains certain parent que nous avons, dont on lui a parlé, et qui se trouve attaqué de quelque folie, que nous serions bien aises qu'il pût guérir avant que de le marier.

L'APOTHICAIRE : Je sais ce que c'est, je sais ce que c'est, et j'étais avec lui quand on lui a parlé de cette affaire. Ma foi, ma foi ! vous ne pouviez pas vous adresser à un médecin plus habile : c'est un homme qui sait la médecine à fond, comme je sais ma croix de par Dieu [29], et qui, quand on devrait crever, ne démordrait pas d'un *iota* des règles des anciens. Oui, il suit toujours le grand chemin, le grand chemin, et ne va point chercher midi à quatorze heures ; et pour tout l'or du monde, il ne voudrait pas avoir guéri une personne avec d'autres remèdes que ceux que la Faculté permet.

ÉRASTE : Il fait fort bien : un malade ne doit point vouloir guérir que la Faculté n'y consente.

L'APOTHICAIRE : Ce n'est pas parce que nous sommes grands amis, que j'en parle; mais il y a plaisir, il y a plaisir d'être son malade; et j'aimerais mieux mourir de ses remèdes que de guérir de ceux d'un autre; car, quoi qui puisse arriver, on est assuré que les choses sont toujours dans l'ordre; et quand on meurt sous sa conduite, vos héritiers n'ont rien à vous reprocher.

ÉRASTE : C'est une grande consolation pour un défunt.

L'APOTHICAIRE : Assurément : on est bien aise au moins d'être mort méthodiquement [30]. Au reste, il n'est pas de ces médecins qui marchandent les maladies : c'est un homme expéditif, expéditif, qui aime à dépêcher ses malades; et quand on a à mourir, cela se fait avec lui le plus vite du monde.

ÉRASTE : En effet, il n'est rien tel que de sortir promptement d'affaire.

L'APOTHICAIRE : Cela est vrai : à quoi bon tant barguigner [31] et tant tourner autour du pot? Il faut savoir vitement le court ou le long [32] d'une maladie.

ÉRASTE : Vous avez raison.

L'APOTHICAIRE : Voilà déjà trois de mes enfants dont il m'a fait l'honneur de conduire la maladie, qui sont morts en moins de quatre jours et qui, entre les mains d'un autre, auraient langui plus de trois mois.

ÉRASTE : Il est bon d'avoir des amis comme cela.

L'APOTHICAIRE : Sans doute. Il ne me reste plus que deux enfants, dont il prend soin comme des siens; il les traite et gouverne à sa fantaisie, sans que je me mêle de rien; et le plus souvent, quand je reviens de la ville, je suis tout étonné que je les trouve saignés ou purgés par son ordre.

ÉRASTE : Voilà des soins fort obligeants.

L'APOTHICAIRE : Le voici, le voici, le voici qui vient.

SCÈNE VI

PREMIER MÉDECIN, UN PAYSAN,
UNE PAYSANNE, ÉRASTE, L'APOTHICAIRE

LE PAYSAN : Monsieur, il n'en peut plus, et il dit qu'il sent dans la tête les plus grandes douleurs du monde.

PREMIER MÉDECIN : Le malade est un sot, d'autant plus que, dans la maladie dont il est attaqué, ce n'est pas la tête, selon Galien [33], mais la rate, qui lui doit faire mal.

LE PAYSAN : Quoi que c'en soit, Monsieur, il a toujours avec cela son cours de ventre depuis six mois.

PREMIER MÉDECIN : Bon, c'est signe que le dedans se dégage. Je l'irai visiter dans deux ou trois jours ; mais s'il mourait avant ce temps-là, ne manquez pas de m'en donner avis, car il n'est pas de la civilité qu'un médecin visite un mort.

LA PAYSANNE : Mon père, Monsieur, est toujours malade de plus en plus.

PREMIER MÉDECIN : Ce n'est pas ma faute : je lui donne des remèdes ; que ne guérit-il ? Combien a-t-il été saigné de fois ?

LA PAYSANNE : Quinze [34], Monsieur, depuis vingt jours.

PREMIER MÉDECIN : Quinze fois saigné ?

LA PAYSANNE : Oui.

PREMIER MÉDECIN : Et il ne guérit point?

LA PAYSANNE : Non, Monsieur.

PREMIER MÉDECIN : C'est signe que la maladie n'est pas dans le sang. Nous le ferons purger autant de fois, pour voir si elle n'est pas dans les humeurs, et si rien ne nous réussit, nous l'enverrons aux bains.

L'APOTHICAIRE : Voilà le fin cela, voilà le fin de la médecine.

ÉRASTE : C'est moi, Monsieur, qui vous ai envoyé parler ces jours passés pour un parent un peu troublé d'esprit, que je veux vous donner chez vous, afin de le guérir avec plus de commodité, et qu'il soit vu de moins de monde.

PREMIER MÉDECIN : Oui, Monsieur, j'ai déjà disposé tout, et promets d'en avoir tous les soins imaginables.

ÉRASTE : Le voici.

PREMIER MÉDECIN : La conjoncture est tout à fait heureuse, et j'ai ici un ancien de mes amis avec lequel je serai bien aise de consulter sa maladie.

SCÈNE VII

MONSIEUR DE POURCEAUGNAC, ÉRASTE, PREMIER MÉDECIN, L'APOTHICAIRE

ÉRASTE : Une petite affaire m'est survenue, qui m'oblige à vous quitter : mais voilà une personne entre les mains de qui je vous laisse, qui aura soin pour moi de vous traiter [35] du mieux qu'il lui sera possible.

PREMIER MÉDECIN : Le devoir de ma profession m'y oblige, et c'est assez que vous me chargiez de ce soin.

MONSIEUR DE POURCEAUGNAC : C'est son maître d'hôtel, et il faut que ce soit un homme de qualité.

PREMIER MÉDECIN : Oui, je vous assure que je traiterai Monsieur méthodiquement [36], et dans toutes les régularités de notre art.

MONSIEUR DE POURCEAUGNAC : Mon Dieu! il ne faut point tant de cérémonies; et je ne viens pas ici pour incommoder.

PREMIER MÉDECIN : Un tel emploi ne me donne que de la joie.

ÉRASTE : Voilà toujours six pistoles d'avance, en attendant ce que j'ai promis.

MONSIEUR DE POURCEAUGNAC : Non, s'il vous plaît, je n'entends pas que vous fassiez de dépense, et que vous envoyiez rien acheter pour moi.

ÉRASTE : Mon Dieu! laissez faire. Ce n'est pas pour ce que vous pensez.

MONSIEUR DE POURCEAUGNAC : Je vous demande de ne me traiter qu'en ami.

ÉRASTE : C'est ce que je veux faire. *(Bas au médecin.)* Je vous recommande surtout de ne le point laisser sortir de vos mains; car parfois il veut s'échapper.

PREMIER MÉDECIN : Ne vous mettez pas en peine.

ÉRASTE, *à Monsieur de Pourceaugnac :* Je vous prie de m'excuser de l'incivilité que je commets.

MONSIEUR DE POURCEAUGNAC : Vous vous moquez, et c'est trop de grâce que vous me faites.

SCÈNE VIII

PREMIER MÉDECIN, SECOND MÉDECIN,
MONSIEUR DE POURCEAUGNAC, L'APOTHICAIRE

PREMIER MÉDECIN : Ce m'est beaucoup d'honneur, Monsieur, d'être choisi pour vous rendre service.

MONSIEUR DE POURCEAUGNAC : Je suis votre serviteur.

PREMIER MÉDECIN : Voici un habile homme, mon confrère, avec lequel je vais consulter la manière dont nous vous traiterons.

MONSIEUR DE POURCEAUGNAC : Il ne faut point tant de façons, vous dis-je, et je suis homme à me contenter de l'ordinaire.

PREMIER MÉDECIN : Allons, des sièges.

MONSIEUR DE POURCEAUGNAC : Voilà, pour un jeune homme, des domestiques bien lugubres.

PREMIER MÉDECIN : Allons, Monsieur : prenez votre place, Monsieur.

> *Lorsqu'ils sont assis, les deux Médecins lui prennent chacun une main, pour lui tâter le pouls.*

MONSIEUR DE POURCEAUGNAC, *présentant ses mains :* Votre très humble valet. *(Voyant qu'ils lui tâtent le pouls.)* Que veut dire cela?

PREMIER MÉDECIN : Mangez-vous bien, Monsieur?

MONSIEUR DE POURCEAUGNAC : Oui, et bois encore mieux.

PREMIER MÉDECIN : Tant pis : cette grande appétition du froid et de l'humide est une indication de la chaleur et sécheresse qui est au-dedans [37]. Dormez-vous fort?

MONSIEUR DE POURCEAUGNAC : Oui, quand j'ai bien soupé.

PREMIER MÉDECIN : Faites-vous des songes?

MONSIEUR DE POURCEAUGNAC : Quelquefois.

PREMIER MÉDECIN : De quelle nature sont-ils?

MONSIEUR DE POURCEAUGNAC : De la nature des songes. Quelle diable de conversation est-ce là?

PREMIER MÉDECIN : Vos déjections, comment sont-elles?

MONSIEUR DE POURCEAUGNAC : Ma foi! je ne comprends rien à toutes ces questions, et je veux plutôt boire un coup.

PREMIER MÉDECIN : Un peu de patience, nous allons raisonner sur votre affaire devant vous et nous le ferons en français, pour être plus intelligibles.

MONSIEUR DE POURCEAUGNAC : Quel grand raisonnement faut-il pour manger un morceau?

PREMIER MÉDECIN : Comme ainsi soit qu'on ne puisse guérir une maladie qu'on ne la connaisse parfaitement, et qu'on ne la puisse parfaitement connaître sans en bien établir l'idée particulière, et la véritable espèce, par ses signes diagnostiques et prognostiques [38], vous me permettrez, Monsieur notre ancien [39], d'entrer en considération de la maladie dont il s'agit, avant que de toucher à la thérapeutique, et aux remèdes qu'il nous conviendra faire pour la parfaite curation d'icelle. Je dis donc, Monsieur, avec votre permission, que notre malade ici présent est malheureusement attaqué, affecté, possédé, travaillé de cette sorte de folie que nous nommons fort bien mélancolie hypocondriaque [40], espèce de folie très fâcheuse, et qui ne demande pas moins qu'un Esculape comme vous, consommé dans notre art, vous, dis-je, qui avez blanchi, comme on dit, sous le harnois, et auquel il en a tant passé par les mains de toutes les façons. Je l'appelle mélancolie hypocondriaque, pour la distinguer des deux autres ; car le célèbre Galien [41] établit doctement à son ordinaire trois espèces de cette maladie que nous nommons mélancolie, ainsi appelée non seulement par les Latins, mais encore par les Grecs, ce qui est bien à remarquer pour notre affaire : la première, qui vient du propre vice du cerveau ; la seconde, qui vient de tout le sang, fait et rendu atrabilaire ; la troisième, appelée hypocondriaque, qui est la nôtre, laquelle procède du vice de quelque partie du bas-ventre et de la région inférieure, mais particulièrement de la rate [42], dont la chaleur et l'inflammation portent au cerveau de notre malade beaucoup de fuligines [43] épaisses et crasses, dont la vapeur noire et maligne cause dépravation aux fonctions de la faculté princesse [44], et fait la maladie dont, par notre raisonnement, il est manifestement atteint et convaincu. Qu'ainsi ne soit [45], pour diagnostic incontestable de ce que je dis, vous n'avez qu'à considérer ce grand sérieux que vous voyez ; cette tristesse accompagnée de crainte et de défiance, signes pathognomoniques [46] et individuels de cette maladie, si bien marquée chez le divin vieillard Hippocrate ; cette physionomie, ces yeux rouges et hagards, cette grande barbe [47], cette habitude [48] du corps, menue, grêle, noire et velue, lesquels signes le dénotent très affecté de cette maladie, procédante du vice des hypocondres : laquelle maladie, par laps de temps naturalisée, enveillie, habituée [49], et ayant pris droit de bourgeoisie chez lui, pourrait bien dégénérer ou en manie, ou en phtisie, ou en

apoplexie, ou même en fine frénésie et fureur [50].
Tout ceci supposé, puisqu'une maladie bien connue
est à demi guérie, car *ignoti nulla est curatio
morbi* [51], il ne vous sera pas difficile de convenir des
remèdes que nous devons faire à Monsieur. Premièrement, pour remédier à cette phéthore obtu-
rante, et à cette cacochymie luxuriante [52] par tout le
corps, je suis d'avis qu'il soit phlébotomisé libérale-
ment, c'est-à-dire que les saignées soient fréquentes
et plantureuses : en premier lieu de la basilique,
puis de la céphalique [53] ; et même, si le mal est
opiniâtre, de lui ouvrir la veine du front, et que
l'ouverture soit large, afin que le gros sang puisse
sortir ; et en même temps, de le purger, désopiler [54],
et évacuer par purgatifs propres et convenables,
c'est-à-dire par cholagogues, mélanogogues, *et
cætera* [55] ; et comme la véritable source de tout le
mal est ou une humeur crasse et féculente, ou une
vapeur noire et grossière qui obscurcit, infecte et
salit les esprits animaux, il est à propos ensuite qu'il
prenne un bain d'eau pure et nette, avec force
petit-lait clair, pour purifier par l'eau la féculence
de l'humeur crasse, et éclaircir par le lait clair la
noirceur de cette vapeur ; mais, avant toute chose,
je trouve qu'il est bon de le réjouir par agréables
conversations, chants et instruments de musique, à
quoi il n'y a pas d'inconvénient de joindre des
danseurs, afin que leurs mouvements, disposition [56]
et agilité puissent exciter et réveiller la paresse de
ses esprits [57] engourdis, qui occasionne l'épaisseur
de son sang, d'où procède la maladie. Voilà les
remèdes que j'imagine, auxquels pourront être
ajoutés beaucoup d'autres meilleurs par Monsieur,
notre maître et ancien, suivant l'expérience, jugement, lumière et suffisance qu'il s'est acquise dans
notre art *Dixi* [58].

SECOND MÉDECIN : A Dieu ne plaise, Monsieur, qu'il me tombe en pensée d'ajouter rien à ce que vous venez de dire! Vous avez si bien discouru sur tous les signes, les symptômes et les causes de la maladie de Monsieur ; le raisonnement que vous en avez fait est si docte et si beau, qu'il est impossible qu'il ne soit pas fou, et mélancolique hypocondriaque ; et quand il ne le serait pas, il faudrait qu'il le devînt, pour la beauté des choses que vous avez dites, et la justesse du raisonnement que vous avez fait. Oui, Monsieur, vous avez dépeint fort graphiquement, *graphice depinxisti*[59], tout ce qui appartient à cette maladie : il ne se peut rien de plus doctement, sagement, ingénieusement conçu, pensé, imaginé, que ce que vous avez prononcé au sujet de cc mal, soit pour la diagnose, ou la prognose, ou la thérapie[60] ; et il ne me reste rien ici, que de féliciter Monsieur d'être tombé entre vos mains, et de lui dire qu'il est trop heureux d'être fou, pour éprouver l'efficace et la douceur des remèdes que vous avez si judicieusement proposés. Je les approuve tous, *manibus et pedibus descendo in tuam sententiam*[61]. Tout ce que j'y voudrais, c'est de faire les saignées et les purgations en nombre impair : *numero deus impari gaudet*[62] ; de prendre le lait clair avant le bain ; de lui composer un fronteau[63] où il entre du sel : le sel est symbole de la sagesse ; de faire blanchir les murailles de sa chambre, pour dissiper les ténèbres de ses esprits : *album est disgregativum visus*[64] ; et de lui donner tout à l'heure un petit lavement, pour servir de prélude et d'introduction à ces judicieux remèdes, dont, s'il a à guérir, il doit recevoir du soulagement. Fasse le Ciel que ces remèdes, Monsieur, qui sont les vôtres, réussissent au malade selon notre intention!

MONSIEUR DE POURCEAUGNAC : Messieurs, il y a une heure que je vous écoute. Est-ce que nous jouons ici une comédie?

PREMIER MÉDECIN : Non, Monsieur, nous ne jouons point.

MONSIEUR DE POURCEAUGNAC : Qu'est-ce que tout ceci? et que voulez-vous dire avec votre galimatias et vos sottises?

PREMIER MÉDECIN : Bon, dire des injures. Voilà un diagnostic qui nous manquait pour la confirmation de son mal, et ceci pourrait bien tourner en manie[65].

MONSIEUR DE POURCEAUGNAC : Avec qui m'a-t-on mis ici?

Il crache deux ou trois fois.

PREMIER MÉDECIN : Autre diagnostic : la sputation fréquente.

MONSIEUR DE POURCEAUGNAC : Laissons cela, et sortons d'ici.

PREMIER MÉDECIN : Autre encore : l'inquiétude de changer de place.

MONSIEUR DE POURCEAUGNAC : Qu'est-ce donc que toute cette affaire? et que me voulez-vous?

PREMIER MÉDECIN : Vous guérir selon l'ordre qui nous a été donné.

MONSIEUR DE POURCEAUGNAC : Me guérir?

PREMIER MÉDECIN : Oui.

MONSIEUR DE POURCEAUGNAC : Parbleu! je ne suis pas malade.

PREMIER MÉDECIN : Mauvais signe, lorsqu'un malade ne sent pas son mal.

MONSIEUR DE POURCEAUGNAC : Je vous dis que je me porte bien.

PREMIER MÉDECIN : Nous savons mieux que vous

comment vous vous portez, et nous sommes médecins, qui voyons clair dans votre constitution.

MONSIEUR DE POURCEAUGNAC : Si vous êtes médecins, je n'ai que faire de vous ; et je me moque de la
médecine.

PREMIER MÉDECIN : Hon, hon : voici un homme
plus fou que nous ne pensons.

MONSIEUR DE POURCEAUGNAC : Mon père et ma
mère n'ont jamais voulu de remèdes, et ils sont
morts tous deux sans l'assistance des médecins.

PREMIER MÉDECIN : Je ne m'étonne pas s'ils ont
engendré un fils qui est insensé. Allons, procédons
à la curation, et par la douceur exhilarante de
l'harmonie, adoucissons, lénifions, et accoisons [66]
l'aigreur de ses esprits, que je vois prêts à s'enflammer.

SCÈNE IX

MONSIEUR DE POURCEAUGNAC

Que diable est-ce là ? Les gens de ce pays-ci sont-
ils insensés ? Je n'ai jamais rien vu de tel, et je n'y
comprends rien du tout.

SCÈNE X

DEUX MUSICIENS *italiens en médecins grotesques, suivis
de* HUIT MATASSINS [67], *chantent ces paroles soutenues
de la symphonie d'un mélange d'instruments.*

LES DEUX MUSICIENS [68] :

Bon dì, bon dì, bon dì :
Non vi lasciate uccidere
Dal dolor malinconico.
Noi vi faremo ridere
Col nostro canto harmonico,
*   Sol' per guarirvi*
Siamo enuti qui.
Bon dì, bon dì, bon dì.

PREMIER MUSICIEN :

Altro non è la pazzia
Che malinconia.
Il malato
Non è disperato,
Se vol pigliar un poco d'allegria :
Altro non è la pazzia
Che malinconia.

SECOND MUSICIEN :

Sù, cantate, ballate, ridete ;
E se far meglio volete,
Quando sentite il deliro vicino,
Pigliate del vino,
E qualche volta un poco di tabac.
Alegramente, Monsu Pourceaugnac !

SCÈNE XI

L'APOTHICAIRE,
MONSIEUR DE POURCEAUGNAC

L'APOTHICAIRE [69] : Monsieur, voici un petit remède [70], un petit remède, qu'il vous faut prendre, s'il
vous plaît, s'il vous plaît.

MONSIEUR DE POURCEAUGNAC : Comment? Je n'ai que faire de cela.

L'APOTHICAIRE : Il a été ordonné, Monsieur, il a été ordonné.

MONSIEUR DE POURCEAUGNAC : Ah! que de bruit!

L'APOTHICAIRE : Prenez-le, Monsieur, prenez-le; il ne vous fera point de mal, il ne vous fera point de mal.

MONSIEUR DE POURCEAUGNAC : Ah!

L'APOTHICAIRE : C'est un petit clystère, un petit clystère bénin, bénin; il est bénin, bénin, là, prenez, prenez, prenez, Monsieur : c'est pour déterger, pour déterger, déterger... [71].

Les deux Musiciens, accompagnés des Matas-
sins et des instruments, dansent à l'entour de
M. de Pourceaugnac, et, s'arrêtant devant lui,
chantent :

Piglia-lo sù[72],
Signor Monsu,
Piglia-lo, piglia-lo, piglia-lo sù,
Che non ti farà male,
Piglia-lo sù questo servitiale;
Piglia-lo sù,
Signor Monsu,
Piglia-lo, piglia-lo, piglia-lo sù.

MONSIEUR DE POURCEAUGNAC : Allez-vous-en au diable.

L'Apothicaire, les deux Musiciens et les
Matassins le suivent, tous une seringue à la
main.

ACTE II

SCÈNE PREMIÈRE

SBRIGANI, PREMIER MÉDECIN

PREMIER MÉDECIN : Il a forcé tous les obstacles que j'avais mis, et s'est dérobé aux remèdes que je commençais de lui faire.

SBRIGANI : C'est être bien ennemi de soi-même, que de fuir des remèdes aussi salutaires que les vôtres.

PREMIER MÉDECIN : Marque d'un cerveau démonté, et d'une raison dépravée, que de ne vouloir pas guérir.

SBRIGANI : Vous l'auriez guéri haut la main.

PREMIER MÉDECIN : Sans doute, quand il y aurait eu complication de douze maladies.

SBRIGANI : Cependant voilà cinquante pistoles bien acquises qu'il vous fait perdre.

PREMIER MÉDECIN : Moi? je n'entends point les perdre, et prétends le guérir en dépit qu'il en ait. Il est lié et engagé à mes remèdes, et je veux le faire saisir où je le trouverai, comme déserteur de la médecine, et infracteur de mes ordonnances.

SBRIGANI : Vous avez raison : vos remèdes étaient un coup sûr[73], et c'est de l'argent qu'il vous vole.

PREMIER MÉDECIN : Où puis-je en avoir des nouvelles ?

SBRIGANI : Chez le bonhomme[74] Oronte assurément, dont il vient épouser la fille, et qui, ne sachant rien de l'infirmité de son gendre futur, voudra peut-être se hâter de conclure le mariage.

PREMIER MÉDECIN : Je vais lui parler tout à l'heure.

SBRIGANI : Vous ne ferez point mal.

PREMIER MÉDECIN : Il est hypothéqué à mes consultations[75], et un malade ne se moquera pas d'un médecin.

SBRIGANI : C'est fort bien dit à vous ; et, si vous m'en croyez, vous ne souffrirez point qu'il se marie, que vous ne l'ayez pansé tout votre soûl.

PREMIER MÉDECIN : Laissez-moi faire.

SBRIGANI : Je vais, de mon côté, dresser une autre batterie, et le beau-père est aussi dupe que le gendre.

SCÈNE II

ORONTE, PREMIER MÉDECIN

PREMIER MÉDECIN : Vous avez, Monsieur, un certain Monsieur de Pourceaugnac qui doit épouser votre fille.

ORONTE : Oui, je l'attends de Limoges, et il devrait être arrivé.

PREMIER MÉDECIN : Aussi l'est-il, et il s'en est fui de chez moi, après y avoir été mis ; mais je vous défends, de la part de la médecine, de procéder au mariage que vous avez conclu, que je ne l'aie dûment préparé pour cela, et mis en état de procréer des enfants bien conditionnés et de corps et d'esprit.

ORONTE : Comment donc ?

PREMIER MÉDECIN : Votre prétendu gendre a été constitué [76] mon malade : sa maladie qu'on m'a donné à guérir est un meuble [77] qui m'appartient, et que je compte entre mes effets [78] ; et je vous déclare que je ne prétends point [79] qu'il se marie qu'au préalable il n'ait satisfait à la médecine, et subi les remèdes que je lui ai ordonnés.

ORONTE : Il a quelque mal ?

PREMIER MÉDECIN : Oui.

ORONTE : Et quel mal, s'il vous plaît ?

PREMIER MÉDECIN : Ne vous en mettez pas en peine.

ORONTE : Est-ce quelque mal... [80] ?

PREMIER MÉDECIN : Les médecins sont obligés au secret : il suffit que je vous ordonne, à vous et à votre fille, de ne point célébrer, sans mon consentement, vos noces avec lui, sur peine d'encourir la disgrâce de la Faculté, et d'être accablés de toutes les maladies qu'il nous plaira.

ORONTE : Je n'ai garde, si cela est, de faire le mariage.

PREMIER MÉDECIN : On me l'a mis entre les mains, et il est obligé d'être mon malade.

ORONTE : A la bonne heure.

PREMIER MÉDECIN : Il a beau fuir, je le ferai condamner par arrêt à se faire guérir par moi.

ORONTE : J'y consens.

PREMIER MÉDECIN : Oui, il faut qu'il crève, ou que je le guérisse.

ORONTE : Je le veux bien.

PREMIER MÉDECIN : Et si je ne le trouve, je m'en prendrai à vous, et je vous guérirai au lieu de lui.

ORONTE : Je me porte bien.

PREMIER MÉDECIN : Il n'importe, il me faut un malade, et je prendrai qui je pourrai.

ORONTE : Prenez qui vous voudrez; mais ce ne sera pas moi. Voyez un peu la belle raison.

SCÈNE III

SBRIGANI, *en marchand flamand,* ORONTE

SBRIGANI : Montsir, avec le vostre permissione, je suisse un trancher marchand flamane, qui voudrait bienne vous temantair un petit nouvel.

ORONTE : Quoi, Monsieur ?

SBRIGANI : Mettez le vostre chapeau sur le teste, Montsir, si ve plaist.

ORONTE : Dites-moi, Monsieur, ce que vous voulez.

SBRIGANI : Moi le dire rien, Montsir, si vous le mettre pas le chapeau sur le teste.

ORONTE : Soit. Qu'y a-t-il, Monsieur ?

SBRIGANI : Fous connaistre point en sti file un certe Montsir Oronte ?

ORONTE : Oui, je le connais.

SBRIGANI : Et quel homme est-ile, Montsir, si ve plaist ?

ORONTE : C'est un homme comme les autres.

SBRIGANI : Je vous temande, Montsir, s'il est un homme riche qui a du bienne?

ORONTE : Oui.

SBRIGANI : Mais riche beaucoup grandement, Montsir?

ORONTE : Oui.

SBRIGANI : J'en suis aise beaucoup, Montsir.

ORONTE : Mais pourquoi cela?

SBRIGANI : L'est, Montsir, pour un petit raisonne de conséquence pour nous.

ORONTE : Mais encore, pourquoi?

SBRIGANI : L'est, Montsir, que sti Montsir Oronte donne son fille en mariage à un certe Montsir de Pourcegnac.

ORONTE : Hé bien?

SBRIGANI : Et sti Montsir de Pourcegnac, Montsir, l'est un homme que doivre beaucoup grandement à dix ou douze marchanne flamane qui estre venu ici.

ORONTE : Ce Monsieur de Pourceaugnac doit beaucoup à dix ou douze marchands?

SBRIGANI : Oui, Montsir; et depuis huite mois, nous avoir obtenir un petit sentence contre lui, et lui à remettre à payer tou ce créanciers de sti mariage [81] que sti Montsir Oronte donne pour son fille.

ORONTE : Hon, hon, il a remis là à payer ses créanciers?

SBRIGANI : Oui, Montsir, et avec un grand dévotion nous tous attendre sti mariage.

ORONTE : L'avis n'est pas mauvais. Je vous donne le bonjour.

SBRIGANI : Je remercie, Montsir, de la faveur grande.

ORONTE : Votre très humble valet.

SBRIGANI : Je le suis, Montsir, obliger plus que beaucoup du bon nouvel que Montsir m'avoir donné.

Cela ne va pas mal. Quittons notre ajustement de Flamand, pour songer à d'autres machines; et tâchons de semer tant de soupçons et de division entre le beau-père et le gendre, que cela rompe le mariage prétendu. Tous deux également sont propres à gober les hameçons qu'on leur veut tendre; et, entre nous autres fourbes de la première classe, nous ne faisons que nous jouer, lorsque nous trouvons un gibier aussi facile que celui-là.

SCÈNE IV

MONSIEUR DE POURCEAUGNAC, SBRIGANI

MONSIEUR DE POURCEAUGNAC : *Piglia-lo sù, piglia-lo sù, Signor Monsu :* que diable est-ce là? Ah!

SBRIGANI : Qu'est-ce, Monsieur, qu'avez-vous?

MONSIEUR DE POURCEAUGNAC : Tout ce que je vois me semble lavement.

SBRIGANI : Comment?

MONSIEUR DE POURCEAUGNAC : Vous ne savez pas ce qui m'est arrivé dans ce logis à la porte duquel vous m'avez conduit?

SBRIGANI : Non vraiment : qu'est-ce que c'est?

MONSIEUR DE POURCEAUGNAC : Je pensais y être régalé comme il faut.

SBRIGANI : Hé bien?

MONSIEUR DE POURCEAUGNAC : Je vous laisse entre les mains de Monsieur. Des médecins habillés de noir. Dans une chaise. Tâter le pouls. Comme ainsi soit. Il est fou. Deux gros joufflus[82]. Grands chapeaux[83]. *Bon dì, bon dì.* Six pantalons[84]. Ta, ra, ta, ta; Ta, ra, ta, ta. *Alegramente, Monsu Pourceaugnac.* Apothicaire. Lavement. Prenez, Monsieur, prenez, prenez. Il est bénin, bénin, bénin. C'est pour déterger, pour déterger, déterger. *Piglia-lo sù, Signor Monsu, piglia-lo, piglia-lo, piglia-lo sù.* Jamais je n'ai été si soûl de sottises.

SBRIGANI : Qu'est-ce que tout cela veut dire?

MONSIEUR DE POURCEAUGNAC : Cela veut dire que cet homme-là, avec ses grandes embrassades, est un fourbe qui m'a mis dans une maison pour se moquer de moi, et me faire une pièce.

SBRIGANI : Cela est-il possible?

MONSIEUR DE POURCEAUGNAC : Sans doute. Ils étaient une douzaine de possédés après mes chausses; et j'ai eu toutes les peines du monde à m'échapper de leurs pattes.

SBRIGANI : Voyez un peu, les mines sont bien trompeuses! je l'aurais cru le plus affectionné de vos amis. Voilà un de mes étonnements, comme il est possible qu'il y ait des fourbes comme cela dans le monde.

MONSIEUR DE POURCEAUGNAC : Ne sens-je point le lavement? Voyez, je vous prie.

SBRIGANI : Eh! il y a quelque petite chose qui approche de cela.

MONSIEUR DE POURCEAUGNAC : J'ai l'odorat et l'imagination tout remplis de cela, et il me semble toujours que je vois une douzaine de lavements qui me couchent en joue.

SBRIGANI : Voilà une méchanceté bien grande! et les hommes sont bien traîtres et scélérats!

MONSIEUR DE POURCEAUGNAC : Enseignez-moi, de

grâce, le logis de Monsieur Oronte : je suis bien aise d'y aller tout à l'heure.

SBRIGANI : Ah! ah! vous êtes donc de complexion amoureuse, et vous avez ouï parler que ce Monsieur Oronte a une fille...?

MONSIEUR DE POURCEAUGNAC : Oui, je viens l'épouser.

SBRIGANI : L'é... l'épouser?

MONSIEUR DE POURCEAUGNAC : Oui.

SBRIGANI : En mariage?

MONSIEUR DE POURCEAUGNAC : De quelle façon donc?

SBRIGANI : Ah! c'est une autre chose, et je vous demande pardon.

MONSIEUR DE POURCEAUGNAC : Qu'est-ce que cela veut dire?

SBRIGANI : Rien.

MONSIEUR DE POURCEAUGNAC : Mais encore?

SBRIGANI : Rien, vous dis-je : j'ai un peu parlé trop vite.

MONSIEUR DE POURCEAUGNAC : Je vous prie de me dire ce qu'il y a là-dessous.

SBRIGANI : Non, cela n'est pas nécessaire.

MONSIEUR DE POURCEAUGNAC : De grâce.

SBRIGANI : Point, je vous prie de m'en dispenser.

MONSIEUR DE POURCEAUGNAC : Est-ce que vous n'êtes pas de mes amis?

SBRIGANI : Si fait; on ne peut pas l'être davantage.

MONSIEUR DE POURCEAUGNAC : Vous devez donc ne me rien cacher.

SBRIGANI : C'est une chose où il y va de l'intérêt du prochain.

MONSIEUR DE POURCEAUGNAC : Afin de vous obliger à m'ouvrir votre cœur, voilà une petite bague que je vous prie de garder pour l'amour de moi.

SBRIGANI : Laissez-moi consulter un peu si je le puis faire en conscience. C'est un homme qui cherche son bien, qui tâche de pourvoir sa fille le plus avantageusement qu'il est possible, et il ne faut nuire à personne. Ce sont des choses qui sont connues à la vérité, mais j'irai les découvrir à un homme qui les ignore, et il est défendu de scandaliser [85] son prochain. Cela est vrai. Mais, d'autre part, voilà un étranger qu'on veut surprendre, et qui, de bonne foi, vient se marier avec une fille qu'il ne connaît pas et qu'il n'a jamais vue ; un gentilhomme plein de franchise, pour qui je me sens de l'inclination, qui me fait l'honneur de me tenir pour son ami, prend confiance en moi, et me donne une bague à garder pour l'amour de lui. Oui, je trouve que je puis vous dire les choses sans blesser ma conscience ; mais tâchons de vous les dire le plus doucement qu'il nous sera possible, et d'épargner les gens le plus que nous pourrons. De vous dire que cette fille-là mène une vie déshonnête, cela serait un peu trop fort ; cherchons, pour nous expliquer, quelques termes plus doux. Le mot de galante [86] aussi n'est pas assez ; celui de coquette achevée me semble propre à ce que nous voulons, et je m'en puis servir pour vous dire honnêtement ce qu'elle est.

MONSIEUR DE POURCEAUGNAC : L'on me veut donc prendre pour dupe ?

SBRIGANI : Peut-être dans le fond n'y a-t-il pas tant de mal que tout le monde croit. Et puis il y a des gens, après tout, qui se mettent au-dessus de ces sortes de choses, et qui ne croient pas que leur honneur dépende...

MONSIEUR DE POURCEAUGNAC : Je suis votre serviteur, je ne me veux point mettre sur la tête un chapeau comme celui-là [87], et l'on aime à aller le front levé dans la famille des Pourceaugnac.

SBRIGANI : Voilà le père.

MONSIEUR DE POURCEAUGNAC : Ce vieillard-là ?

SBRIGANI : Oui, je me retire.

SCÈNE V

ORONTE, MONSIEUR DE POURCEAUGNAC

MONSIEUR DE POURCEAUGNAC : Bonjour, Monsieur, bonjour [88].

ORONTE : Serviteur, Monsieur, serviteur.

MONSIEUR DE POURCEAUGNAC : Vous êtes Monsieur Oronte, n'est-ce pas ?

ORONTE : Oui.

MONSIEUR DE POURCEAUGNAC : Et moi, Monsieur de Pourceaugnac.

ORONTE : A la bonne heure.

MONSIEUR DE POURCEAUGNAC : Croyez-vous, Monsieur Oronte, que les Limosins soient des sots ?

ORONTE : Croyez-vous, Monsieur de Pourceaugnac, que les Parisiens soient des bêtes ?

MONSIEUR DE POURCEAUGNAC : Vous imaginez-vous, Monsieur Oronte, qu'un homme comme moi soit si affamé de femme ?

ORONTE : Vous imaginez-vous, Monsieur de Pourceaugnac, qu'une fille comme la mienne soit si affamée de mari ?

SCÈNE VI

JULIE, ORONTE, MONSIEUR DE POURCEAUGNAC

JULIE : On vient de me dire, mon père, que Monsieur de Pourceaugnac est arrivé. Ah! le voilà sans doute, et mon cœur me le dit. Qu'il est bien fait! qu'il a bon air! et que je suis contente d'avoir un tel époux! Souffrez que je l'embrasse, et que je lui témoigne...

ORONTE : Doucement, ma fille, doucement.

MONSIEUR DE POURCEAUGNAC : Tudieu, quelle galante! Comme elle prend feu d'abord!

ORONTE : Je voudrais bien savoir, Monsieur de Pourceaugnac, par quelle raison vous venez...

JULIE : Que je suis aise de vous voir! et que je brûle d'impatience...

ORONTE : Ah! ma fille! Ôtez-vous de là, vous dis-je.

Julie s'approche de M. de Pourceaugnac, le regarde d'un air languissant, et lui veut prendre la main.

MONSIEUR DE POURCEAUGNAC : Ho, ho, quelle égrillarde [89] !

ORONTE : Je voudrais bien, dis-je, savoir par quelle raison, s'il vous plaît, vous avez la hardiesse de...

MONSIEUR DE POURCEAUGNAC : Vertu de ma vie!

ORONTE : Encore? Qu'est-ce à dire cela?

JULIE : Ne voulez-vous pas que je caresse l'époux que vous m'avez choisi?

ORONTE : Non : rentrez là-dedans.

JULIE : Laissez-moi le regarder.

ORONTE : Rentrez, vous dis-je.

JULIE : Je veux demeurer là, s'il vous plaît.

ORONTE : Je ne veux pas, moi; et si tu ne rentres tout à l'heure, je...

JULIE : Hé bien! je rentre.

ORONTE : Ma fille est une sotte qui ne sait pas les choses.

MONSIEUR DE POURCEAUGNAC : Comme nous lui plaisons!

ORONTE : Tu ne veux pas te retirer?

JULIE : Quand est-ce donc que vous me marierez avec Monsieur?

ORONTE : Jamais; et tu n'es pas pour lui.

JULIE : Je le veux avoir, moi, puisque vous me l'avez promis.

ORONTE : Si je te l'ai promis, je te le dépromets.

MONSIEUR DE POURCEAUGNAC : Elle voudrait bien me tenir.

JULIE : Vous avez beau faire, nous serons mariés ensemble en dépit de tout le monde.

ORONTE : Je vous en empêcherai bien tous deux, je vous assure. Voyez un peu quel *vertigo* [90] lui prend.

MONSIEUR DE POURCEAUGNAC : Mon Dieu, notre beau-père prétendu, ne vous fatiguez point tant : on n'a pas envie de vous enlever votre fille, et vos grimaces n'attraperont rien.

ORONTE : Toutes les vôtres n'auront pas grand effet.

MONSIEUR DE POURCEAUGNAC : Vous êtes-vous mis dans la tête que Léonard de Pourceaugnac soit un homme à acheter chat en poche? et qu'il n'ait pas là-dedans quelque morceau de judiciaire [91] pour se conduire, pour se faire informer de l'histoire du monde, et voir, en se mariant, si son honneur a bien toutes ses sûretés?

ORONTE : Je ne sais pas ce que cela veut dire; mais vous êtes-vous mis dans la tête qu'un homme de soixante et trois ans ait si peu de cervelle, et considère si peu sa fille, que de la marier avec un homme qui a ce que vous savez, et qui a été mis chez un médecin pour être pansé?

MONSIEUR DE POURCEAUGNAC : C'est une pièce que l'on m'a faite, et je n'ai aucun mal.

ORONTE : Le médecin me l'a dit lui-même.

MONSIEUR DE POURCEAUGNAC : Le médecin en a menti : je suis gentilhomme, et je le veux voir l'épée à la main.

ORONTE : Je sais ce que j'en dois croire, et vous ne m'abuserez pas là-dessus, non plus que sur les dettes que vous avez assignées sur le mariage[92] de ma fille.

MONSIEUR DE POURCEAUGNAC : Quelles dettes?

ORONTE : La feinte ici est inutile, et j'ai vu le marchand flamand qui, avec les autres créanciers, a obtenu, depuis huit mois, sentence contre vous.

MONSIEUR DE POURCEAUGNAC : Quel marchand flamand? quels créanciers? quelle sentence obtenue contre moi?

ORONTE : Vous savez bien ce que je veux dire.

SCÈNE VII

LUCETTE, ORONTE, MONSIEUR DE POURCEAUGNAC

LUCETTE : Ah! tu es assy, et à la fy yeu te trobi aprés abé fait tant de passés. Podes-tu, scélérat, podes-tu sousteni ma bisto[93]?

MONSIEUR DE POURCEAUGNAC : Qu'est-ce que veut cette femme-là?

LUCETTE : Que te boli, infame! Tu fas semblan de nou me pas counouysse, et nou rougisses pas, impudent que tu sios, tu ne rougisses pas de me beyre? Nou sabi pas, Moussur, saquos bous dont m'an dit que bouillo espousa la fillo; may yeu bous declari que yeu soun sa fenno, et que y a set ans, Moussur, qu'en passan à Pezenas el auguet l'adresse dambé sas mignardisos, commo sap tapla fayre, de me gaigna lou cor, et m'oubligel pra quel mouyen à ly douna la ma per l'espousa[94].

ORONTE : Oh! oh!

MONSIEUR DE POURCEAUGNAC : Que diable est-ce ci?

LUCETTE : Lou trayté me quitel trés ans aprés, sul preteste de qualques affayrés que l'apelabon dins soun païs, et despey noun ly resçauput quaso de noubelo; may dins lou tens qui soungeabi lou mens, m'an dounat abist, que begnio dins aquesto bilo, per se remarida danbé un autro jouena fillo, que sous parens ly an proucurado, sensse saupré res de sou prumié mariatge. Yeu ay tout quitat en diligensso, et me souy rendudo dins aqueste loc lou pu leu qu'ay pouscut, per m'oupousa en aquel criminel mariatge, et confondre as ely de tout le mounde lou plus méchant des hommes[95].

MONSIEUR DE POURCEAUGNAC : Voilà une étrange effrontée!

LUCETTE : Impudent, n'as pas honte de m'injuria, alloc d'estre confus day reproches secrets que ta conssiensso te deu fayre[96]?

MONSIEUR DE POURCEAUGNAC : Moi, je suis votre mari?

LUCETTE : Infame, gausos-tu dire lou contrari? He tu sabes be, per ma penno, que n'es que trop

bertat; et plaguesso al Cel qu'aco nou fougesso pas,
et que m'auquessos layssado dins l'estat d'innous-
senço et dins la tranquillitat oun moun amo bibio
daban que tous charmes et tas trounpariés nou
m'en benguesson malhurousomen fayre sourty! yeu
nou serio pas reduito à fayré lou tristé perssounatgé
qu'yeu fave presentomen, à beyre un marit cruel
mespresa touto l'ardou que yeu ay per el, et me
laissa sensse cap de pietat abandounado à las
mourtéles doulous que yeu ressenty de sas perfidos
acciûs [97].

ORONTE : Je ne saurais m'empêcher de pleurer.
Allez, vous êtes un méchant homme.

MONSIEUR DE POURCEAUGNAC : Je ne connais rien
à tout ceci.

SCÈNE VIII

NÉRINE, *en Picarde*, LUCETTE, ORONTE, MONSIEUR DE POURCEAUGNAC

NÉRINE : Ah! je n'en pis plus, je sis tout essoflée!
Ah! finfaron, tu m'as bien fait courir, tu ne
m'écaperas mie. Justice, justice! je boute empêchement au mariage. Chés mon mery, Monsieur, et je
veux faire pindre che bon pindard-là [98].

MONSIEUR DE POURCEAUGNAC : Encore!

ORONTE : Quel diable d'homme est-ce ci?

LUCETTE : Et que boulés-bous dire, ambe bostre
empachomen, et bostro pendarié? Quaquel homo es
bostre marit?

NÉRINE : Oui, Medeme, et je sis sa femme.

LUCETTE : Aquo es faus, aquos yeu que soun sa fenno; et se deû estre pendut, aquo sera yeu que lou faray penda.

NÉRINE : Je n'entains mie che baragouin-là.

LUCETTE : Yeu bous disy que yeu soun sa fenno.

NÉRINE : Sa femme?

LUCETTE : Oy.

NÉRINE : Je vous dis que ch'est my, encore in coup, qui le sis.

LUCETTE : Et yeus bous sousteni yeu, qu'aquos yeu.

NÉRINE : Il y a quetre ans qu'il m'a éposée.

LUCETTE : Et yeu set ans y a que m'a preso per fenno.

NÉRINE : J'ay des gairents de tout ce que je dy.

LUCETTE : Tout mon païs lo sap.

NÉRINE : No ville en est témoin.

LUCETTE : Tout Pezenas a bist notre mariatge.

NÉRINE : Tout Chin-Quentin a assisté à no noce.

LUCETTE : Nou y a res de tan beritable.

NÉRINE : Il gn'y a rien de plus chertain.

LUCETTE : Gausos-tu dire lou contrari, valisquos?

NÉRINE : Est-che que tu me démaintiras, méchaint homme?

MONSIEUR DE POURCEAUGNAC : Il est aussi vrai l'un que l'autre.

LUCETTE : Quaign' impudensso! Et coussy, miserable, nou te soubenes plus de la pauro Françon, et del paure Jeanet, que soun lous fruits de nostre mariatge?

NÉRINE : Bayez un peu l'insolence. Quoy? tu ne te souviens mie de chette pauvre ainfain, no petite Madelaine, que tu m'as laichée pour gaige de ta foy?

MONSIEUR DE POURCEAUGNAC : Voilà deux impudentes carognes!

LUCETTE : Beny, Françon, beny, Jeanet, beny, toustou, beny, toustoune, beny fayre beyre à un payre dénaturat la duretat qu'el a per nautres.

NÉRINE : Venez, Madelaine, me n'ainfain, venez-ves-en ichy faire honte à vo père de l'impudainche qu'il a [99].

JEANET, FRANÇON, MADELAINE : Ah! mon papa, mon papa, mon papa!

MONSIEUR DE POURCEAUGNAC : Diantre soit des petits fils de putains!

LUCETTE : Coussy, trayte, tu nou sios pas dins la darnière confusiu, de ressaupre à tal tous enfants, et de ferma l'aureillo à la tendresso paternello? Tu nou m'escaperas pas, infame; yeu te boli seguy per tout, et te reproucha ton crime jusquos à tant que me sio benado, et que t'ayo fayt penia : couqui, te boli fayré penia [100].

NÉRINE : Ne rougis-tu mie de dire ches mots-là, et d'estre insainsible aux cairesses de chette pauvre ainfain? Tu ne te sauveras mie de mes pattes; et en dépit de tes dains, je feray bien voir que je sis ta femme, et je te feray pindre [101].

LES ENFANTS, *tous ensemble* : Mon papa, mon papa, mon papa!

MONSIEUR DE POURCEAUGNAC : Au secours! au secours! Où fuirai-je? Je n'en puis plus.

ORONTE : Allez, vous ferez bien de le faire punir, et il mérite d'être pendu.

SCÈNE IX

SBRIGANI

Je conduis de l'œil toutes choses, et tout ceci ne va pas mal. Nous fatiguerons tant notre provincial, qu'il faudra, ma foi! qu'il déguerpisse.

SCÈNE X

MONSIEUR DE POURCEAUGNAC, SBRIGANI

MONSIEUR DE POURCEAUGNAC : Ah! je suis assommé. Quelle peine! Quelle maudite ville! Assassiné de tous côtés!

SBRIGANI : Qu'est-ce, Monsieur? Est-il encore arrivé quelque chose?

MONSIEUR DE POURCEAUGNAC : Oui. Il pleut en ce pays des femmes et des lavements.

SBRIGANI : Comment donc?

MONSIEUR DE POURCEAUGNAC : Deux carognes de baragouineuses me sont venues accuser de les avoir épousées toutes deux, et me menacent de la justice.

SBRIGANI : Voilà une méchante affaire, et la justice en ce pays-ci est rigoureuse en diable contre cette sorte de crime.

MONSIEUR DE POURCEAUGNAC : Oui; mais quand il y aurait information[102], ajournement, décret, et jugement obtenu par surprise, défaut et contumace, j'ai la voie de conflit de juridiction, pour temporiser, et venir aux moyens de nullité qui seront dans les procédures.

SBRIGANI : Voilà en parler dans tous les termes, et l'on voit bien, Monsieur, que vous êtes du métier.

MONSIEUR DE POURCEAUGNAC : Moi, point du tout : je suis gentilhomme.

SBRIGANI : Il faut bien, pour parler ainsi, que vous ayez étudié la pratique.

MONSIEUR DE POURCEAUGNAC : Point, ce n'est que le sens commun qui me fait juger que je serai toujours reçu à mes faits justificatifs [103], et qu'on ne me saurait condamner sur une simple accusation, sans un récolement et confrontation avec mes parties.

SBRIGANI : En voilà du plus fin encore.

MONSIEUR DE POURCEAUGNAC : Ces mots-là me viennent sans que je les sache.

SBRIGANI : Il me semble que le sens commun d'un gentilhomme peut bien aller à concevoir ce qui est du droit et de l'ordre de la justice, mais non pas à savoir les vrais termes de la chicane.

MONSIEUR DE POURCEAUGNAC : Ce sont quelques mots que j'ai retenus en lisant les romans.

SBRIGANI : Ah! fort bien.

MONSIEUR DE POURCEAUGNAC : Pour vous montrer que je n'entends rien du tout à la chicane, je vous prie de me mener chez quelque avocat pour consulter mon affaire.

SBRIGANI : Je le veux, et vais vous conduire chez deux hommes fort habiles ; mais j'ai auparavant à vous avertir de n'être point surpris de leur manière de parler : ils ont contracté du barreau certaine habitude de déclamation qui fait que l'on dirait qu'ils chantent ; et vous prendrez pour musique tout ce qu'ils vous diront.

MONSIEUR DE POURCEAUGNAC : Qu'importe comme ils parlent, pourvu qu'ils me disent ce que je veux savoir.

SCÈNE XI

SBRIGANI, MONSIEUR DE POURCEAUGNAC, DEUX AVO-CATS *musiciens, dont l'un parle fort lentement, et l'autre fort vite, accompagnés de* DEUX PROCUREURS *et de* DEUX SERGENTS.

L'AVOCAT, traînant ses paroles :

> *La polygamie est un cas*
> > *Est un cas pendable.*

L'AVOCAT, *bredouilleur* :

> > *Votre fait*
> *Est clair et net ;*
> > *Et tout le droit*
> *Sur cet endroit*
> *Conclut tout droit.*

> *Si vous consultez nos auteurs,*
> *Législateurs et glossateurs,*
> *Justinian, Papinian,*
> *Ulpian et Tribonian,*
> *Fernand, Rebuffe, Jean Imole,*
> *Paul, Castre, Julian, Barthole,*
> *Jason, Alciat, et Cujas* [104],
> > *Ce grand homme si capable,*
> *La polygamie est un cas,*
> > *Est un cas pendable.*

> *Tous les peuples policés*
> *Et bien sensés :*
> *Les Français, Anglais, Hollandais,*
> *Danois, Suédois, Polonais,*
> *Portugais, Espagnols, Flamands,*
> *Italiens, Allemands,*
> *Sur ce fait tiennent loi semblable,*
> *Et l'affaire est sans embarras :*
> *La polygamie est un cas,*
> *Est un cas pendable.*

Monsieur de Pourceaugnac les bat. Deux Procureurs et deux Sergents dansent une entrée, qui finit l'acte.

ACTE III

SCÈNE PREMIÈRE

ÉRASTE, SBRIGANI

SBRIGANI : Oui, les choses s'acheminent où nous voulons ; et comme ses lumières sont fort petites, et son sens le plus borné du monde, je lui ai fait prendre une frayeur si grande de la sévérité de la justice de ce pays, et des apprêts qu'on faisait déjà pour sa mort, qu'il veut prendre la fuite ; et pour se dérober avec plus de facilité aux gens que je lui ai dit qu'on avait mis pour l'arrêter aux portes de la ville, il s'est résolu à se déguiser, et le déguisement qu'il a pris est l'habit d'une femme.

ÉRASTE : Je voudrais bien le voir en cet équipage.

SBRIGANI : Songez de votre part à achever la comédie ; et tandis que je jouerai mes scènes avec lui, allez-vous-en... Vous entendez bien ?

ÉRASTE : Oui.

SBRIGANI : Et lorsque je l'aurai mis où je veux...

ÉRASTE : Fort bien.

SBRIGANI : Et quand le père aura été averti par moi...

ÉRASTE : Cela va le mieux du monde.

SBRIGANI : Voici notre demoiselle : allez vite, qu'il ne nous voie ensemble.

SCÈNE II

MONSIEUR DE POURCEAUGNAC, *en femme*, SBRIGANI

SBRIGANI : Pour moi, je ne crois pas qu'en cet état on puisse jamais vous connaître, et vous avez la mine, comme cela, d'une femme de condition.

MONSIEUR DE POURCEAUGNAC : Voilà qui m'étonne, qu'en ce pays-ci les formes de la justice ne soient point observées.

SBRIGANI : Oui, je vous l'ai déjà dit, ils commencent ici par faire pendre un homme, et puis ils lui font son procès.

MONSIEUR DE POURCEAUGNAC : Voilà une justice bien injuste.

SBRIGANI : Elle est sévère comme tous les diables, particulièrement sur ces sortes de crimes.

MONSIEUR DE POURCEAUGNAC : Mais quand on est innocent ?

SBRIGANI : N'importe, ils ne s'enquêtent point de cela; et puis ils ont en cette ville une haine effroyable pour les gens de votre pays, et ils ne sont point plus ravis que de voir pendre un Limosin.

MONSIEUR DE POURCEAUGNAC : Qu'est-ce que les Limosins leur ont fait ?

SBRIGANI : Ce sont des brutaux, ennemis de la gentillesse et du mérite des autres villes. Pour moi, je vous avoue que je suis pour vous dans une peur épouvantable; et je ne me consolerais de ma vie si vous veniez à être pendu.

MONSIEUR DE POURCEAUGNAC : Ce n'est pas tant la peur de la mort qui me fait fuir, que de ce qu'il est fâcheux à un gentilhomme d'être pendu, et qu'une preuve comme celle-là ferait tort à nos titres de noblesse.

SBRIGANI : Vous avez raison, on vous contesterait après cela le titre d'écuyer[105]. Au reste, étudiez-vous, quand je vous mènerai par la main, à bien marcher comme une femme, et prendre le langage et toutes les manières d'une personne de qualité.

MONSIEUR DE POURCEAUGNAC : Laissez-moi faire, j'ai vu les personnes du bel air; tout ce qu'il y a, c'est que j'ai un peu de barbe.

SBRIGANI : Votre barbe n'est rien, et il y a des femmes qui en ont autant que vous. Çà, voyons un peu comme vous ferez. Bon.

MONSIEUR DE POURCEAUGNAC : Allons donc, mon carrosse : où est-ce qu'est mon carrosse? Mon Dieu! qu'on est misérable d'avoir des gens comme cela! Est-ce qu'on me fera attendre toute la journée sur le pavé, et qu'on ne me fera point venir mon carrosse?

SBRIGANI : Fort bien.

MONSIEUR DE POURCEAUGNAC : Holà! ho! cocher, petit laquais! Ah! petit fripon, que de coups de fouet je vous ferai donner tantôt! Petit laquais, petit laquais! Où est-ce donc qu'est ce petit laquais? Ce petit laquais ne se trouvera-t-il point? Ne me fera-t-on point venir ce petit laquais? Est-ce que je n'ai point un petit laquais dans le monde?

SBRIGANI : Voilà qui va à merveille; mais je

remarque une chose, cette coiffe est un peu trop déliée; j'en vais querir une un peu plus épaisse, pour vous mieux cacher le visage, en cas de quelque rencontre.

MONSIEUR DE POURCEAUGNAC : Que deviendrai-je cependant?

SBRIGANI : Attendez-moi là. Je suis à vous dans un moment; vous n'avez qu'à vous promener.

SCÈNE III

DEUX SUISSES, MONSIEUR DE POURCEAUGNAC

PREMIER SUISSE : Allons, dépêchons, camarade, ly faut allair tous deux nous à la Crève pour regarter un peu chousticier sti Monsiu de Porcegnac, qui l'a esté contané par ortonnance à l'estre pendu par son cou.

SECOND SUISSE : Ly faut nous loër un fenestre pour foir sti choustice.

PREMIER SUISSE : Ly disent que l'on fait tesjà planter un grand potence tout neuve pour l'y accrocher sti Porcegnac.

SECOND SUISSE : Ly sira, ma foi! un grand plaisir, d'y regarter pendri sti Limosin.

PREMIER SUISSE : Oui, de ly foir gambiller les pieds en haut tevant tout le monde.

SECOND SUISSE : Ly est un plaisant drole, oui; ly disent que c'estre marié troy foye.

PREMIER SUISSE : Sti diable ly vouloir trois femmes à ly tout seul : ly est bien assez t'une.

SECOND SUISSE : Ah! ponchour, Mameselle.

PREMIER SUISSE : Que faire fous là tout seul ?

MONSIEUR DE POURCEAUGNAC : J'attends mes gens, Messieurs.

SECOND SUISSE : Ly est belle, par mon foi !

MONSIEUR DE POURCEAUGNAC : Doucement, Messieurs.

PREMIER SUISSE : Fous, Mamselle, fouloir finir réchouir fous à la Crève ? Nous faire foir à fous un petit pendement pien choli.

MONSIEUR DE POURCEAUGNAC : Je vous rends grâce.

SECOND SUISSE : L'est un gentilhomme limosin, qui sera pendu chantiment à un grand potence.

MONSIEUR DE POURCEAUGNAC : Je n'ai pas de curiosité.

PREMIER SUISSE : Ly est là un petit teton qui l'est drole.

MONSIEUR DE POURCEAUGNAC : Tout beau.

PREMIER SUISSE : Mon foi ! moi couchair pien avec fous.

MONSIEUR DE POURCEAUGNAC : Ah ! c'en est trop, et ces sortes d'ordures-là ne se disent point à une femme de ma condition.

SECOND SUISSE : Laisse, toi ; l'est moi qui le veut couchair avec elle.

PREMIER SUISSE : Moi ne vouloir pas laisser.

SECOND SUISSE : Moi ly vouloir, moi.

Ils le tirent avec violence.

PREMIER SUISSE : Moi ne faire rien.

SECOND SUISSE : Toi l'avoir menti.

PREMIER SUISSE : Toi l'avoir menti toi-même.

MONSIEUR DE POURCEAUGNAC : Au secours ! A la force !

SCÈNE IV

UN EXEMPT [106], DEUX ARCHERS,
PREMIER ET SECOND SUISSE,
MONSIEUR DE POURCEAUGNAC

L'EXEMPT : Qu'est-ce? quelle violence est-ce là? et que voulez-vous faire à Madame? Allons, que l'on sorte de là, si vous ne voulez que je vous mette en prison.

PREMIER SUISSE : Parti, pon, toi ne l'avoir point.

SECOND SUISSE : Parti, pon aussi, toi ne l'avoir point encore.

MONSIEUR DE POURCEAUGNAC : Je vous suis bien obligée, Monsieur, de m'avoir délivrée de ces insolents.

L'EXEMPT : Ouais! voilà un visage qui ressemble bien à celui que l'on m'a dépeint.

MONSIEUR DE POURCEAUGNAC : Ce n'est pas moi, je vous assure.

L'EXEMPT : Ah! ah! qu'est-ce que je veux dire?

MONSIEUR DE POURCEAUGNAC : Je ne sais pas.

L'EXEMPT : Pourquoi donc dites-vous cela?

MONSIEUR DE POURCEAUGNAC : Pour rien.

L'EXEMPT : Voilà un discours qui marque quelque chose, et je vous arrête prisonnier.

MONSIEUR DE POURCEAUGNAC : Eh! Monsieur, de grâce!

L'EXEMPT : Non, non : à votre mine, et à vos discours, il faut que vous soyez ce Monsieur de Pourceaugnac que nous cherchons, qui se soit déguisé de la sorte; et vous viendrez en prison tout à l'heure [107].

MONSIEUR DE POURCEAUGNAC : Hélas!

SCÈNE V

L'EXEMPT, ARCHERS, SBRIGANI,
MONSIEUR DE POURCEAUGNAC

SBRIGANI : Ah! Ciel! que veut dire cela?

MONSIEUR DE POURCEAUGNAC : Ils m'ont reconnu.

L'EXEMPT : Oui, oui, c'est de quoi je suis ravi.

SBRIGANI : Eh! Monsieur, pour l'amour de moi :
vous savez que nous sommes amis il y a longtemps;
je vous conjure de ne le point mener en prison.

L'EXEMPT : Non; il m'est impossible.

SBRIGANI : Vous êtes homme d'accommodement :
n'y a-t-il pas moyen d'ajuster cela avec quelques
pistoles?

L'EXEMPT, *à ses archers :* Retirez-vous un peu.

SBRIGANI : Il faut lui donner de l'argent pour
vous laisser aller. Faites vite.

MONSIEUR DE POURCEAUGNAC : Ah! maudite ville!

SBRIGANI : Tenez, Monsieur.

L'EXEMPT : Combien y a-t-il?

SBRIGANI : Un, deux, trois, quatre, cinq, six, sept,
huit, neuf, dix.

L'EXEMPT : Non, mon ordre est trop exprès.

SBRIGANI : Mon Dieu! attendez. Dépêchez, don-
nez-lui-en encore autant.

MONSIEUR DE POURCEAUGNAC : Mais...

SBRIGANI : Dépêchez-vous, vous dis-je, et ne
perdez point de temps : vous auriez un grand
plaisir, quand vous seriez pendu.

MONSIEUR DE POURCEAUGNAC : Ah!

SBRIGANI : Tenez, Monsieur.

L'EXEMPT : Il faut donc que je m'enfuie avec lui,

car il n'y aurait point ici de sûreté pour moi. Laissez-le-moi conduire, et ne bougez d'ici.

SBRIGANI : Je vous prie donc d'en avoir un grand soin.

L'EXEMPT : Je vous promets de ne le point quitter, que je ne l'aie mis en lieu de sûreté.

MONSIEUR DE POURCEAUGNAC : Adieu. Voilà le seul honnête homme que j'ai trouvé en cette ville.

SBRIGANI : Ne perdez point de temps; je vous aime tant, que je voudrais que vous fussiez déjà bien loin. Que le Ciel te conduise! Par ma foi! voilà une grande dupe. Mais voici...

SCÈNE VI

ORONTE, SBRIGANI

SBRIGANI : Ah! quelle étrange aventure! Quelle fâcheuse nouvelle pour un père! Pauvre Oronte, que je te plains! Que diras-tu? et de quelle façon pourras-tu supporter cette douleur mortelle?

ORONTE : Qu'est-ce? Quel malheur me présages-tu?

SBRIGANI : Ah! Monsieur, ce perfide de Limosin, ce traître de Monsieur de Pourceaugnac, vous enlève votre fille.

ORONTE : Il m'enlève ma fille!

SBRIGANI : Oui : elle en est devenue si folle, qu'elle vous quitte pour le suivre; et l'on dit qu'il a un caractère [108] pour se faire aimer de toutes les femmes.

ORONTE : Allons vite à la justice. Des archers après eux!

SCÈNE VII

ÉRASTE, JULIE, SBRIGANI, ORONTE

ÉRASTE : Allons, vous viendrez malgré vous, et je
veux vous remettre entre les mains de votre père.
Tenez, Monsieur, voilà votre fille que j'ai tirée de
force d'entre les mains de l'homme avec qui elle
s'enfuyait; non pas pour l'amour d'elle, mais pour
votre seule considération; car, après l'action qu'elle
a faite, je dois la mépriser, et me guérir absolument de l'amour que j'avais pour elle.

ORONTE : Ah! infâme que tu es!

ÉRASTE : Comment? me traiter de la sorte, après
toutes les marques d'amitié que je vous ai données!
Je ne vous blâme point de vous être soumise aux
volontés de Monsieur votre père; il est sage et
judicieux dans les choses qu'il fait et je ne me
plains point de lui de m'avoir rejeté pour un autre.
S'il a manqué à la parole qu'il m'avait donnée, il a
ses raisons pour cela. On lui a fait croire que cet
autre est plus riche que moi de quatre ou cinq mille
écus; et quatre ou cinq mille écus est un denier
considérable, et qui vaut bien la peine qu'un
homme manque à sa parole; mais oublier en un
moment toute l'ardeur que je vous ai montrée, vous
laisser d'abord enflammer d'amour pour un nouveau venu, et le suivre honteusement sans le
consentement de Monsieur votre père, après les
crimes qu'on lui impute, c'est une chose condam-
née de tout le monde, et dont mon cœur ne peut
vous faire d'assez sanglants reproches.

JULIE : Hé bien! oui, j'ai conçu de l'amour pour

lui, et je l'ai voulu suivre, puisque mon père me l'avait choisi pour époux. Quoi que vous me disiez, c'est un fort honnête homme, et tous les crimes dont on l'accuse sont faussetés épouvantables.

ORONTE : Taisez-vous! vous êtes une impertinente, et je sais mieux que vous ce qui en est.

JULIE : Ce sont sans doute des pièces[109] qu'on lui fait, et c'est peut-être lui qui a trouvé cet artifice pour vous en dégoûter.

ÉRASTE : Moi, je serais capable de cela?

JULIE : Oui, vous.

ORONTE : Taisez-vous! vous dis-je. Vous êtes une sotte.

ÉRASTE : Non, non, ne vous imaginez pas que j'aie aucune envie de détourner ce mariage, et que ce soit ma passion qui m'ait forcé à courir après vous. Je vous l'ai déjà dit, ce n'est que la seule considération que j'ai pour Monsieur votre père, et je n'ai pu souffrir qu'un honnête homme comme lui fût exposé à la honte de tous les bruits qui pourraient suivre une action comme la vôtre.

ORONTE : Je vous suis, seigneur Éraste, infiniment obligé.

ÉRASTE : Adieu, Monsieur. J'avais toutes les ardeurs du monde d'entrer dans votre alliance; j'ai fait tout ce que j'ai pu pour obtenir un tel honneur; mais j'ai été malheureux, et vous ne m'avez pas jugé digne de cette grâce. Cela n'empêchera pas que je ne conserve pour vous les sentiments d'estime et de vénération où votre personne m'oblige; et si je n'ai pu être votre gendre, au moins serai-je éternellement votre serviteur.

ORONTE : Arrêtez, seigneur Éraste. Votre procédé me touche l'âme, et je vous donne ma fille en mariage.

JULIE : Je ne veux point d'autre mari que Monsieur de Pourceaugnac.

ORONTE : Et je veux, moi, tout à l'heure, que tu prennes le seigneur Éraste. Çà, la main.

JULIE : Non, je n'en ferai rien.

ORONTE : Je te donnerai sur les oreilles.

ÉRASTE : Non, non, Monsieur ; ne lui faites point de violence, je vous en prie.

ORONTE : C'est à elle à m'obéir, et je sais me montrer le maître.

ÉRASTE : Ne voyez-vous pas l'amour qu'elle a pour cet homme-là ? et voulez-vous que je possède un corps dont un autre possédera le cœur ?

ORONTE : C'est un sortilège qu'il lui a donné, et vous verrez qu'elle changera de sentiment avant qu'il soit peu. Donnez-moi votre main. Allons.

JULIE : Je ne...

ORONTE : Ah ! que de bruit ! Çà, votre main, vous dis-je. Ah, ah, ah !

ÉRASTE : Ne croyez pas que ce soit pour l'amour de vous que je vous donne la main : ce n'est que Monsieur votre père dont je suis amoureux, et c'est lui que j'épouse [110].

ORONTE : Je vous suis beaucoup obligé, et j'augmente de dix mille écus le mariage de ma fille. Allons, qu'on fasse venir le Notaire pour dresser le contrat.

ÉRASTE : En attendant qu'il vienne, nous pouvons jouir du divertissement de la saison, et faire entrer les masques que le bruit des noces de Monsieur de Pourceaugnac a attirés ici de tous les endroits de la ville.

SCÈNE VIII

PLUSIEURS MASQUES

de toutes les manières, dont les uns occupent plusieurs
balcons, et les autres sont dans la place, qui, par
plusieurs chansons et diverses danses et jeux, cherchent
à se donner des plaisirs innocents.

UNE ÉGYPTIENNE

> *Sortez, sortez de ces lieux,*
> *Soucis, Chagrins et Tristesse ;*
> *Venez, venez, Ris et Jeux,*
> *Plaisirs, Amour, et Tendresse.*
> *Ne songeons qu'à nous réjouir :*
> *La grande affaire est le plaisir.*

CHŒUR DES MUSICIENS

> *Ne songeons qu'à nous réjouir :*
> *La grande affaire est le plaisir.*

L'ÉGYPTIENNE

> *A me suivre tous ici* [111]
> *Votre ardeur est non commune,*
> *Et vous êtes en souci*
> *De votre bonne fortune.*
> *Soyez toujours amoureux :*
> *C'est le moyen d'être heureux.*

UN ÉGYPTIEN

> *Aimons jusques au trépas,*
> *La raison nous y convie :*
> *Hélas ! si l'on n'aimait pas*

Que serait-ce de la vie?
Ah! perdons plutôt le jour
Que de perdre notre amour.

Tous deux, en dialogue.

L'ÉGYPTIEN

Les biens,

L'ÉGYPTIENNE

La gloire,

L'ÉGYPTIEN

Les grandeurs,

L'ÉGYPTIENNE

Les sceptres qui font tant d'envie,

L'ÉGYPTIEN

Tout n'est rien, si l'amour n'y mêle ses ardeurs.

L'ÉGYPTIENNE

Il n'est point, sans l'amour, de plaisir dans la vie.

TOUS DEUX, ensemble :

Soyons toujours amoureux :
C'est le moyen d'être heureux.

LE PETIT CHŒUR chante après ces deux derniers
vers :

Sus, sus, chantons tous ensemble,
Dansons, sautons, jouons-nous.

UN MUSICIEN seul :

Lorsque pour rire on s'assemble,

Les plus sages, ce me semble,
Sont ceux qui sont les plus fous.

TOUS ensemble :

Ne songeons qu'à nous réjouir :
La grande affaire est le plaisir.

LES
FOURBERIES
DE
SCAPIN

COMÉDIE
Par J.-B. P. Molière.

et se vend pour l'auteur
A PARIS
chez Pierre Le Monnier, au Palais,
vis-à-vis la porte de l'Église de la Sainte-Chapelle,
à l'Image Saint Louis et au Feu Divin.

M. DC. LXXI
AVEC PRIVILÈGE DU ROI

LES
FOURBERIES
DE
SCAPIN

COMÉDIE
Par J.-B. P. Molière.

Représentée la première fois à Paris,
sur le Théâtre de la salle du Palais-Royal
le 24 mai 1671
par la Troupe du Roi.

NOTICE

Les Fourberies de Scapin *furent jouées pour la première fois le 24 mai 1671. Le gazetier Robinet fut très chaleureux; article de lancement* [a] *; le public ne suivit pas : dix-huit représentations du 24 mai au 18 juillet, avec des recettes de plus en plus faibles. Molière ne reprit pas* Les Fourberies *dans les années suivantes. Louis XIV ne les vit qu'après sa mort. Mais à la ville la pièce connut alors le succès : cent quatre-vingt-dix-sept représentations de 1673 à 1715. Son sort depuis a été glorieux.*

Les Fourberies de Scapin *furent tout de suite imprimées* [b].

*De l'insuccès, est resté un témoignage littéraire. En 1674, un an après la mort de Molière, l'*Art poétique *de Boileau contenait quelques vers qui regrettent que Molière se soit trop laissé aller au désir de plaire au peuple; il eût peut-être été le premier des poètes comiques,*

> Si moins ami du peuple en ses doctes peintures,
> Il n'eût point fait souvent grimacer ses figures,
> Quitté, pour le bouffon, l'agréable et le fin,
> Et sans honte à Térence allié Tabarin.

a. *Lettre en vers à Monsieur*, 30 mai 1671. Mongrédien, *Recueil des textes... relatifs à Molière*, t. I, p. 390.
b. Privilège : 18 mars 1671 ; achevé d'imprimer : 18 août 1671.

Dans ce sac ridicule ^c où Scapin s'enveloppe,
Je ne reconnais plus l'auteur du Misanthrope ^d.

Boileau attendait donc de Molière autre chose que Les
Fourberies de Scapin. *Il faut bien croire que le public, à ce
moment-là au moins, attendait autre chose. Mais tout est-il
explicable dans ses enthousiasmes comme dans ses dégoûts? Le
hasard et le caprice ont aussi leur rôle au théâtre. On pourra
trouver étrange que Molière n'ait pas tenté d'imposer sa pièce,
en la redonnant, faisant appel du public mal disposé à un
public mieux disposé. Mais il avait à jouer ensuite* Psyché,
puis Les Femmes savantes, *puis* Le Malade imaginaire : *de
quoi s'occuper. Ajoutons que d'un point de vue strictement
matériel,* Les Fourberies de Scapin *pouvaient comporter une
incommodité : pièce trop courte pour faire un spectacle entier,
un peu longue pour accompagner une grande pièce. Cela est
une hypothèse.*

Les Fourberies de Scapin *sont faites d'emprunts divers et
de beaucoup de Molière.*
*Molière est surtout tributaire de Térence. Térence, pour les
gens cultivés du* XVIIe *siècle, est le grand comique latin, mis
beaucoup au-dessus de Plaute : son comique paraît plus subtil
et plus délicat. Même Messieurs de Port-Royal, qui n'ai-
maient guère le théâtre, où l'on perd son âme, l'avaient édité
et traduit* ^e. *L'abbé de Marolles en avait aussi donné une
traduction* ^f, *un peu pâle mais point mauvaise. Les enfants
étaient conviés à lire Térence chez les jésuites au moins dès la
quatrième.*

c. Sur ce sac, voir la note 54.
d. *Art poétique*, chant III, v. 395-400. *Œuvres complètes*,
Pléiade, p. 178.
e. *Comédies de Térence* (L'Andrienne, Les Adelphes, Le
Phormio) *traduites en français avec le latin à côté et rendues très
honnêtes en y changeant fort peu de choses... 1647.* L'auteur est
Saint-Aubin, c'est-à-dire Isaac Le Maistre de Sacy.
f. *Les Six Comédies de Térence... de la traduction de Michel de
Marolles*, 1659.

Le Phormio *de Térence présente deux vieillards ; ils sont partis en voyage et reviennent. Comme mentor de leurs deux fils ils avaient institué un esclave, Geta, lequel a voulu tenir dans le droit chemin les deux jeunes gens. Il s'est fait rosser et il a capitulé. Phedria, l'un des jeunes gens, s'est épris d'une joueuse de cithare, esclave d'un* leno. *Le* leno *va vendre l'esclave au plus offrant, ainsi fait-il « chanter » l'amoureux.*

L'autre jeune homme, Antiphon, s'est attendri à voir une jeune orpheline au chevet de sa mère morte. Il l'épouse.

Il faut soutirer de l'argent à l'un des pères pour racheter la cithariste. Il faut faire admettre le mariage de l'autre jeune homme. La pièce se terminera, après des péripéties familiales, lorsque chacun des jeunes gens aura celle qu'il aime.

Molière a pris le thème, l'a organisé, a élagué, a ménagé des symétries. Il s'est souvenu de La Sœur *de Rotrou* [g]. *Il s'est souvenu de Cyrano de Bergerac aussi* [h]. *Son imitation du* Pédant joué, *localisée, pourrait être un hommage à un homme de sa génération (Cyrano est né en 1619, Molière en 1622) mort prématurément, laissant une œuvre passablement explosive, que Molière devait apprécier. Avait-il connu personnellement Cyrano dans l'entourage de Gassendi ? Le seul témoin* [i] *qui l'affirme est ordinairement récusable ; l'est-il en la circonstance ? Est-ce en souvenir de la mort de Cyrano que Molière fait trépasser, ou presque, son Scapin d'un marteau qui lui serait tombé sur la tête du haut d'un bâtiment en construction ?*

À côté, d'autres imitations paraissent moins établies. Cependant, la scène du sac a été retrouvée, à peu près, dans Les Facétieuses Nuits *de Straparole, traduites par Jean Louveau et Pierre de Larivey* [j] : *Simplice veut séduire Giliole, la femme du paysan Guirot. Giliole s'entend avec son mari ; elle donne rendez-vous au galant. Le mari survient : Simplice se cache dans un sac vide, à côté des sacs pleins, Guirot, trouvant ce sac de trop, le traîne dehors, le bâtonne et s'en va. Simplice sort du sac, moulu de coups.*

g. Voir les notes 6 et 15.
h. Voir la note 50.
i. Grimarest, *Vie de Molière*, p. 39. Mongrédien, p. 63.
j. P. Jannet, Paris, 1857. Seconde nuit, fable v.

La scène a été retrouvée aussi dans les Farces tabarini-
ques [k] : *le vieux Lucas a peur des sergents; sa femme
Francisquine le cache dans un sac. Survient Fristelin qui, de
la part de son maître, apporte à Francisquine un billet doux.
Francisquine le fait entrer lui aussi dans le sac. Tabarin,
valet de Piphagne, arrive et lui parle d'un achat de viande.
Elle a, lui dit-elle, ce qu'il lui faut : deux porcs dans le sac.
Quand Tabarin et Piphagne ouvrent le sac, ils y trouvent le
vieux Lucas et Fristelin; une bataille générale s'ensuit. Autre
farce tabarinique : Rodomont, le capitan, veut approcher
Isabelle : Tabarin le fait entrer dans un sac. Lucas, par
avarice, remplace Rodomont dans le sac. Reviennent Tabarin
et Isabelle pour bâtonner Rodomont. Ils bâtonnent en effet le
sac, puis l'ouvrent : c'était Lucas qui s'y trouvait.*

*On rappellera aussi que Molière à ses débuts à Paris avait
à son répertoire une farce, dont le titre seul est conservé :*
Gorgibus dans le sac.

*La source est-elle Straparole, ou Tabarin, est-elle quelque
pièce non connue du théâtre italien? Notons que Boileau avait
son avis là-dessus : « A Térence allier Tabarin » est bien la
formule même des* Fourberies de Scapin. *On croira donc plus
volontiers à un emprunt à Tabarin.*

*Au centre de la pièce se situe Scapin. C'est un des
« masques » de la comédie italienne. A notre connaissance,
Molière l'avait rencontré une fois dans une comédie de
Beltrame,* L'Inavvertito overo Scappino disturbato e Mez-
zetino travagliato *(« Le Mal Avisé ou Scapin déconcerté et
Mezzetin tourmenté », 1629). Il avait utilisé Beltrame dans*
L'Étourdi [1] *et fait de Scappino son Mascarille. Sans doute
avait-il trouvé Scapin dans d'autres scénarios de la* commedia dell'arte, *que nous ignorons. Scapin était un Zanni
milanais.*

Scapin est connu encore, est connu surtout, par Callot [m],

k. *Œuvres de Tabarin*, Paris, Jannet, 1858, t. Ier, p. 219-293.
l. Voir la notice de *L'Étourdi*, Pléiade, I, p. 48.
m. Voir. D. Ternois, *Dessins de Jacques Callot. Catalogue*,
Paris, 1961, les dessins n°s 691, 692, 693 dans les *Balli di
Sfessania*.

qui *l'a représenté dans ses* Petits danseurs : *vêtements très amples, un chapeau à bord démesuré sur le devant, une manière de batte au côté, manteau sur l'épaule. Autour de son Scapin, qu'il jouait lui-même, Molière a organisé sa pièce. Il est, dit la liste des acteurs, fourbe, comme Carle ; comme Silvestre, qui sans porter encore ce titre, en devient digne. Entendons fourbe de profession. Homme d'expérience, plein de ressources ; connaissant les hommes et la vie, disposé à moraliser ; sachant qu'on doit s'attendre au pire et remerciant son bon destin quand le pire n'arrive pas : dans ces propos sages, il y a comme un écho burlesque de la philosophie d'un Épictète, estimant qu'il ne faut pas se chagriner de ce qui ne dépend pas de nous. A cette philosophie, il ne s'attarde pas : l'action l'emporte. Il agit pour les jeunes gens, il agit aussi pour lui-même, plus encore pour lui-même, pour se prouver sa virtuosité à fourber ; et l'imagination des fourberies a quelque chose qui tient du jaillissement et de la gratuité de l'imagination poétique.*

Scapin est entouré de personnages dont les noms aussi sont italiens, comme il convient à une comédie située à Naples : Zerbinette, Nérine. Le nom de Carle a aussi une forme italienne, de même Hyacinte est un prénom italien. De l'Italie aussi les masques dont deux personnages étaient porteurs à notre connaissance : « C'est la seule pièce restée au théâtre où l'usage du masque se soit conservé », écrit le Mercure *de mai 1736.*

On voit quelles traditions, latine, italienne, française, confluent pour faire cette comédie étincelante.

LES FOURBERIES DE SCAPIN

Comédie

ACTEURS

ARGANTE[1], *père d'Octave et de Zerbinette.*

GÉRONTE, *père de Léandre et de Hyacinte.*

OCTAVE, *fils d'Argante, et amant de Hyacinte.*

LÉANDRE, *fils de Géronte, et amant de Zerbinette.*

ZERBINETTE[2], *crue Égyptienne, et reconnue fille d'Argante, et amante de Léandre.*

HYACINTE, *fille de Géronte et amante d'Octave.*

SCAPIN[3], *valet de Léandre, et fourbe.*

SILVESTRE[4], *valet d'Octave.*

NÉRINE, *nourrice de Hyacinte.*

CARLE, *fourbe.*

DEUX PORTEURS.

La scène est à Naples[5].

ACTE PREMIER

SCÈNE PREMIÈRE

OCTAVE, SILVESTRE

OCTAVE : Ah! fâcheuses nouvelles pour un cœur amoureux! Dures extrémités où je me vois réduit[6]! Tu viens, Silvestre, d'apprendre au port que mon père revient?

SILVESTRE : Oui.

OCTAVE : Qu'il arrive ce matin même?

SILVESTRE : Ce matin même.

OCTAVE : Et qu'il revient dans la résolution de me marier?

SILVESTRE : Oui.

OCTAVE : Avec une fille du seigneur Géronte?

SILVESTRE : Du seigneur Géronte.

OCTAVE : Et que cette fille est mandée de Tarente ici pour cela?

SILVESTRE : Oui.

OCTAVE : Et tu tiens ces nouvelles de mon oncle?

SILVESTRE : De votre oncle.

OCTAVE : A qui mon père les a mandées par une lettre?

SILVESTRE : Par une lettre.

OCTAVE : Et cet oncle, dis-tu, suit toutes nos affaires.

SILVESTRE : Toutes nos affaires.

OCTAVE : Ah! parle, si tu veux, et ne te fais point, de la sorte, arracher les mots de la bouche[7].

SILVESTRE : Qu'ai-je à parler davantage? Vous n'oubliez aucune circonstance, et vous dites les choses tout justement comme elles sont.

OCTAVE : Conseille-moi, du moins, et me dis ce que je dois faire dans ces cruelles conjonctures.

SILVESTRE : Ma foi! je m'y trouve autant embarrassé que vous, et j'aurais bon besoin que l'on me conseillât moi-même.

OCTAVE : Je suis assassiné par ce maudit retour.

SILVESTRE : Je ne le suis pas moins.

OCTAVE : Lorsque mon père apprendra les choses, je vais voir fondre sur moi un orage soudain d'impétueuses réprimandes.

SILVESTRE : Les réprimandes ne sont rien; et plût au Ciel que j'en fusse quitte à ce prix! mais j'ai bien la mine, pour moi, de payer plus cher vos folies, et je vois se former de loin un nuage de coups de bâton qui crèvera sur mes épaules[8].

OCTAVE : O Ciel! par où sortir de l'embarras où je me trouve?

SILVESTRE : C'est à quoi vous deviez songer, avant que de vous y jeter.

OCTAVE : Ah! tu me fais mourir par tes leçons hors de saison.

SILVESTRE : Vous me faites bien plus mourir par vos actions étourdies.

OCTAVE : Que dois-je faire? Quelle résolution prendre? A quel remède recourir?

SCÈNE II

SCAPIN, OCTAVE, SILVESTRE

SCAPIN : Qu'est-ce, seigneur Octave, qu'avez-vous? Qu'y a-t-il? Quel désordre est-ce là? Je vous vois tout troublé.

OCTAVE : Ah! mon pauvre Scapin, je suis perdu, je suis désespéré, je suis le plus infortuné de tous les hommes.

SCAPIN : Comment?

OCTAVE : N'as-tu rien appris de ce qui me regarde?

SCAPIN : Non.

OCTAVE : Mon père arrive avec le seigneur Géronte, et ils me veulent marier.

SCAPIN : Hé bien! qu'y a-t-il là de si funeste?

OCTAVE : Hélas! tu ne sais pas la cause de mon inquiétude?

SCAPIN : Non; mais il ne tiendra qu'à vous que je ne la sache bientôt; et je suis homme consolatif [9], homme à m'intéresser aux affaires des jeunes gens.

OCTAVE : Ah! Scapin, si tu pouvais trouver quelque invention, forger quelque machine, pour me tirer de la peine où je suis, je croirais t'être redevable de plus que de la vie.

SCAPIN : A vous dire la vérité, il y a peu de choses qui me soient impossibles, quand je m'en veux mêler. J'ai sans doute reçu du Ciel un génie assez beau pour toutes les fabriques de ces gentillesses d'esprit, de ces galanteries [10] ingénieuses à qui le vulgaire ignorant donne le nom de fourberies; et je puis dire, sans vanité, qu'on n'a guère vu d'homme qui fût plus habile ouvrier de ressorts et d'intrigues, qui ait acquis plus de gloire que moi dans ce noble métier : mais, ma foi! le mérite est trop maltraité aujourd'hui, et j'ai renoncé à toutes choses depuis certain chagrin d'une affaire qui m'arriva.

OCTAVE : Comment? quelle affaire, Scapin?

SCAPIN : Une aventure où je me brouillai avec la justice.

OCTAVE : La justice!

SCAPIN : Oui, nous eûmes un petit démêlé ensemble.

SILVESTRE : Toi et la justice!

SCAPIN : Oui. Elle en usa fort mal avec moi, et je me dépitai de telle sorte contre l'ingratitude du siècle que je résolus de ne plus rien faire. Baste! Ne laissez pas de me conter votre aventure[11].

OCTAVE : Tu sais, Scapin, qu'il y a deux mois que le seigneur Géronte et mon père s'embarquèrent ensemble pour un voyage qui regarde certain commerce où leurs intérêts sont mêlés.

SCAPIN : Je sais cela.

OCTAVE : Et que Léandre et moi nous fûmes laissés par nos pères, moi sous la conduite de Silvestre, et Léandre sous ta direction.

SCAPIN : Oui : je me suis fort bien acquitté de ma charge.

OCTAVE : Quelque temps après, Léandre fit rencontre d'une jeune Égyptienne[12] dont il devint amoureux.

SCAPIN : Je sais cela encore.

OCTAVE : Comme nous sommes grands amis, il me fit aussitôt confidence de son amour, et me mena voir cette fille, que je trouvai belle à la vérité, mais non pas tant qu'il voulait que je la trouvasse. Il ne m'entretenait que d'elle chaque jour; m'exa-

gérait à tous moments sa beauté et sa grâce; me
louait son esprit, et me parlait avec transport des
charmes de son entretien, dont il me rapportait
jusqu'aux moindres paroles, qu'il s'efforçait toujours de me faire trouver les plus spirituelles du
monde. Il me querellait quelquefois de n'être pas
assez sensible aux choses qu'il me venait dire, et me
blâmait sans cesse de l'indifférence où j'étais pour
les feux de l'amour.

SCAPIN : Je ne vois pas encore où ceci veut aller.

OCTAVE : Un jour que je l'accompagnais pour
aller chez les gens qui gardent l'objet de ses vœux,
nous entendîmes, dans une petite maison d'une rue
écartée, quelques plaintes mêlées de beaucoup de
sanglots. Nous demandons ce que c'est. Une
femme nous dit, en soupirant, que nous pouvions
voir là quelque chose de pitoyable en des personnes
étrangères, et qu'à moins que d'être insensibles,
nous en serions touchés.

SCAPIN : Où est-ce que cela nous mène?

OCTAVE : La curiosité me fit presser Léandre de
voir ce que c'était. Nous entrons dans une salle, où
nous voyons une vieille femme mourante, assistée
d'une servante qui faisait des regrets, et d'une jeune
fille toute fondante en larmes, la plus belle et la
plus touchante qu'on puisse jamais voir.

SCAPIN : Ah, ah!

OCTAVE : Une autre aurait paru effroyable en
l'état où elle était; car elle n'avait pour habillement
qu'une méchante petite jupe avec des brassières de
nuit qui étaient de simple futaine; et sa coiffure
était une cornette jaune, retroussée au haut de sa
tête, qui laissait tomber en désordre ses cheveux sur
ses épaules [13]; et cependant, faite comme cela, elle
brillait de mille attraits, et ce n'était qu'agréments
et que charmes que toute sa personne.

SCAPIN : Je sens venir les choses.

OCTAVE : Si tu l'avais vue, Scapin, en l'état que je dis, tu l'aurais trouvée admirable.

SCAPIN : Oh! je n'en doute point; et, sans l'avoir vue, je vois bien qu'elle était tout à fait charmante.

OCTAVE : Ses larmes n'étaient point de ces larmes désagréables qui défigurent un visage; elle avait à pleurer une grâce [14] touchante, et sa douleur était la plus belle du monde.

SCAPIN : Je vois tout cela.

OCTAVE : Elle faisait fondre chacun en larmes, en se jetant amoureusement sur le corps de cette mourante, qu'elle appelait sa chère mère; et il n'y avait personne qui n'eût l'âme percée de voir un si bon naturel.

SCAPIN : En effet, cela est touchant; et je vois bien que ce bon naturel-là vous la fit aimer.

OCTAVE : Ah! Scapin, un barbare l'aurait aimée.

SCAPIN : Assurément : le moyen de s'en empêcher?

OCTAVE : Après quelques paroles, dont je tâchai d'adoucir la douleur de cette charmante affligée, nous sortîmes de là; et demandant à Léandre ce qu'il lui semblait de cette personne, il me répondit froidement qu'il la trouvait assez jolie. Je fus piqué de la froideur avec laquelle il m'en parlait, et je ne voulus point lui découvrir l'effet que ses beautés avaient fait sur mon âme.

SILVESTRE : Si vous n'abrégez ce récit, nous en voilà pour jusqu'à demain. Laissez-le-moi finir en deux mots [15]. Son cœur prend feu dès ce moment. Il ne saurait plus vivre, qu'il n'aille consoler son aimable affligée. Ses fréquentes visites sont rejetées de la servante, devenue la gouvernante par le trépas de la mère : voilà mon homme au désespoir. Il presse, supplie, conjure : point d'affaire. On lui dit que la fille, quoique sans bien, et sans appui, est de famille honnête; et qu'à moins que de l'épouser, on ne peut souffrir ses poursuites. Voilà son amour augmenté par les difficultés. Il consulte dans sa tête, agite, raisonne, balance, prend sa résolution : le voilà marié avec elle depuis trois jours.

SCAPIN : J'entends.

SILVESTRE : Maintenant mets avec cela le retour imprévu du père, qu'on n'attendait que dans deux mois; la découverte que l'oncle a faite du secret de notre mariage, et l'autre mariage qu'on veut faire de lui avec la fille que le seigneur Géronte a eue d'une seconde femme qu'on dit qu'il a épousée à Tarente.

OCTAVE : Et par-dessus tout cela, mets encore l'indigence où se trouve cette aimable personne, et l'impuissance où je me vois d'avoir de quoi la secourir.

SCAPIN : Est-ce là tout? Vous voilà bien embarrassés tous deux pour une bagatelle. C'est bien là de quoi se tant alarmer. N'as-tu point de honte, toi, de demeurer court à si peu de chose? Que diable! te voilà grand et gros comme père et mère, et tu ne saurais trouver dans ta tête, forger dans ton esprit quelque ruse galante, quelque honnête petit stratagème, pour ajuster vos affaires? Fi! peste soit du butor! Je voudrais bien que l'on m'eût donné autrefois nos vieillards à duper; je les aurais joués tous deux par-dessous la jambe[16]; et je n'étais pas plus grand que cela que je me signalais déjà par cent tours d'adresse jolis[17].

SILVESTRE : J'avoue que le Ciel ne m'a pas donné tes talents, et que je n'ai pas l'esprit, comme toi, de me brouiller avec la justice.

OCTAVE : Voici mon aimable Hyacinte.

SCÈNE III

HYACINTE, OCTAVE, SCAPIN, SILVESTRE

HYACINTE : Ah! Octave, est-il vrai ce que Silvestre vient de dire à Nérine? que votre père est de retour, et qu'il veut vous marier?

OCTAVE : Oui, belle Hyacinte, et ces nouvelles m'ont donné une atteinte cruelle. Mais que vois-je? vous pleurez! Pourquoi ces larmes? Me soupçon-nez-vous, dites-moi, de quelque infidélité, et n'êtes-vous pas assurée de l'amour que j'ai pour vous?

HYACINTE : Oui, Octave, je suis sûre que vous m'aimez; mais je ne le suis pas que vous m'aimiez toujours.

OCTAVE : Eh! peut-on vous aimer qu'on ne vous aime toute sa vie?

HYACINTE : J'ai ouï dire, Octave, que votre sexe aime moins longtemps que le nôtre, et que les ardeurs que les hommes font voir sont des feux qui s'éteignent aussi facilement qu'ils naissent.

OCTAVE : Ah! ma chère Hyacinte, mon cœur n'est donc pas fait comme celui des autres hommes, et je sens bien pour moi que je vous aimerai jusqu'au tombeau.

HYACINTE : Je veux croire que vous sentez ce que vous dites, et je ne doute point que vos paroles ne soient sincères; mais je crains un pouvoir qui combattra dans votre cœur les tendres sentiments que vous pouvez avoir pour moi. Vous dépendez d'un père, qui veut vous marier à une autre personne; et je suis sûre que je mourrai, si ce malheur m'arrive.

OCTAVE : Non, belle Hyacinte, il n'y a point de père qui puisse me contraindre à vous manquer de foi, et je me résoudrai à quitter mon pays, et le jour même, s'il est besoin, plutôt qu'à vous quitter. J'ai déjà pris, sans l'avoir vue, une aversion effroyable pour celle que l'on me destine ; et, sans être cruel, je souhaiterais que la mer l'écartât d'ici pour jamais. Ne pleurez donc point, je vous prie, mon aimable Hyacinte, car vos larmes me tuent, et je ne les puis voir sans me sentir percer le cœur.

HYACINTE : Puisque vous le voulez, je veux bien essuyer mes pleurs, et j'attendrai d'un œil constant ce qu'il plaira au Ciel de résoudre de moi.

OCTAVE : Le Ciel nous sera favorable.

HYACINTE : Il ne saurait m'être contraire, si vous m'êtes fidèle.

OCTAVE : Je le serai assurément.

HYACINTE : Je serai donc heureuse.

SCAPIN : Elle n'est pas tant sotte, ma foi ! et je la trouve assez passable.

OCTAVE : Voici un homme qui pourrait bien, s'il le voulait, nous être, dans tous nos besoins, d'un secours merveilleux.

SCAPIN : J'ai fait de grands serments de ne me mêler plus du monde ; mais, si vous m'en priez bien fort tous deux, peut-être...

OCTAVE : Ah ! s'il ne tient qu'à te prier bien fort pour obtenir ton aide, je te conjure de tout mon cœur de prendre la conduite de notre barque.

SCAPIN : Et vous, ne me dites-vous rien ?

HYACINTE : Je vous conjure, à son exemple, par tout ce qui vous est le plus cher au monde, de vouloir servir notre amour.

SCAPIN : Il faut se laisser vaincre, et avoir de l'humanité. Allez, je veux m'employer pour vous.

OCTAVE : Crois que...

SCAPIN : Chut! Allez-vous-en, vous, et soyez en repos. Et vous, préparez-vous à soutenir avec fermeté l'abord de votre père.

OCTAVE : Je t'avoue que cet abord me fait trembler par avance, et j'ai une timidité naturelle que je ne saurais vaincre.

SCAPIN : Il faut pourtant paraître ferme au premier choc, de peur que, sur votre faiblesse, il ne prenne le pied[18] de vous mener comme un enfant. Là, tâchez de vous composer[19] par étude. Un peu de hardiesse, et songez à répondre résolument sur tout ce qu'il pourra vous dire.

OCTAVE : Je ferai du mieux que je pourrai.

SCAPIN : Çà, essayons un peu, pour vous accoutumer. Répétons un peu votre rôle et voyons si vous ferez bien. Allons. La mine résolue, la tête haute, les regards assurés.

OCTAVE : Comme cela?

SCAPIN : Encore un peu davantage.

OCTAVE : Ainsi?

SCAPIN : Bon. Imaginez-vous que je suis votre père qui arrive, et répondez-moi fermement, comme si c'était à lui-même. « Comment, pendard, vaurien, infâme, fils indigne d'un père comme moi, oses-tu bien paraître devant mes yeux, après tes bons déportements, après le lâche tour que tu m'as joué pendant mon absence? Est-ce là le fruit de mes soins, maraud? est-ce là le fruit de mes soins? le respect qui m'est dû? le respect que tu me conserves? » Allons donc. « Tu as l'insolence, fripon, de t'engager sans le consentement de ton père, de contracter un mariage clandestin? Réponds-moi, coquin, réponds-moi. Voyons un peu tes belles raisons. » Oh! que diable! vous demeurez interdit!

OCTAVE : C'est que je m'imagine que c'est mon père que j'entends.

SCAPIN : Eh! oui. C'est par cette raison qu'il ne faut pas être comme un innocent.

OCTAVE : Je m'en vais prendre plus de résolution, et je répondrai fermement.

SCAPIN : Assurément?

OCTAVE : Assurément.

SILVESTRE : Voilà votre père qui vient.

OCTAVE : Ô Ciel! je suis perdu.

SCAPIN : Holà! Octave, demeurez. Octave! Le voilà enfui. Quelle pauvre espèce d'homme! Ne laissons pas d'attendre le vieillard.

SILVESTRE : Que lui dirai-je?

SCAPIN : Laisse-moi dire, moi, et ne fais que me suivre.

SCÈNE IV

ARGANTE, SCAPIN, SILVESTRE

ARGANTE : A-t-on jamais ouï parler d'une action pareille à celle-là?

SCAPIN : Il a déjà appris l'affaire, et elle lui tient si fort en tête que tout seul il en parle haut.

ARGANTE : Voilà une témérité bien grande!

SCAPIN : Écoutons-le un peu.

ARGANTE : Je voudrais bien savoir ce qu'ils me pourront dire sur ce beau mariage.

SCAPIN : Nous y avons songé.

ARGANTE : Tâcheront-ils de me nier la chose?

SCAPIN : Non, nous n'y pensons pas.

ARGANTE : Ou s'ils entreprendront de l'excuser?

SCAPIN : Celui-là se pourra faire.

ARGANTE : Prétendront-ils m'amuser par des contes en l'air?

SCAPIN : Peut-être.

ARGANTE : Tous leurs discours seront inutiles.

SCAPIN : Nous allons voir.

ARGANTE : Ils ne m'en donneront point à garder[20].

SCAPIN : Ne jurons de rien.

ARGANTE : Je saurai mettre mon pendard de fils en lieu de sûreté.

SCAPIN : Nous y pourvoirons.

ARGANTE : Et pour le coquin de Silvestre, je le rouerai de coups.

SILVESTRE : J'étais bien étonné s'il m'oubliait.

ARGANTE : Ah! ah! vous voilà donc, sage gouverneur de famille, beau directeur[21] de jeunes gens.

SCAPIN : Monsieur, je suis ravi de vous voir de retour.

ARGANTE : Bonjour, Scapin. Vous avez suivi mes ordres vraiment d'une belle manière, et mon fils s'est comporté fort sagement pendant mon absence.

SCAPIN : Vous vous portez bien, à ce que je vois?

ARGANTE : Assez bien. *(A Silvestre.)* Tu ne dis mot, coquin, tu ne dis mot.

SCAPIN : Votre voyage a-t-il été bon?

ARGANTE : Mon Dieu! fort bien. Laisse-moi un peu quereller en repos.

SCAPIN : Vous voulez quereller?

ARGANTE : Oui, je veux quereller.

SCAPIN : Et qui, Monsieur?

ARGANTE : Ce maraud-là.

SCAPIN : Pourquoi?

ARGANTE : Tu n'as pas ouï parler de ce qui s'est passé dans mon absence?

SCAPIN : J'ai bien ouï parler de quelque petite chose.

ARGANTE : Comment quelque petite chose! Une action de cette nature?

SCAPIN : Vous avez quelque raison.

ARGANTE : Une hardiesse pareille à celle-là?

SCAPIN : Cela est vrai.

ARGANTE : Un fils qui se marie sans le consentement de son père?

SCAPIN : Oui, il y a quelque chose à dire à cela. Mais je serais d'avis que vous ne fissiez point de bruit.

ARGANTE : Je ne suis pas de cet avis, moi, et je veux faire du bruit tout mon soûl. Quoi? tu ne trouves pas que j'aie tous les sujets du monde d'être en colère?

SCAPIN : Si fait. J'y ai d'abord été, moi, lorsque j'ai su la chose, et je me suis intéressé pour vous, jusqu'à quereller votre fils. Demandez-lui un peu quelles belles réprimandes je lui ai faites, et comme je l'ai chapitré sur le peu de respect qu'il gardait à un père dont il devait baiser les pas? On ne peut pas lui mieux parler, quand ce serait vous-même. Mais quoi? je me suis rendu à la raison, et j'ai considéré que, dans le fond, il n'a pas tant de tort qu'on pourrait croire.

ARGANTE : Que me viens-tu conter? Il n'a pas tant de tort de s'aller marier de but en blanc avec une inconnue?

SCAPIN : Que voulez-vous? il y a été poussé par sa destinée.

ARGANTE : Ah! ah! voici une raison la plus belle du monde. On n'a plus qu'à commettre tous les crimes imaginables, tromper, voler, assassiner, et dire pour excuse qu'on y a été poussé par sa destinée.

SCAPIN : Mon Dieu! vous prenez mes paroles

trop en philosophe. Je veux dire qu'il s'est trouvé fatalement engagé dans cette affaire.

ARGANTE : Et pourquoi s'y engageait-il?

SCAPIN : Voulez-vous qu'il soit aussi sage que vous? Les jeunes gens sont jeunes, et n'ont pas toute la prudence qu'il leur faudrait pour ne rien faire que de raisonnable : témoin notre Léandre, qui, malgré toutes mes leçons, malgré toutes mes remontrances, est allé faire de son côté pis encore que votre fils. Je voudrais bien savoir si vous-même n'avez pas été jeune, et n'avez pas, dans votre temps, fait des fredaines comme les autres. J'ai ouï dire, moi, que vous avez été autrefois un compagnon²² parmi les femmes, que vous faisiez de²³ votre drôle avec les plus galantes de ce temps-là, et que vous n'en approchiez point que vous ne poussassiez à bout.

ARGANTE : Cela est vrai, j'en demeure d'accord; mais je m'en suis toujours tenu à la galanterie, et je n'ai point été jusqu'à faire ce qu'il a fait.

SCAPIN : Que vouliez-vous qu'il fît? Il voit une jeune personne qui lui veut du bien (car il tient cela de vous, d'être aimé de toutes les femmes). Il la trouve charmante. Il lui rend des visites, lui conte des douceurs, soupire galamment, fait le passionné. Elle se rend à sa poursuite. Il pousse sa fortune. Le voilà surpris avec elle par ses parents, qui, la force à la main, le contraignent de l'épouser.

SILVESTRE : L'habile fourbe que voilà!

SCAPIN : Eussiez-vous voulu qu'il se fût laissé tuer? Il vaut mieux encore être marié qu'être mort.

ARGANTE : On ne m'a pas dit que l'affaire se soit ainsi passée.

SCAPIN : Demandez-lui plutôt : il ne vous dira pas le contraire.

ARGANTE : C'est par force qu'il a été marié?

SILVESTRE : Oui, Monsieur.

SCAPIN : Voudrais-je vous mentir?

ARGANTE : Il devait donc aller tout aussitôt protester de violence[24] chez un notaire.

SCAPIN : C'est ce qu'il n'a pas voulu faire.

ARGANTE : Cela m'aurait donné plus de facilité à rompre ce mariage!

SCAPIN : Rompre ce mariage!

ARGANTE : Oui.

SCAPIN : Vous ne le romprez point.

ARGANTE : Je ne le romprai point?

SCAPIN : Non.

ARGANTE : Quoi? je n'aurai pas pour moi les droits de père, et la raison de la violence qu'on a faite à mon fils?

SCAPIN : C'est une chose dont il ne demeurera pas d'accord.

ARGANTE : Il n'en demeurera pas d'accord?

SCAPIN : Non.

ARGANTE : Mon fils?

SCAPIN : Votre fils. Voulez-vous qu'il confesse qu'il ait été capable de crainte, et que ce soit par force qu'on lui ait fait faire les choses? Il n'a garde d'aller avouer cela. Ce serait se faire tort, et se montrer indigne d'un père comme vous.

ARGANTE : Je me moque de cela.

SCAPIN : Il faut, pour son honneur, et pour le vôtre, qu'il dise dans le monde que c'est de bon gré qu'il l'a épousée.

ARGANTE : Et je veux, moi, pour mon honneur et pour le sien, qu'il dise le contraire.

SCAPIN : Non, je suis sûr qu'il ne le fera pas.

ARGANTE : Je l'y forcerai bien.

SCAPIN : Il ne le fera pas, vous dis-je.

ARGANTE : Il le fera, ou je le déshériterai[25].

SCAPIN : Vous?

ARGANTE : Moi.

SCAPIN : Bon.

ARGANTE : Comment, bon!

SCAPIN : Vous ne le déshériterez point.

ARGANTE : Je ne le déshériterai point?

SCAPIN : Non.

ARGANTE : Non?

SCAPIN : Non.

ARGANTE : Hoy! Voici qui est plaisant : je ne déshériterai pas mon fils.

SCAPIN : Non, vous dis-je.

ARGANTE : Qui m'en empêchera?

SCAPIN : Vous-même.

ARGANTE : Moi?

SCAPIN : Oui. Vous n'aurez pas ce cœur-là.

ARGANTE : Je l'aurai.

SCAPIN : Vous vous moquez.

ARGANTE : Je ne me moque point.

SCAPIN : La tendresse paternelle fera son office.

ARGANTE : Elle ne fera rien.

SCAPIN : Oui, oui.

ARGANTE : Je vous dis que cela sera.

SCAPIN : Bagatelles.

ARGANTE : Il ne faut point dire bagatelles.

SCAPIN : Mon Dieu! je vous connais, vous êtes bon naturellement.

ARGANTE : Je ne suis point bon, et je suis méchant quand je veux. Finissons ce discours qui m'échauffe la bile. Va-t'en, pendard, va-t'en me chercher mon fripon, tandis que j'irai rejoindre le seigneur Géronte, pour lui conter ma disgrâce.

SCAPIN : Monsieur, si je vous puis être utile en quelque chose, vous n'avez qu'à me commander.

ARGANTE : Je vous remercie. Ah! pourquoi faut-il qu'il soit fils unique! et que n'ai-je à cette heure la fille que le Ciel m'a ôtée, pour la faire mon héritière!

SCÈNE V

SCAPIN, SILVESTRE

SILVESTRE : J'avoue que tu es un grand homme, et voilà l'affaire en bon train; mais l'argent, d'autre part, nous presse pour notre subsistance, et nous avons, de tous côtés, des gens qui aboient après nous.

SCAPIN : Laisse-moi faire, la machine est trouvée. Je cherche seulement dans ma tête un homme qui nous soit affidé, pour jouer un personnage dont j'ai besoin. Attends. Tiens-toi un peu. Enfonce ton bonnet en méchant garçon²⁶. Campe-toi sur un pied. Mets la main au côté. Fais les yeux furibonds. Marche un peu en roi de théâtre²⁷. Voilà qui est bien. Suis-moi. J'ai des secrets pour déguiser ton visage et ta voix.

SILVESTRE : Je te conjure au moins de ne m'aller point brouiller avec la justice.

SCAPIN : Va, va : nous partagerons les périls en frères; et trois ans de galère de plus ou de moins ne sont pas pour arrêter un noble cœur.

ACTE II

SCÈNE PREMIÈRE

GÉRONTE, ARGANTE

GÉRONTE : Oui, sans doute, par le temps qu'il fait, nous aurons ici nos gens aujourd'hui; et un matelot qui vient de Tarente m'a assuré qu'il avait vu mon homme qui était près de s'embarquer. Mais l'arrivée de ma fille trouvera les choses mal disposées à ce que nous nous proposions; et ce que vous venez de m'apprendre de votre fils rompt étrangement les mesures que nous avions prises ensemble.

ARGANTE : Ne vous mettez pas en peine : je vous réponds de renverser tout cet obstacle, et j'y vais travailler de ce pas.

GÉRONTE : Ma foi! seigneur Argante, voulez-vous que je vous dise? l'éducation des enfants est une chose à quoi il faut s'attacher fortement.

ARGANTE : Sans doute. A quel propos cela?

GÉRONTE : A propos de ce que les mauvais déportements des jeunes gens viennent le plus souvent de la mauvaise éducation que leurs pères leur donnent.

ARGANTE : Cela arrive parfois. Mais que voulez-vous dire par là?

GÉRONTE : Ce que je veux dire par là?

ARGANTE : Oui.

GÉRONTE : Que si vous aviez, en brave père, bien morigéné votre fils, il ne vous aurait pas joué le tour qu'il vous a fait.

ARGANTE : Fort bien. De sorte donc que vous avez bien mieux morigéné²⁸ le vôtre?

GÉRONTE : Sans doute, et je serais bien fâché qu'il m'eût rien fait approchant de cela.

ARGANTE : Et si ce fils que vous avez, en brave père, si bien moriginé, avait fait pis encore que le mien? eh?

GÉRONTE : Comment?

ARGANTE : Comment?

GÉRONTE : Qu'est-ce que cela veut dire?

ARGANTE : Cela veut dire, seigneur Géronte, qu'il ne faut pas être si prompt à condamner la conduite des autres; et que ceux qui veulent gloser doivent bien regarder chez eux s'il n'y a rien qui cloche.

GÉRONTE : Je n'entends point cette énigme.

ARGANTE : On vous l'expliquera.

GÉRONTE : Est-ce que vous auriez ouï dire quelque chose de mon fils?

ARGANTE : Cela se peut faire.

GÉRONTE : Et quoi encore?

ARGANTE : Votre Scapin, dans mon dépit, ne m'a dit la chose qu'en gros; et vous pourrez de lui, ou de quelque autre, être instruit du détail. Pour moi, je vais vite consulter un avocat, et aviser des biais que j'ai à prendre. Jusqu'au revoir.

SCÈNE II

LÉANDRE, GÉRONTE

GÉRONTE : Que pourrait-ce être que cette affaire-ci? Pis encore que le sien? Pour moi, je ne vois pas ce que l'on peut faire de pis; et je trouve que se marier sans le consentement de son père est une action qui passe tout ce qu'on peut s'imaginer. Ah! vous voilà.

LÉANDRE, *en courant à lui pour l'embrasser :* Ah! mon père, que j'ai de joie de vous voir de retour!

GÉRONTE, *refusant de l'embrasser :* Doucement. Parlons un peu d'affaire.

LÉANDRE : Souffrez que je vous embrasse, et que...

GÉRONTE, *le repoussant encore :* Doucement, vous dis-je.

LÉANDRE : Quoi? vous me refusez, mon père, de vous exprimer mon transport par mes embrassements!

GÉRONTE : Oui! nous avons quelque chose à démêler ensemble.

LÉANDRE : Et quoi?

GÉRONTE : Tenez-vous, que je vous voie en face.

LÉANDRE : Comment?

GÉRONTE : Regardez-moi entre deux yeux.

LÉANDRE : Hé bien?

GÉRONTE : Qu'est-ce donc qu'il s'est passé ici?

LÉANDRE : Ce qui s'est passé?

GÉRONTE : Oui. Qu'avez-vous fait dans mon absence?

LÉANDRE : Que voulez-vous, mon père, que j'aie fait?

GÉRONTE : Ce n'est pas moi qui veux que vous ayez fait, mais qui demande ce que c'est que vous avez fait.

LÉANDRE : Moi, je n'ai fait aucune chose dont vous ayez lieu de vous plaindre.

GÉRONTE : Aucune chose?

LÉANDRE : Non.

GÉRONTE : Vous êtes bien résolu [29].

LÉANDRE : C'est que je suis sûr de mon innocence.

GÉRONTE : Scapin pourtant a dit de vos nouvelles.

LÉANDRE : Scapin!

GÉRONTE : Ah! ah! ce mot vous fait rougir.

LÉANDRE : Il vous a dit quelque chose de moi?

GÉRONTE : Ce lieu n'est pas tout à fait propre à vuider cette affaire, et nous allons l'examiner ailleurs. Qu'on se rende au logis. J'y vais revenir tout à l'heure. Ah! traître, s'il faut que tu me déshonores, je te renonce pour mon fils, et tu peux bien pour jamais te résoudre à fuir de ma présence.

SCÈNE III

OCTAVE, SCAPIN, LÉANDRE

LÉANDRE : Me trahir de cette manière! Un coquin qui doit, par cent raisons, être le premier à cacher les choses que je lui confie, est le premier à les aller découvrir à mon père. Ah! je jure le Ciel que cette trahison ne demeurera pas impunie.

OCTAVE : Mon cher Scapin, que ne dois-je point à tes soins! Que tu es un homme admirable! et que le Ciel m'est favorable de t'envoyer à mon secours!

LÉANDRE : Ah! ah! vous voilà. Je suis ravi de vous trouver, Monsieur le coquin.

SCAPIN : Monsieur, votre serviteur. C'est trop d'honneur que vous me faites.

LÉANDRE, *en mettant l'épée à la main :* Vous faites le méchant plaisant. Ah! je vous apprendrai...

SCAPIN, *se mettant à genoux :* Monsieur.

OCTAVE, *se mettant entre deux pour empêcher Léandre de le frapper :* Ah! Léandre.

LÉANDRE : Non, Octave, ne me retenez point, je vous prie.

SCAPIN : Eh! Monsieur.

OCTAVE, *le retenant :* De grâce!

LÉANDRE, *voulant frapper Scapin :* Laissez-moi contenter mon ressentiment.

OCTAVE : Au nom de l'amitié, Léandre, ne le maltraitez point.

SCAPIN : Monsieur, que vous ai-je fait?

LÉANDRE, *voulant le frapper :* Ce que tu m'as fait, traître!

OCTAVE, *le retenant :* Eh! doucement.

LÉANDRE : Non, Octave, je veux qu'il me confesse lui-même tout à l'heure la perfidie qu'il m'a faite. Oui, coquin, je sais le trait que tu m'as joué, on vient de me l'apprendre; et tu ne croyais pas peut-être que l'on me dût révéler ce secret; mais je veux en avoir la confession de ta propre bouche, ou je vais te passer cette épée au travers du corps.

SCAPIN : Ah! Monsieur, auriez-vous bien ce cœur-là?

LÉANDRE : Parle donc.

SCAPIN : Je vous ai fait quelque chose, Monsieur?

LÉANDRE : Oui, coquin, et ta conscience ne te dit que trop ce que c'est.

SCAPIN : Je vous assure que je l'ignore.

LÉANDRE, *s'avançant pour le frapper :* Tu l'ignores !

OCTAVE, *le retenant :* Léandre.

SCAPIN : Hé bien ! Monsieur, puisque vous le voulez, je vous confesse que j'ai bu avec mes amis ce petit quartaut [30] de vin d'Espagne dont on vous fit présent il y a quelques jours ; et que c'est moi qui fis une fente au tonneau, et répandis de l'eau autour, pour faire croire que le vin s'était échappé.

LÉANDRE : C'est toi, pendard, qui m'as bu mon vin d'Espagne, et qui as été cause que j'ai tant querellé la servante, croyant que c'était elle qui m'avait fait le tour ?

SCAPIN : Oui, Monsieur : je vous en demande pardon.

LÉANDRE : Je suis bien aise d'apprendre cela ; mais ce n'est pas l'affaire dont il est question maintenant.

SCAPIN : Ce n'est pas cela, Monsieur ?

LÉANDRE : Non : c'est une autre affaire qui me touche bien plus, et je veux que tu me la dises.

SCAPIN : Monsieur, je ne me souviens pas d'avoir fait autre chose.

LÉANDRE, *le voulant frapper :* Tu ne veux pas parler ?

SCAPIN : Eh !

OCTAVE, *le retenant :* Tout doux.

SCAPIN : Oui, Monsieur, il est vrai qu'il y a trois semaines que vous m'envoyâtes porter, le soir, une petite montre à la jeune Égyptienne que vous aimez. Je revins au logis mes habits tout couverts de boue, et le visage plein de sang, et vous dis que j'avais trouvé des voleurs qui m'avaient bien battu, et m'avaient dérobé la montre. C'était moi, Monsieur, qui l'avais retenue.

LÉANDRE : C'est toi qui as retenu ma montre ?

SCAPIN : Oui, Monsieur, afin de voir quelle heure il est.

LÉANDRE : Ah! ah! j'apprends ici de jolies choses, et j'ai un serviteur fort fidèle vraiment. Mais ce n'est pas encore cela que je demande.

SCAPIN : Ce n'est pas cela?

LÉANDRE : Non, infâme : c'est autre chose encore que je veux que tu me confesses.

SCAPIN : Peste!

LÉANDRE : Parle vite, j'ai hâte.

SCAPIN : Monsieur, voilà tout ce que j'ai fait.

LÉANDRE, *voulant frapper Scapin :* Voilà tout?

OCTAVE, *se mettant au-devant :* Eh!

SCAPIN : Hé bien! oui, Monsieur : vous vous souvenez de ce loup-garou [31], il y a six mois, qui vous donna tant de coups de bâton la nuit, et vous pensa faire rompre le cou dans une cave où vous tombâtes en fuyant.

LÉANDRE : Hé bien!

SCAPIN : C'était moi, Monsieur, qui faisais le loup-garou.

LÉANDRE : C'était toi, traître, qui faisais le loup-garou?

SCAPIN : Oui, Monsieur, seulement pour vous faire peur, et vous ôter l'envie de nous faire courir, toutes les nuits, comme vous aviez de coutume.

LÉANDRE : Je saurai me souvenir, en temps et lieu, de tout ce que je viens d'apprendre. Mais je veux venir au fait, et que tu me confesses ce que tu as dit à mon père.

SCAPIN : A votre père?

LÉANDRE : Oui, fripon, à mon père.

SCAPIN : Je ne l'ai pas seulement vu depuis son retour.

LÉANDRE : Tu ne l'as pas vu?

SCAPIN : Non, Monsieur.

LÉANDRE : Assurément ?

SCAPIN : Assurément. C'est une chose que je vais vous faire dire par lui-même.

LÉANDRE : C'est de sa bouche que je le tiens pourtant.

SCAPIN : Avec votre permission, il n'a pas dit la vérité.

SCÈNE IV

CARLE, SCAPIN, LÉANDRE, OCTAVE

CARLE : Monsieur, je vous apporte une nouvelle qui est fâcheuse pour votre amour ?

LÉANDRE : Comment ?

CARLE : Vos Égyptiens sont sur le point de vous enlever Zerbinette, et elle-même, les larmes aux yeux, m'a chargé de venir promptement vous dire que si, dans deux heures, vous ne songez à leur porter l'argent qu'ils vous ont demandé pour elle, vous l'allez perdre pour jamais.

LÉANDRE : Dans deux heures ?

CARLE : Dans deux heures.

LÉANDRE : Ah ! mon pauvre Scapin, j'implore ton secours !

SCAPIN, *passant devant lui avec un air fier :* « Ah ! mon pauvre Scapin. » Je suis « mon pauvre Scapin » à cette heure qu'on a besoin de moi.

LÉANDRE : Va, je te pardonne tout ce que tu viens de me dire, et pis encore, si tu me l'as fait.

SCAPIN : Non, non, ne me pardonnez rien. Passez-moi votre épée au travers du corps. Je serai ravi que vous me tuiez.

LÉANDRE : Non. Je te conjure plutôt de me donner la vie, en servant mon amour.

SCAPIN : Point, point : vous ferez mieux de me tuer.

LÉANDRE : Tu m'es trop précieux ; et je te prie de vouloir employer pour moi ce génie admirable, qui vient à bout de toute chose.

SCAPIN : Non : tuez-moi, vous dis-je.

LÉANDRE : Ah ! de grâce, ne songe plus à tout cela, et pense à me donner le secours que je te demande !

OCTAVE : Scapin, il faut faire quelque chose pour lui.

SCAPIN : Le moyen, après une avanie[32] de la sorte ?

LÉANDRE : Je te conjure d'oublier mon emportement et de me prêter ton adresse.

OCTAVE : Je joins mes prières aux siennes.

SCAPIN : J'ai cette insulte-là[33] sur le cœur.

OCTAVE : Il faut quitter ton ressentiment.

LÉANDRE : Voudrais-tu m'abandonner, Scapin, dans la cruelle extrémité où se voit mon amour ?

SCAPIN : Me venir faire, à l'improviste, un affront comme celui-là !

LÉANDRE : J'ai tort, je le confesse.

SCAPIN : Me traiter de coquin, de fripon, de pendard, d'infâme !

LÉANDRE : J'en ai tous les regrets du monde.

SCAPIN : Me vouloir passer son épée au travers du corps !

LÉANDRE : Je t'en demande pardon de tout mon cœur ; et s'il ne tient qu'à me jeter à tes genoux, tu m'y vois, Scapin, pour te conjurer encore une fois de ne me point abandonner.

OCTAVE : Ah ! ma foi ! Scapin, il se faut rendre à cela.

SCAPIN : Levez-vous. Une autre fois, ne soyez
point si prompt.

LÉANDRE : Me promets-tu de travailler pour moi?

SCAPIN : On y songera.

LÉANDRE : Mais tu sais que le temps presse.

SCAPIN : Ne vous mettez pas en peine. Combien
est-ce qu'il vous faut?

LÉANDRE : Cinq cents écus.

SCAPIN : Et à vous?

OCTAVE : Deux cents pistoles.

SCAPIN : Je veux tirer cet argent de vos pères.
Pour ce qui est du vôtre, la machine est déjà toute
trouvée; et quant au vôtre, bien qu'avare au dernier
degré, il y faudra moins de façons encore, car vous
savez que, pour l'esprit, il n'en a pas, grâces à
Dieu! grande provision et je le livre pour une
espèce d'homme à qui l'on fera toujours croire tout
ce que l'on voudra. Cela ne vous offense point : il
ne tombe entre lui et vous aucun soupçon de
ressemblance; et vous savez assez l'opinion de tout
le monde, qui veut qu'il ne soit votre père que pour
la forme.

LÉANDRE : Tout beau, Scapin.

SCAPIN : Bon, bon, on fait bien scrupule de cela :
vous moquez-vous? Mais j'aperçois venir le père
d'Octave. Commençons par lui, puisqu'il se présente. Allez-vous-en tous deux. Et vous, avertissez
votre Silvestre de venir vite jouer son rôle.

SCÈNE V

ARGANTE, SCAPIN

SCAPIN : Le voilà qui rumine.

ARGANTE : Avoir si peu de conduite et de

considération! s'aller jeter dans un engagement comme celui-là! Ah, ah! jeunesse impertinente!

SCAPIN : Monsieur, votre serviteur.

ARGANTE : Bonjour, Scapin.

SCAPIN : Vous rêvez à l'affaire de votre fils.

ARGANTE : Je t'avoue que cela me donne un furieux chagrin.

SCAPIN : Monsieur, la vie est mêlée de traverses. Il est bon de s'y tenir sans cesse préparé; et j'ai ouï dire, il y a longtemps, une parole d'un ancien [34] que j'ai toujours retenue.

ARGANTE : Quoi?

SCAPIN : Que pour peu qu'un père de famille ait été absent de chez lui, il doit promener son esprit sur tous les fâcheux accidents que son retour peut rencontrer : se figurer sa maison brûlée, son argent dérobé, sa femme morte, son fils estropié, sa fille subornée; et ce qu'il trouve qu'il ne lui est point arrivé, l'imputer à bonne fortune. Pour moi, j'ai pratiqué toujours cette leçon dans ma petite philosophie; et je ne suis jamais revenu au logis que je ne me sois tenu prêt à la colère de mes maîtres, aux réprimandes, aux injures, aux coups de pied au cul, aux bastonnades, aux étrivières; et ce qui a manqué à m'arriver, j'en ai rendu grâce à mon bon destin.

ARGANTE : Voilà qui est bien. Mais ce mariage impertinent qui trouble celui que nous voulons faire est une chose que je ne puis souffrir, et je viens de consulter des avocats pour le faire casser.

SCAPIN : Ma foi! Monsieur, si vous m'en croyez, vous tâcherez, par quelque autre voie, d'accommoder l'affaire. Vous savez ce que c'est que les procès en ce pays-ci, et vous allez vous enfoncer dans d'étranges épines.

ARGANTE : Tu as raison, je le vois bien. Mais quelle autre voie?

SCAPIN : Je pense que j'en ai trouvé une. La compassion que m'a donnée tantôt votre chagrin m'a obligé à chercher dans ma tête quelque moyen pour vous tirer d'inquiétude; car je ne saurais voir d'honnêtes pères chagrinés par leurs enfants que cela ne m'émeuve; et, de tout temps, je me suis senti pour votre personne une inclination particulière.

ARGANTE : Je te suis obligé.

SCAPIN : J'ai donc été trouver le frère de cette fille qui a été épousée. C'est un de ces braves[35] de profession, de ces gens qui sont tous coups d'épée, qui ne parlent que d'échiner, et ne font non plus de conscience de tuer un homme que d'avaler un verre de vin. Je l'ai mis sur ce mariage, lui ai fait voir quelle facilité offrait la raison de la violence[36] pour le faire casser, vos prérogatives du nom de père, et l'appui que vous donnerait auprès de la justice et votre droit, et votre argent, et vos amis. Enfin je l'ai tant tourné de tous les côtés qu'il a prêté l'oreille aux propositions que je lui ai faites d'ajuster l'affaire pour quelque somme; et il donnera son consentement à rompre le mariage, pourvu que vous lui donniez de l'argent.

ARGANTE : Et qu'a-t-il demandé?

SCAPIN : Oh! d'abord, des choses par-dessus les maisons[37].

ARGANTE : Et quoi?

SCAPIN : Des choses extravagantes.

ARGANTE : Mais encore?

SCAPIN : Il ne parlait pas moins que de cinq ou six cents pistoles.

ARGANTE : Cinq ou six cents fièvres quartaines qui le puissent serrer! Se moque-t-il des gens?

SCAPIN : C'est ce que je lui ai dit. J'ai rejeté bien loin de pareilles propositions, et je lui ai bien fait entendre que vous n'étiez point une dupe, pour vous demander des cinq ou six cents pistoles. Enfin, après plusieurs discours, voici où s'est réduit le résultat de notre conférence. « Nous voilà au temps, m'a-t-il dit, que je dois partir pour l'armée. Je suis après à m'équiper, et le besoin que j'ai de quelque argent me fait consentir, malgré moi, à ce qu'on me propose. Il me faut un cheval de service[38], et je n'en saurais avoir un qui soit tant soit peu raisonnable à moins de soixante pistoles. »

ARGANTE : Hé bien! pour soixante pistoles, je les donne.

SCAPIN : « Il faudra le harnois et les pistolets; et cela ira bien à vingt pistoles encore. »

ARGANTE : Vingt pistoles, et soixante, ce serait quatre-vingts.

SCAPIN : Justement.

ARGANTE : C'est beaucoup; mais soit, je consens à cela.

SCAPIN : « Il me faut aussi un cheval pour monter mon valet, qui coûtera bien trente pistoles. »

ARGANTE : Comment, diantre! Qu'il se promène! il n'aura rien du tout.

SCAPIN : Monsieur.

ARGANTE : Non, c'est un impertinent.

SCAPIN : Voulez-vous que son valet aille à pied?

ARGANTE : Qu'il aille comme il lui plaira, et le maître aussi.

SCAPIN : Mon Dieu! Monsieur, ne vous arrêtez point à peu de chose. N'allez point plaider, je vous prie, et donnez tout pour vous sauver des mains de la justice.

ARGANTE : Hé bien! soit, je me résous à donner encore ces trente pistoles.

SCAPIN : « Il me faut encore, a-t-il dit, un mulet pour porter... »

ARGANTE : Oh! qu'il aille au diable avec son mulet! C'en est trop, et nous irons devant les juges.

SCAPIN : De grâce, Monsieur...

ARGANTE : Non, je n'en ferai rien.

SCAPIN : Monsieur, un petit mulet.

ARGANTE : Je ne lui donnerais pas seulement un âne.

SCAPIN : Considérez...

ARGANTE : Non! j'aime mieux plaider.

SCAPIN : Eh! Monsieur, de quoi parlez-vous là, et à quoi vous résolvez-vous? Jetez les yeux sur les détours de la justice; voyez combien d'appels et de degrés de juridiction, combien de procédures embarrassantes, combien d'animaux ravissants par les griffes desquels il vous faudra passer, sergents, procureurs, avocats, greffiers, substituts, rapporteurs, juges, et leurs clercs [39]. Il n'y a pas un de tous ces gens-là qui, pour la moindre chose, ne soit capable de donner un soufflet au meilleur droit du monde. Un sergent baillera de faux exploits, sur quoi vous serez condamné sans que vous le sachiez. Votre procureur s'entendra avec votre partie, et vous vendra à beaux deniers comptants. Votre avocat, gagné de même, ne se trouvera point lorsqu'on plaidera votre cause, ou dira des raisons qui ne feront que battre la campagne, et n'iront point au fait. Le greffier délivrera par contumace [40] des sentences et arrêts [41] contre vous. Le clerc du rapporteur soustraira des pièces, ou le rapporteur même ne dira pas ce qu'il a vu. Et quand, par les plus grandes précautions du monde, vous aurez paré tout cela, vous serez ébahi que vos juges auront été sollicités contre vous, ou par des gens dévots, ou par des femmes qu'ils aimeront. Eh! Monsieur, si vous le pouvez, sauvez-vous de cet enfer-là. C'est être damné dès ce monde que d'avoir à plaider; et la seule pensée d'un procès serait capable de me faire fuir jusqu'aux Indes.

ARGANTE : A combien est-ce qu'il fait monter le mulet?

SCAPIN : Monsieur, pour le mulet, pour son cheval, et celui de son homme, pour le harnois et les pistolets, et pour payer quelque petite chose qu'il doit à son hôtesse, il demande en tout deux cents pistoles.

ARGANTE : Deux cents pistoles?

SCAPIN : Oui.

ARGANTE, *se promenant en colère le long du théâtre :* Allons, allons, nous plaiderons.

SCAPIN : Faites réflexion...

ARGANTE : Je plaiderai.

SCAPIN : Ne vous allez point jeter...

ARGANTE : Je veux plaider.

SCAPIN : Mais, pour plaider, il vous faudra de l'argent : il vous en faudra pour l'exploit [42]; il vous en faudra pour le contrôle; il vous en faudra pour la procuration, pour la présentation, conseils, productions, et journées du procureur; il vous en faudra pour les consultations et plaidoiries des avocats, pour le droit de retirer le sac, et pour les grosses d'écritures; il vous en faudra pour le rapport des substituts; pour les épices de conclusion; pour l'enregistrement du greffier, façon d'appointement, sentences et arrêts, contrôles, signatures, et expéditions de leurs clercs [43], sans parler de tous les présents qu'il vous faudra faire. Donnez cet argent-là à cet homme-ci, vous voilà hors d'affaire.

ARGANTE : Comment, deux cents pistoles?

SCAPIN : Oui : vous y gagnerez. J'ai fait un petit calcul en moi-même de tous les frais de la justice; et j'ai trouvé qu'en donnant deux cents pistoles à votre homme, vous en aurez de reste pour le moins cent cinquante, sans compter les soins, les pas, et les chagrins que vous épargnerez. Quand il n'y aurait à essuyer que les sottises que disent devant tout le monde de méchants plaisants d'avocats, j'aimerais mieux donner trois cents pistoles que de plaider.

ARGANTE : Je me moque de cela, et je défie les avocats de rien dire de moi.

SCAPIN : Vous ferez ce qu'il vous plaira ; mais si j'étais que de vous, je fuirais les procès.

ARGANTE : Je ne donnerai point deux cents pistoles.

SCAPIN : Voici l'homme dont il s'agit.

SCÈNE VI

SILVESTRE, ARGANTE, SCAPIN

SILVESTRE : Scapin, fais-moi connaître un peu cet Argante, qui est père d'Octave.

SCAPIN : Pourquoi, Monsieur ?

SILVESTRE : Je viens d'apprendre qu'il veut me mettre en procès, et faire rompre par justice le mariage de ma sœur.

SCAPIN : Je ne sais pas s'il a cette pensée ; mais il ne veut point consentir aux deux cents pistoles que vous voulez, et il dit que c'est trop.

SILVESTRE : Par la mort ! par la tête ! par le ventre ! si je le trouve, je le veux échiner [44], dussé-je être roué tout vif.

> *Argante, pour n'être point vu, se tient, en tremblant, couvert de Scapin.*

SCAPIN : Monsieur, ce père d'Octave a du cœur, et peut-être ne vous craindra-t-il point.

SILVESTRE : Lui? lui? Par la [45] sang! par la tête! s'il était là, je lui donnerais tout à l'heure de l'épée dans le ventre. Qui est cet homme-là?

SCAPIN : Ce n'est pas lui, Monsieur, ce n'est pas lui [46].

SILVESTRE : N'est-ce point quelqu'un de ses amis?

SCAPIN : Non, Monsieur, au contraire, c'est son ennemi capital.

SILVESTRE : Son ennemi capital?

SCAPIN : Oui.

SILVESTRE : Ah, parbleu! j'en suis ravi. Vous êtes ennemi, Monsieur, de ce faquin d'Argante, eh?

SCAPIN : Oui, oui, je vous en réponds.

SILVESTRE, *lui prend rudement la main :* Touchez là, touchez. Je vous donne ma parole, et vous jure sur mon honneur, par l'épée que je porte, par tous les serments que je saurais faire, qu'avant la fin du jour je vous déferai de ce maraud fieffé, de ce faquin d'Argante. Reposez-vous sur moi.

SCAPIN : Monsieur, les violences en ce pays-ci ne sont guère souffertes.

SILVESTRE : Je me moque de tout, et je n'ai rien à perdre.

SCAPIN : Il se tiendra sur ses gardes assurément; et il a des parents, des amis, et des domestiques, dont il se fera un secours contre votre ressentiment.

SILVESTRE : C'est ce que je demande, morbleu! c'est ce que je demande. (*Il met l'épée à la main et pousse de tous les côtés, comme s'il y avait plusieurs personnes devant lui.*) Ah, tête! ah, ventre! Que ne le trouvé-je à cette heure avec tout son secours! Que ne paraît-il à mes yeux au milieu de trente personnes! Que ne les vois-je fondre sur moi les armes à la main! Comment, marauds, vous avez la hardiesse de vous attaquer à moi? Allons, morbleu! tue, point de quartier. Donnons. Ferme. Poussons. Bon pied, bon œil. Ah! coquins, ah! canaille, vous en voulez par là; je vous en ferai tâter votre soûl. Soutenez, marauds, soutenez. Allons. A cette botte. A cette autre. A celle-ci. A celle-là. Comment, vous reculez? Pied ferme, morbleu! pied ferme.

SCAPIN : Eh, eh, eh! Monsieur, nous n'en sommes pas.

SILVESTRE : Voilà qui vous apprendra à vous oser jouer de moi.

SCAPIN : Hé bien, vous voyez combien de personnes tuées pour deux cents pistoles. Oh sus! je vous souhaite une bonne fortune [47].

ARGANTE, *tout tremblant :* Scapin.

SCAPIN : Plaît-il?

ARGANTE : Je me résous à donner les deux cents pistoles.

SCAPIN : J'en suis ravi, pour l'amour de vous.

ARGANTE : Allons le trouver, je les ai sur moi.

SCAPIN : Vous n'avez qu'à me les donner. Il ne faut pas pour votre honneur que vous paraissiez là, après avoir passé ici pour autre que ce que vous êtes; et de plus, je craindrais qu'en vous faisant connaître il n'allât s'aviser de vous demander davantage.

ARGANTE : Oui; mais j'aurais été bien aise de voir comme je donne mon argent.

SCAPIN : Est-ce que vous vous défiez de moi?

ARGANTE : Non pas; mais...

SCAPIN : Parbleu, Monsieur, je suis un fourbe, ou je suis honnête homme : c'est l'un des deux. Est-ce que je voudrais vous tromper, et que dans tout ceci j'ai d'autre intérêt que le vôtre, et celui de mon maître, à qui vous voulez vous allier? Si je vous suis suspect, je ne me mêle plus de rien, et vous n'avez qu'à chercher, dès cette heure, qui accommodera vos affaires [48].

ARGANTE : Tiens donc.

SCAPIN : Non, Monsieur, ne me confiez point votre argent. Je serai bien aise que vous vous serviez de quelque autre.

ARGANTE : Mon Dieu! tiens.

SCAPIN : Non, vous dis-je, ne vous fiez point à moi. Que sait-on si je ne veux point vous attraper votre argent?

ARGANTE : Tiens, te dis-je, ne me fais point contester davantage. Mais songe à bien prendre tes sûretés avec lui.

SCAPIN : Laissez-moi faire, il n'a pas affaire à un sot.

ARGANTE : Je vais t'attendre chez moi.

SCAPIN : Je ne manquerai pas d'y aller. Et un. Je n'ai qu'à chercher l'autre. Ah! ma foi! le voici. Il semble que le Ciel, l'un après l'autre, les amène dans mes filets.

SCÈNE VII

GÉRONTE, SCAPIN

SCAPIN : Ô Ciel! ô disgrâce imprévue! ô misérable père! Pauvre Géronte, que feras-tu?

GÉRONTE : Que dit-il là de moi, avec ce visage affligé?

SCAPIN : N'y a-t-il personne qui puisse me dire où est le seigneur Géronte?

GÉRONTE : Qu'y a-t-il, Scapin?

SCAPIN : Où pourrai-je le rencontrer, pour lui dire cette infortune?

GÉRONTE : Qu'est-ce que c'est donc?

SCAPIN : En vain je cours de tous côtés pour le pouvoir trouver.

GÉRONTE : Me voici.

SCAPIN : Il faut qu'il soit caché en quelque endroit qu'on ne puisse point deviner.

GÉRONTE : Holà! es-tu aveugle, que tu ne me vois pas?

SCAPIN : Ah! Monsieur, il n'y a pas moyen de vous rencontrer [49].

GÉRONTE : Il y a une heure que je suis devant toi. Qu'est-ce que c'est donc qu'il y a?

SCAPIN : Monsieur...

GÉRONTE : Quoi?

SCAPIN : Monsieur, votre fils...

GÉRONTE : Hé bien! mon fils...

SCAPIN : Est tombé dans une disgrâce la plus étrange du monde [50].

GÉRONTE : Et quelle?

SCAPIN : Je l'ai trouvé tantôt tout triste, de je ne sais quoi que vous lui avez dit, où vous m'avez mêlé assez mal à propos; et, cherchant à divertir cette tristesse, nous nous sommes allés promener sur le port. Là, entre autres plusieurs choses, nous avons arrêté nos yeux sur une galère turque assez bien équipée. Un jeune Turc de bonne mine nous a invités d'y entrer, et nous a présenté la main. Nous y avons passé; il nous a fait mille civilités, nous a donné la collation, où nous avons mangé des fruits les plus excellents qui se puissent voir, et bu du vin que nous avons trouvé le meilleur du monde.

GÉRONTE : Qu'y a-t-il de si affligeant à tout cela?

SCAPIN : Attendez, Monsieur, nous y voici. Pendant que nous mangions, il a fait mettre la galère en mer, et, se voyant éloigné du port, il m'a fait mettre dans un esquif, et m'envoie vous dire que, si vous ne lui envoyez par moi tout à l'heure cinq cents écus, il va vous emmener votre fils en Alger.

GÉRONTE : Comment, diantre! cinq cents écus?

SCAPIN : Oui, Monsieur; et de plus, il ne m'a donné pour cela que deux heures.

GÉRONTE : Ah! le pendard de Turc, m'assassiner de la façon!

SCAPIN : C'est à vous, Monsieur, d'aviser promptement aux moyens de sauver des fers un fils que vous aimez avec tant de tendresse.

GÉRONTE : Que diable allait-il faire dans cette galère?

SCAPIN : Il ne songeait pas à ce qui est arrivé.

GÉRONTE : Va-t'en, Scapin, va-t'en vite dire à ce Turc que je vais envoyer la justice après lui.

SCAPIN : La justice en pleine mer! Vous moquez-vous des gens?

GÉRONTE : Que diable allait-il faire dans cette galère?

SCAPIN : Une méchante destinée conduit quelquefois les personnes.

GÉRONTE : Il faut, Scapin, il faut que tu fasses ici l'action d'un serviteur fidèle.

SCAPIN : Quoi, Monsieur?

GÉRONTE : Que tu ailles dire à ce Turc qu'il me renvoie mon fils, et que tu te mets à sa place jusqu'à ce que j'aie amassé la somme qu'il demande.

SCAPIN : Eh! Monsieur, songez-vous à ce que vous dites? et vous figurez-vous que ce Turc ait si peu de sens, que d'aller recevoir un misérable comme moi à la place de votre fils?

GÉRONTE : Que diable allait-il faire dans cette galère?

SCAPIN : Il ne devinait pas ce malheur. Songez, Monsieur, qu'il ne m'a donné que deux heures.

GÉRONTE : Tu dis qu'il demande...

SCAPIN : Cinq cents écus.

GÉRONTE : Cinq cents écus! N'a-t-il point de conscience?

SCAPIN : Vraiment oui, de la conscience à un Turc.

GÉRONTE : Sait-il bien ce que c'est que cinq cents écus?

SCAPIN : Oui, Monsieur, il sait que c'est mille cinq cents livres.

GÉRONTE : Croit-il, le traître, que mille cinq cents livres se trouvent dans le pas d'un cheval[51]?

SCAPIN : Ce sont des gens qui n'entendent point de raison.

GÉRONTE : Mais que diable allait-il faire à cette galère?

SCAPIN : Il est vrai; mais quoi? on ne prévoyait pas les choses. De grâce, Monsieur, dépêchez.

GÉRONTE : Tiens, voilà la clef de mon armoire.

SCAPIN : Bon.

GÉRONTE : Tu l'ouvriras.

SCAPIN : Fort bien.

GÉRONTE : Tu trouveras une grosse clef du côté gauche, qui est celle de mon grenier.

SCAPIN : Oui.

GÉRONTE : Tu iras prendre toutes les hardes qui sont dans cette grande manne, et tu les vendras aux fripiers, pour aller racheter mon fils.

SCAPIN, *en lui rendant la clef :* Eh! Monsieur, rêvez-vous? Je n'aurais pas cent francs de tout ce que vous dites; et de plus, vous savez le peu de temps qu'on m'a donné.

GÉRONTE : Mais que diable allait-il faire à cette galère ?

SCAPIN : Oh ! que de paroles perdues ! Laissez là cette galère, et songez que le temps presse, et que vous courez risque de perdre votre fils. Hélas ! mon pauvre maître, peut-être que je ne te verrai de ma vie, et qu'à l'heure que je parle, on t'emmène esclave en Alger. Mais le Ciel me sera témoin que j'ai fait pour toi tout ce que j'ai pu ; et que si tu manques à être racheté, il n'en faut accuser que le peu d'amitié d'un père.

GÉRONTE : Attends, Scapin, je m'en vais querir cette somme.

SCAPIN : Dépêchez donc vite, Monsieur, je tremble que l'heure ne sonne.

GÉRONTE : N'est-ce pas quatre cents écus que tu dis ?

SCAPIN : Non : cinq cents écus.

GÉRONTE : Cinq cents écus ?

SCAPIN : Oui.

GÉRONTE : Que diable allait-il faire à cette galère ?

SCAPIN : Vous avez raison, mais hâtez-vous.

GÉRONTE : N'y avait-il point d'autre promenade ?

SCAPIN : Cela est vrai. Mais faites promptement.

GÉRONTE : Ah ! maudite galère !

SCAPIN : Cette galère lui tient au cœur.

GÉRONTE : Tiens, Scapin, je ne me souvenais pas que je viens justement de recevoir cette somme en or, et je ne croyais pas qu'elle dût m'être si tôt ravie. *(Il lui présente sa bourse, qu'il ne laisse pourtant pas aller ; et, dans ses transports, il fait aller son bras de côté et d'autre, et Scapin le sien pour avoir la bourse.)* Tiens. Va-t'en racheter mon fils.

SCAPIN : Oui, Monsieur.

GÉRONTE : Mais dis à ce Turc que c'est un scélérat.

SCAPIN : Oui.

GÉRONTE : Un infâme.

SCAPIN : Oui.

GÉRONTE : Un homme sans foi, un voleur.

SCAPIN : Laissez-moi faire.

GÉRONTE : Qu'il me tire cinq cents écus contre toute sorte de droit.

SCAPIN : Oui.

GÉRONTE : Que je ne les lui donne ni à la mort, ni à la vie.

SCAPIN : Fort bien.

GÉRONTE : Et que si jamais je l'attrape, je saurai me venger de lui.

SCAPIN : Oui.

GÉRONTE, *remet la bourse dans sa poche, et s'en va :* Va, va vite requerir mon fils.

SCAPIN, *allant après lui :* Holà! Monsieur.

GÉRONTE : Quoi?

SCAPIN : Où est donc cet argent?

GÉRONTE : Ne te l'ai-je pas donné?

SCAPIN : Non vraiment, vous l'avez remis dans votre poche.

GÉRONTE : Ah! c'est la douleur qui me trouble l'esprit.

SCAPIN : Je le vois bien.

GÉRONTE : Que diable allait-il faire dans cette galère? Ah! maudite galère! traître de Turc à tous les diables!

SCAPIN : Il ne peut digérer les cinq cents écus que je lui arrache; mais il n'est pas quitte envers moi, et je veux qu'il me paye en une autre monnaie l'imposture qu'il m'a faite auprès de son fils.

SCÈNE VIII

OCTAVE, LÉANDRE, SCAPIN

OCTAVE : Hé bien! Scapin, as-tu réussi pour moi dans ton entreprise?

LÉANDRE : As-tu fait quelque chose pour tirer mon amour de la peine où il est?

SCAPIN : Voilà deux cents pistoles que j'ai tirées de votre père.

OCTAVE : Ah! que tu me donnes de joie!

SCAPIN : Pour vous, je n'ai pu faire rien.

LÉANDRE *veut s'en aller* : Il faut donc que j'aille mourir; et je n'ai que faire de vivre si Zerbinette m'est ôtée.

SCAPIN : Holà, holà! tout doucement. Comme diantre vous allez vite!

LÉANDRE *se retourne* : Que veux-tu que je devienne?

SCAPIN : Allez, j'ai votre affaire ici.

LÉANDRE *revient* : Ah! tu me redonnes la vie.

SCAPIN : Mais à condition que vous me permettrez à moi une petite vengeance contre votre père, pour le tour qu'il m'a fait.

LÉANDRE : Tout ce que tu voudras.

SCAPIN : Vous me le promettez devant témoin.

LÉANDRE : Oui.

SCAPIN : Tenez, voilà cinq cents écus.

LÉANDRE : Allons-en promptement acheter celle que j'adore.

ACTE III

SCÈNE PREMIÈRE

ZERBINETTE, HYACINTE, SCAPIN, SILVESTRE

SILVESTRE : Oui, vos amants ont arrêté entre eux que vous fussiez ensemble ; et nous nous acquittons de l'ordre qu'ils nous ont donné.

HYACINTE : Un tel ordre n'a rien qui ne me soit fort agréable. Je reçois avec joie une compagnie de la sorte ; et il ne tiendra pas à moi que l'amitié qui est entre les personnes que nous aimons ne se répande entre nous deux.

ZERBINETTE : J'accepte la proposition, et ne suis point personne à reculer, lorsqu'on m'attaque d'amitié [52].

SCAPIN : Et lorsque c'est d'amour qu'on vous attaque ?

ZERBINETTE : Pour l'amour, c'est une autre chose ; on y court un peu plus de risque, et je n'y suis pas si hardie.

SCAPIN : Vous l'êtes, que je crois, contre mon maître maintenant ; et ce qu'il vient de faire pour vous doit vous donner du cœur pour répondre comme il faut à sa passion.

ZERBINETTE : Je ne m'y fie encore que de la bonne sorte; et ce n'est pas assez pour m'assurer entièrement que ce qu'il vient de faire. J'ai l'humeur enjouée, et sans cesse je ris; mais tout en riant, je suis sérieuse sur de certains chapitres; et ton maître s'abusera, s'il croit qu'il lui suffise de m'avoir achetée pour me voir toute à lui. Il doit lui en coûter autre chose que de l'argent; et pour répondre à son amour de la manière qu'il souhaite, il me faut un don de sa foi qui soit assaisonné de certaines cérémonies qu'on trouve nécessaires.

SCAPIN : C'est là aussi comme il l'entend. Il ne prétend à vous qu'en tout bien et en tout honneur; et je n'aurais pas été homme à me mêler de cette affaire, s'il avait une autre pensée.

ZERBINETTE : C'est ce que je veux croire, puisque vous me le dites; mais, du côté du père, j'y prévois des empêchements.

SCAPIN : Nous trouverons moyen d'accommoder les choses.

HYACINTE : La ressemblance de nos destins doit contribuer encore à faire naître notre amitié; et nous nous voyons toutes deux dans les mêmes alarmes, toutes deux exposées à la même infortune.

ZERBINETTE : Vous avez cet avantage, au moins, que vous savez de qui vous êtes née; et que l'appui de vos parents, que vous pouvez faire connaître, est capable d'ajuster tout, peut assurer votre bonheur, et faire donner un consentement au mariage qu'on trouve fait. Mais pour moi, je ne rencontre aucun secours dans ce que je puis être, et l'on me voit dans un état qui n'adoucira pas les volontés d'un père qui ne regarde que le bien.

HYACINTE : Mais aussi avez-vous cet avantage,

que l'on ne tente point par un autre parti celui que vous aimez.

ZERBINETTE : Le changement du cœur d'un amant n'est pas ce qu'on peut le plus craindre. On se peut naturellement croire assez de mérite pour garder sa conquête ; et ce que je vois de plus redoutable dans ces sortes d'affaires, c'est la puissance paternelle, auprès de qui tout le mérite ne sert de rien.

HYACINTE : Hélas! pourquoi faut-il que de justes inclinations se trouvent traversées? La douce chose que d'aimer, lorsque l'on ne voit point d'obstacle à ces aimables chaînes dont deux cœurs se lient ensemble!

SCAPIN : Vous vous moquez : la tranquillité en amour est un calme désagréable ; un bonheur tout uni nous devient ennuyeux ; il faut du haut et du bas dans la vie ; et les difficultés qui se mêlent aux choses réveillent les ardeurs, augmentent les plaisirs.

ZERBINETTE : Mon Dieu, Scapin, fais-nous un peu ce récit, qu'on m'a dit qui est si plaisant, du stratagème dont tu t'es avisé pour tirer de l'argent de ton vieillard avare. Tu sais qu'on ne perd point sa peine lorsqu'on me fait un conte, et que je le paye assez bien par la joie qu'on m'y voit prendre.

SCAPIN : Voilà Silvestre qui s'en acquittera aussi bien que moi. J'ai dans la tête certaine petite vengeance, dont je vais goûter le plaisir.

SILVESTRE : Pourquoi, de gaieté de cœur, veux-tu chercher à t'attirer de méchantes affaires?

SCAPIN : Je me plais à tenter des entreprises hasardeuses.

SILVESTRE : Je te l'ai déjà dit, tu quitterais le dessein que tu as, si tu m'en voulais croire.

SCAPIN : Oui, mais c'est moi que j'en croirai.

SILVESTRE : A quoi diable te vas-tu amuser?

SCAPIN : De quoi diable te mets-tu en peine?

SILVESTRE : C'est que je vois que, sans nécessité, tu vas courir risque de t'attirer une venue [53] de coups de bâton.

SCAPIN : Hé bien! c'est aux dépens de mon dos, et non pas du tien.

SILVESTRE : Il est vrai que tu es maître de tes épaules, et tu en disposeras comme il te plaira.

SCAPIN : Ces sortes de périls ne m'ont jamais arrêté, et je hais ces cœurs pusillanimes qui, pour trop prévoir les suites des choses, n'osent rien entreprendre.

ZERBINETTE : Nous aurons besoin de tes soins.

SCAPIN : Allez : je vous irai bientôt rejoindre. Il ne sera pas dit qu'impunément on m'ait mis en état de me trahir moi-même, et de découvrir des secrets qu'il était bon qu'on ne sût pas.

SCÈNE II

GÉRONTE, SCAPIN

GÉRONTE : Hé bien, Scapin, comment va l'affaire de mon fils?

SCAPIN : Votre fils, Monsieur, est en lieu de sûreté; mais vous courez maintenant, vous, le péril le plus grand du monde, et je voudrais pour beaucoup que vous fussiez dans votre logis.

GÉRONTE : Comment donc?

SCAPIN : A l'heure que je parle, on vous cherche de toutes parts pour vous tuer.

GÉRONTE : Moi?

SCAPIN : Oui.

GÉRONTE : Et qui?

SCAPIN : Le frère de cette personne qu'Octave a épousée. Il croit que le dessein que vous avez de mettre votre fille à la place que tient sa sœur est ce qui pousse le plus fort à faire rompre leur mariage; et, dans cette pensée, il a résolu hautement de décharger son désespoir sur vous et vous ôter la vie pour venger son honneur. Tous ses amis, gens d'épée comme lui, vous cherchent de tous les côtés et demandent de vos nouvelles. J'ai vu même deçà et delà des soldats de sa compagnie qui interrogent ceux qu'ils trouvent, et occupent par pelotons toutes les avenues de votre maison. De sorte que vous ne sauriez aller chez vous, vous ne sauriez faire un pas ni à droit, ni à gauche, que vous ne tombiez dans leurs mains.

GÉRONTE : Que ferai-je, mon pauvre Scapin?

SCAPIN : Je ne sais pas, Monsieur, et voici une étrange affaire. Je tremble pour vous depuis les pieds jusqu'à la tête, et... Attendez. (*Il se retourne, et fait semblant d'aller voir au bout du théâtre s'il n'y a personne.*)

GÉRONTE, *en tremblant :* Eh?

SCAPIN, *en revenant :* Non, non, non, ce n'est rien.

GÉRONTE : Ne saurais-tu trouver quelque moyen pour me tirer de peine?

SCAPIN : J'en imagine bien un; mais je courrais risque, moi, de me faire assommer.

GÉRONTE : Eh! Scapin, montre-toi serviteur zélé : ne m'abandonne pas, je te prie.

SCAPIN : Je le veux bien. J'ai une tendresse pour vous qui ne saurait souffrir que je vous laisse sans secours.

GÉRONTE : Tu en seras récompensé, je t'assure; et

je te promets cet habit-ci, quand je l'aurai un peu usé.

SCAPIN : Attendez. Voici une affaire que je me suis trouvée fort à propos pour vous sauver. Il faut que vous vous mettiez dans ce sac [54] et que...

GÉRONTE, *croyant voir quelqu'un* : Ah!

SCAPIN : Non, non, non, non, ce n'est personne. Il faut, dis-je, que vous vous mettiez là-dedans, et que vous gardiez de remuer en aucune façon. Je vous chargerai sur mon dos, comme un paquet de quelque chose, et je vous porterai ainsi au travers de vos ennemis, jusque dans votre maison, où quand nous serons une fois, nous pourrons nous barricader, et envoyer querir main-forte contre la violence.

GÉRONTE : L'invention est bonne.

SCAPIN : La meilleure du monde. Vous allez voir. *(A part.)* Tu me paieras l'imposture.

GÉRONTE : Eh?

SCAPIN : Je dis que vos ennemis seront bien attrapés. Mettez-vous bien jusqu'au fond, et surtout prenez garde de ne vous point montrer, et de ne branler pas, quelque chose qui puisse arriver.

GÉRONTE : Laisse-moi faire. Je saurai me tenir...

SCAPIN : Cachez-vous : voici un spadassin qui vous cherche. *(En contrefaisant sa voix.)* « Quoi? jé n'aurai pas l'abantage dé tuer cé Geronte, et quelqu'un par charité né m'enseignera pas où il est [55]? » *(A Géronte de sa voix ordinaire.)* Ne branlez pas. *(Reprenant son ton contrefait.)* « Cadédis [56], jé lé trouberai, sé cachât-il au centre dé la terre. » *(A Géronte avec son ton naturel.)* Ne vous montrez pas. *(Tout le langage gascon est supposé de celui qu'il contrefait, et le reste de lui.)* « Oh, l'homme au sac! » Monsieur. « Jé té vaille un louis, et m'enseigne où put être Geronte. » Vous cherchez

le seigneur Géronte? « Oui, mordi! jé lé cherche. »
Et pour quelle affaire, Monsieur? « Pour quelle
affaire? » Oui. « Jé beux, cadédis, lé faire mourir
sous les coups de vaton. » Oh! Monsieur, les coups
de bâton ne se donnent point à des gens comme lui,
et ce n'est pas un homme à être traité de la sorte.
« Qui, cé fat dé Geronte, cé maraut, cé velître[57]? »
Le seigneur Géronte, Monsieur, n'est ni fat, ni
maraud, ni belître, et vous devriez, s'il vous plaît,
parler d'autre façon. « Comment, tu mé traites, à
moi, avec cette hautur? » Je défends, comme je
dois, un homme d'honneur qu'on offense. « Est-ce
que tu es des amis dé cé Geronte? » Oui, Monsieur,
j'en suis. « Ah! cadédis, tu es de ses amis, à la
vonne hure. » *(Il donne plusieurs coups de bâton sur
le sac.)* « Tiens. Boilà cé que jé té vaille pour lui. »
Ah, ah, ah! ah, Monsieur! Ah, ah, Monsieur! tout
beau. Ah, doucement, ah, ah, ah! « Va, porte-lui
cela de ma part. Adiusias[58]. » Ah! diable soit le
Gascon. Ah! *(En se plaignant et remuant le dos,
comme s'il avait reçu les coups de bâton.)*

GÉRONTE, *mettant la tête hors du sac :* Ah! Scapin,
je n'en puis plus!

SCAPIN : Ah! Monsieur, je suis tout moulu, et les
épaules me font un mal épouvantable.

GÉRONTE : Comment? c'est sur les miennes qu'il
a frappé.

SCAPIN : Nenni, Monsieur, c'était sur mon dos
qu'il frappait.

GÉRONTE : Que veux-tu dire? J'ai bien senti les
coups, et les sens bien encore.

SCAPIN : Non, vous dis-je, ce n'est que le bout du
bâton qui a été jusque sur vos épaules.

GÉRONTE : Tu devais donc te retirer un peu plus
loin, pour m'épargner...

SCAPIN *lui remet la tête dans le sac :* Prenez garde.

En voici un autre qui a la mine d'un étranger [59]. *(Cet endroit est de même celui du Gascon, pour le changement de langage, et le jeu de théâtre.)* « Parti! moi courir comme une Basque [60], et moi ne pouvre point troufair de tout le jour sti tiable de Gironte? » Cachez-vous bien. « Dites-moi un peu fous, Monsir l'homme, s'il ve plaist, fous savoir point où l'est sti Gironte que moi cherchair? » Non, Monsieur, je ne sais point où est Géronte. « Dites-moi-le vous frenchemente, moi li fouloir pas grande chose à lui. L'est seulemente pour li donnair un petite régale sur le dos d'un douzaine de coups de bastonne, et de trois ou quatre petites coups d'épée au trafers de son poitrine. » Je vous assure, Monsieur, que je ne sais pas où il est. « Il me semble que j'y foi remuair quelque chose dans sti sac. » Pardonnez-moi, Monsieur. « Li est assurémente quelque histoire là-tetans. » Point du tout, Monsieur. « Moi l'avoir enfie de tonner ain coup d'épée dans ste sac. » Ah! Monsieur, gardez-vous-en bien. « Montre-le-moi un peu fous ce que c'estre là. » Tout beau, Monsieur. « Quement? tout beau? » Vous n'avez que faire de vouloir voir ce que je porte. « Et moi, je le fouloir foir, moi. » Vous ne le verrez point. « Ahi que de badinemente! » Ce sont hardes qui m'appartiennent. « Montre-moi fous, te dis-je. » Je n'en ferai rien. « Toi ne faire rien? » Non. « Moi pailler de ste bastonne dessus les épaules de toi. » Je me moque de cela. « Ah! toi faire le trole. » Ahi, ahi, ahi; ah, Monsieur, ah, ah, ah, ah. « Jusqu'au refoir : l'estre là un petit leçon pour li apprendre à toi à parlair insolentemente! » Ah! peste soit du baragouineux! Ah!

GÉRONTE, *sortant sa tête du sac :* Ah! je suis roué!

SCAPIN : Ah! je suis mort!

GÉRONTE : Pourquoi diantre faut-il qu'ils frappent sur mon dos?

SCAPIN, *lui remettant sa tête dans le sac :* Prenez garde, voici une demi-douzaine de soldats tout ensemble. *(Il contrefait plusieurs personnes ensemble.)* « Allons, tâchons à trouver ce Géronte, cherchons partout. N'épargnons point nos pas. Courons toute la ville. N'oublions aucun lieu. Visitons tout. Furetons de tous les côtés. Par où irons-nous? Tournons par-là. Non, par ici. A gauche. A droit. Nenni. Si fait. » Cachez-vous bien. « Ah! camarades, voici son valet. Allons, coquin, il faut que tu nous enseignes où est ton maître. » Eh! Messieurs, ne me maltraitez point. « Allons, dis-nous où il est. Parle. Hâte-toi. Expédions. Dépêche vite. Tôt. » Eh! Messieurs, doucement. *(Géronte met doucement la tête hors du sac et aperçoit la fourberie de Scapin.)* « Si tu ne nous fais trouver ton maître tout à l'heure, nous allons faire pleuvoir sur toi une ondée de coups de bâton. » J'aime mieux souffrir toute chose que de vous découvrir mon maître. « Nous allons t'assommer. » Faites tout ce qu'il vous plaira. « Tu as envie d'être battu. » Je ne trahirai point mon maître. « Ah! tu en veux tâter? Voilà... » Oh!

> *Comme il est prêt de frapper, Géronte sort du sac, et Scapin s'enfuit.*

GÉRONTE : Ah, infâme! ah, traître! ah, scélérat! C'est ainsi que tu m'assassines.

SCÈNE III

ZERBINETTE, GÉRONTE

ZERBINETTE : Ah, ah [61], je veux prendre un peu l'air.

GÉRONTE : Tu me le paieras, je te jure.

ZERBINETTE : Ah! ah, ah, ah, la plaisante histoire! et la bonne dupe que ce vieillard!

GÉRONTE : Il n'y a rien de plaisant à cela; et vous n'avez que faire d'en rire.

ZERBINETTE : Quoi? Que voulez-vous dire, Monsieur?

GÉRONTE : Je veux dire que vous ne devez pas vous moquer de moi.

ZERBINETTE : De vous?

GÉRONTE : Oui.

ZERBINETTE : Comment? qui songe à se moquer de vous?

GÉRONTE : Pourquoi venez-vous ici me rire au nez?

ZERBINETTE : Cela ne vous regarde point, et je ris toute seule d'un conte qu'on vient de me faire, le plus plaisant qu'on puisse entendre. Je ne sais pas si c'est parce que je suis intéressée dans la chose; mais je n'ai jamais trouvé rien de si drôle qu'un tour qui vient d'être joué par un fils à son père, pour en attraper de l'argent.

GÉRONTE : Par un fils à son père, pour en attraper de l'argent?

ZERBINETTE : Oui. Pour peu que vous me pressiez, vous me trouverez assez disposée à vous dire

l'affaire, et j'ai une démangeaison naturelle à faire
part des contes que je sais.

GÉRONTE : Je vous prie de me dire cette histoire.

ZERBINETTE : Je le veux bien. Je ne risquerai pas
grand-chose à vous la dire, et c'est une aventure qui
n'est pas pour être longtemps secrète. La destinée a
voulu que je me trouvasse parmi une bande de ces
personnes qu'on appelle Égyptiens, et qui, rôdant
de province en province, se mêlent de dire la bonne
fortune, et quelquefois de beaucoup d'autres
choses. En arrivant dans cette ville, un jeune
homme me vit, et conçut pour moi de l'amour. Dès
ce moment, il s'attache à mes pas, et le voilà
d'abord comme tous les jeunes gens, qui croient
qu'il n'y a qu'à parler, et qu'au moindre mot qu'ils
nous disent, leurs affaires sont faites ; mais il trouva
une fierté qui lui fit un peu corriger ses premières
pensées. Il fit connaître sa passion aux gens qui me
tenaient, et il les trouva disposés à me laisser à lui
moyennant quelque somme. Mais le mal de l'affaire
était que mon amant se trouvait dans l'état où l'on
voit très souvent la plupart des fils de famille,
c'est-à-dire qu'il était un peu dénué d'argent ; et il a
un père qui, quoique riche, est un avaricieux fieffé,
le plus vilain [62] homme du monde. Attendez. Ne me
saurais-je souvenir de son nom ? Haye ! Aidez-moi
un peu. Ne pouvez-vous me nommer quelqu'un de
cette ville qui soit connu pour être avare au dernier
point ?

GÉRONTE : Non.

ZERBINETTE : Il y a à son nom du ron... ronte.
Or... Oronte. Non. Gé... Géronte ; oui, Géronte,
justement ; voilà mon vilain, je l'ai trouvé, c'est ce
ladre-là que je dis. Pour venir à notre conte, nos
gens ont voulu aujourd'hui partir de cette ville ; et
mon amant m'allait perdre faute d'argent, si, pour

en tirer de son père, il n'avait trouvé du secours dans l'industrie d'un serviteur qu'il a. Pour le nom du serviteur, je le sais à merveille : il s'appelle Scapin ; c'est un homme incomparable, et il mérite toutes les louanges qu'on peut donner.

GÉRONTE : Ah ! coquin que tu es !

ZERBINETTE : Voici le stratagème dont il s'est servi pour attraper sa dupe. Ah, ah, ah, ah. Je ne saurais m'en souvenir, que je ne rie de tout mon cœur. Ah, ah, ah. Il est allé trouver ce chien d'avare, ah, ah, ah ; et lui a dit qu'en se promenant sur le port avec son fils, hi, hi, ils avaient vu une galère turque où on les avait invités d'entrer ; qu'un jeune Turc leur y avait donné la collation, ah ; que, tandis qu'ils mangeaient, on avait mis la galère en mer ; et que le Turc l'avait renvoyé, lui seul, à terre dans un esquif, avec ordre de dire au père de son maître qu'il emmenait son fils en Alger, s'il ne lui envoyait tout à l'heure cinq cents écus. Ah, ah, ah. Voilà mon ladre, mon vilain dans de furieuses angoisses et la tendresse qu'il a pour son fils fait un combat étrange avec son avarice. Cinq cents écus qu'on lui demande sont justement cinq cents coups de poignard qu'on lui donne. Ah, ah, ah. Il ne peut se résoudre à tirer cette somme de ses entrailles ; et la peine qu'il souffre lui fait trouver cent moyens ridicules pour ravoir son fils. Ah, ah, ah. Il veut envoyer la justice en mer après la galère du Turc. Ah, ah, ah. Il sollicite son valet de s'aller offrir à tenir la place de son fils, jusqu'à ce qu'il ait amassé l'argent qu'il n'a pas envie de donner. Ah, ah, ah. Il abandonne, pour faire les cinq cents écus, quatre ou cinq vieux habits qui n'en valent pas trente. Ah, ah, ah. Le valet lui fait comprendre, à tous coups, l'impertinence de ses propositions, et chaque réflexion est douloureusement accompagnée d'un :

« Mais que diable allait-il faire à cette galère? Ah! maudite galère! Traître de Turc! » Enfin, après plusieurs détours, après avoir longtemps gémi et soupiré... Mais il me semble que vous ne riez point de mon conte. Qu'en dites-vous?

GÉRONTE : Je dis que le jeune homme est un pendard, un insolent, qui sera puni par son père du tour qu'il lui a fait; que l'Égyptienne est une malavisée, une impertinente, de dire des injures à un homme d'honneur, qui saura lui apprendre à venir ici débaucher les enfants de famille; et que le valet est un scélérat, qui sera par Géronte envoyé au gibet avant qu'il soit demain.

SCÈNE IV

SILVESTRE, ZERBINETTE

SILVESTRE : Où est-ce donc que vous vous échappez [63]? Savez-vous bien que vous venez de parler là au père de votre amant?

ZERBINETTE : Je viens de m'en douter, et je me suis adressée à lui-même sans y penser, pour lui conter son histoire.

SILVESTRE : Comment, son histoire?

ZERBINETTE : Oui, j'étais toute remplie du conte, et je brûlais de le redire. Mais qu'importe? Tant pis pour lui. Je ne vois pas que les choses pour nous en puissent être ni pis ni mieux.

SILVESTRE : Vous aviez grande envie de babiller; et c'est avoir bien de la langue que de ne pouvoir se taire de ses propres affaires.

ZERBINETTE : N'aurait-il pas appris cela de quelque autre?

SCÈNE V

ARGANTE, SILVESTRE

ARGANTE : Holà! Silvestre.

SILVESTRE : Rentrez dans la maison. Voilà mon maître qui m'appelle.

ARGANTE : Vous vous êtes donc accordés, coquin; vous vous êtes accordés, Scapin, vous, et mon fils, pour me fourber et vous croyez que je l'endure?

SILVESTRE : Ma foi! Monsieur, si Scapin vous fourbe, je m'en lave les mains, et vous assure que je n'y trempe en aucune façon.

ARGANTE : Nous verrons cette affaire, pendard, nous verrons cette affaire, et je ne prétends pas qu'on me fasse passer la plume par le bec [64].

SCÈNE VI

GÉRONTE, ARGANTE, SILVESTRE

GÉRONTE : Ah! seigneur Argante, vous me voyez accablé de disgrâce.

ARGANTE : Vous me voyez aussi dans un accablement horrible.

GÉRONTE : Le pendard de Scapin, par une fourberie, m'a attrapé cinq cents écus.

ARGANTE : Le même pendard de Scapin, par une fourberie aussi, m'a attrapé deux cents pistoles.

GÉRONTE : Il ne s'est pas contenté de m'attraper cinq cents écus : il m'a traité d'une·manière que j'ai honte de dire. Mais il me la paiera.

ARGANTE : Je veux qu'il me fasse raison de la pièce qu'il m'a jouée.

GÉRONTE : Et je prétends faire de lui une vengeance exemplaire.

SILVESTRE : Plaise au Ciel que dans tout ceci je n'aie point ma part !

GÉRONTE : Mais ce n'est pas encore tout, seigneur Argante, et un malheur nous est toujours l'avant-coureur d'un autre. Je me réjouissais aujourd'hui de l'espérance d'avoir ma fille, dont je faisais toute ma consolation; et je viens d'apprendre de mon homme qu'elle est partie il y a longtemps de Tarente, et qu'on y croit qu'elle a péri dans le vaisseau où elle s'embarqua.

ARGANTE : Mais pourquoi, s'il vous plaît, la tenir à Tarente, et ne vous être pas donné la joie de l'avoir avec vous?

GÉRONTE : J'ai eu mes raisons pour cela; et des intérêts de famille m'ont obligé jusques ici à tenir fort secret ce second mariage. Mais que vois-je?

SCÈNE VII

NÉRINE, ARGANTE, GÉRONTE, SILVESTRE

GÉRONTE : Ah! te voilà, Nourrice.

NÉRINE, *se jetant à ses genoux :* Ah! seigneur Pandolphe [65], que...

GÉRONTE : Appelle-moi Géronte, et ne te sers

plus de ce nom. Les raisons ont cessé qui m'avaient obligé à le prendre parmi vous à Tarente.

NÉRINE : Las ! que ce changement de nom nous a causé de troubles et d'inquiétudes dans les soins que nous avons pris de vous venir chercher ici !

GÉRONTE : Où est ma fille, et sa mère ?

NÉRINE : Votre fille, Monsieur, n'est pas loin d'ici. Mais avant que de vous la faire voir, il faut que je vous demande pardon de l'avoir mariée, dans l'abandonnement où, faute de vous rencontrer, je me suis trouvée avec elle.

GÉRONTE : Ma fille mariée !

NÉRINE : Oui, Monsieur.

GÉRONTE : Et avec qui ?

NÉRINE : Avec un jeune homme nommé Octave, fils d'un certain seigneur Argante.

GÉRONTE : Ô Ciel !

ARGANTE : Quelle rencontre !

GÉRONTE : Mène-nous, mène-nous promptement où elle est.

NÉRINE : Vous n'avez qu'à entrer dans ce logis.

GÉRONTE : Passe devant. Suis-moi, suis-moi, seigneur Argante.

SILVESTRE : Voilà une aventure qui est tout à fait surprenante.

SCÈNE VIII

SCAPIN, SILVESTRE

SCAPIN : Hé bien ! Silvestre, que font nos gens ?

SILVESTRE : J'ai deux avis à te donner. L'un, que

l'affaire d'Octave est accommodée. Notre Hyacinte s'est trouvée la fille du seigneur Géronte; et le hasard a fait ce que la prudence des pères avait délibéré. L'autre avis, c'est que les deux vieillards font contre toi des menaces épouvantables, et surtout le seigneur Géronte.

SCAPIN : Cela n'est rien. Les menaces ne m'ont jamais fait mal; et ce sont des nuées qui passent bien loin sur nos têtes.

SILVESTRE : Prends garde à toi : les fils se pourraient bien raccommoder avec les pères, et toi demeurer dans la nasse.

SCAPIN : Laisse-moi faire, je trouverai moyen d'apaiser leur courroux, et...

SILVESTRE : Retire-toi, les voilà qui sortent.

SCÈNE IX

GÉRONTE, ARGANTE, SILVESTRE, NÉRINE, HYACINTE

GÉRONTE : Allons, ma fille, venez chez moi. Ma joie aurait été parfaite, si j'y avais pu voir votre mère avec vous.

ARGANTE : Voici Octave, tout à propos.

SCÈNE X

OCTAVE, ARGANTE, GÉRONTE, HYACINTE, NÉRINE, ZERBINETTE, SILVESTRE

ARGANTE : Venez, mon fils, venez vous réjouir avec nous de l'heureuse aventure de votre mariage. Le Ciel...

OCTAVE, *sans voir Hyacinte :* Non, mon père, toutes vos propositions de mariage ne serviront de rien. Je dois lever le masque avec vous, et l'on vous a dit mon engagement.

ARGANTE : Oui; mais, tu ne sais pas...

OCTAVE : Je sais tout ce qu'il faut savoir.

ARGANTE : Je te veux dire que la fille du seigneur Géronte...

OCTAVE : La fille du seigneur Géronte ne me sera jamais de rien.

GÉRONTE : C'est elle...

OCTAVE : Non, Monsieur; je vous demande pardon, mes résolutions sont prises.

SILVESTRE : Écoutez...

OCTAVE : Non : tais-toi, je n'écoute rien.

ARGANTE : Ta femme...

OCTAVE : Non, vous dis-je, mon père, je mourrai plutôt que de quitter mon aimable Hyacinte. *(Traversant le théâtre pour aller à elle.)* Oui, vous avez beau faire, la voilà celle à qui ma foi est engagée; je l'aimerai toute ma vie et je ne veux point d'autre femme.

ARGANTE : Hé bien! c'est elle qu'on te donne. Quel diable d'étourdi, qui suit toujours sa pointe [66]!

HYACINTE : Oui, Octave, voilà mon père que j'ai trouvé, et nous nous voyons hors de peine.

GÉRONTE : Allons chez moi : nous serons mieux qu'ici pour nous entretenir.

HYACINTE : Ah! mon père, je vous demande par grâce que je ne sois point séparée de l'aimable personne que vous voyez; elle a un mérite qui vous fera concevoir de l'estime pour elle, quand il sera connu de vous.

GÉRONTE : Tu veux que je tienne chez moi une personne qui est aimée de ton frère, et qui m'a dit tantôt au nez mille sottises de moi-même?

ZERBINETTE : Monsieur, je vous prie de m'excuser. Je n'aurais pas parlé de la sorte, si j'avais su que c'était vous, et je ne vous connaissais que de réputation.

GÉRONTE : Comment, que de réputation?

HYACINTE : Mon père, la passion que mon frère a pour elle n'a rien de criminel, et je réponds de sa vertu.

GÉRONTE : Voilà qui est fort bien. Ne voudrait-on point que je mariasse mon fils avec elle? Une fille inconnue, qui fait le métier de coureuse[67].

SCÈNE XI

LÉANDRE, OCTAVE, HYACINTE, ZERBINETTE, ARGANTE, GÉRONTE, SILVESTRE, NÉRINE

LÉANDRE : Mon père, ne vous plaignez point que j'aime une inconnue, sans naissance et sans bien. Ceux de qui je l'ai rachetée viennent de me découvrir qu'elle est de cette ville, et d'honnête famille ; que ce sont eux qui l'y ont dérobée à l'âge de quatre ans ; et voici un bracelet, qu'ils m'ont donné, qui pourra nous aider à trouver ses parents.

ARGANTE : Hélas ! à voir ce bracelet, c'est ma fille, que je perdis à l'âge que vous dites.

GÉRONTE : Votre fille ?

ARGANTE : Oui, ce l'est, et j'y vois tous les traits qui m'en peuvent rendre assuré [68].

HYACINTE : Ô Ciel ! que d'aventures extraordinaires !

SCÈNE XII

CARLE, LÉANDRE, OCTAVE, GÉRONTE, ARGANTE, HYACINTE, ZERBINETTE, SILVESTRE, NÉRINE

CARLE : Ah ! Messieurs, il vient d'arriver un accident étrange.

GÉRONTE : Quoi ?

CARLE : Le pauvre Scapin...

GÉRONTE : C'est un coquin que je veux faire pendre.

CARLE : Hélas ! Monsieur, vous ne serez pas en peine de cela. En passant contre un bâtiment, il lui est tombé sur la tête un marteau de tailleur de pierre, qui lui a brisé l'os et découvert toute la cervelle [69]. Il se meurt, et il a prié qu'on l'apportât ici pour vous pouvoir parler avant que de mourir.

ARGANTE : Où est-il ?

CARLE : Le voilà.

SCÈNE DERNIÈRE

SCAPIN, CARLE, GÉRONTE, ARGANTE, etc.

SCAPIN, *apporté par deux hommes et la tête entourée de linges, comme s'il avait été bien blessé :* Ahi, ahi, Messieurs, vous me voyez... ahi, vous me voyez dans un étrange état. Ahi. Je n'ai pas voulu mourir sans venir demander pardon à toutes les personnes que je puis avoir offensées. Ahi. Oui, Messieurs, avant que de rendre le dernier soupir, je vous conjure de tout mon cœur de vouloir me pardonner tous ce que je puis vous avoir fait, et principalement le seigneur Argante, et le seigneur Géronte. Ahi.

ARGANTE : Pour moi je te pardonne; va, meurs en repos.

SCAPIN : C'est vous, Monsieur, que j'ai le plus offensé, par les coups de bâton que...

GÉRONTE : Ne parle point davantage, je te pardonne aussi.

SCAPIN : Ç'a été une témérité bien grande à moi, que les coups de bâton que je...

GÉRONTE : Laissons cela.

SCAPIN : J'ai, en mourant, une douleur inconcevable des coups de bâton que...

GÉRONTE : Mon Dieu! tais-toi.

SCAPIN : Les malheureux coups de bâton que je vous...

GÉRONTE : Tais-toi, te dis-je, j'oublie tout.

SCAPIN : Hélas! quelle bonté! Mais est-ce de bon cœur, Monsieur, que vous me pardonnez ces coups de bâton que...

GÉRONTE : Eh! oui. Ne parlons plus de rien; je te pardonne tout, voilà qui est fait.

SCAPIN : Ah! Monsieur, je me sens tout soulagé depuis cette parole.

GÉRONTE : Oui; mais je te pardonne à la charge que tu mourras.

SCAPIN : Comment, Monsieur?

GÉRONTE : Je me dédis de ma parole, si tu réchappes.

SCAPIN : Ahi, ahi. Voilà mes faiblesses qui me reprennent.

ARGANTE : Seigneur Géronte, en faveur de notre joie, il faut lui pardonner sans condition.

GÉRONTE : Soit.

ARGANTE : Allons souper ensemble, pour mieux goûter notre plaisir.

SCAPIN : Et moi, qu'on me porte au bout de la table, en attendant que je meure [70].

Dossier

CHRONOLOGIE

11 janvier 1622 : Baptême à Saint-Eustache de Jean Pouguelin (*sic*). — Les parents tapissiers depuis plusieurs générations. — Dans la famille on appelle l'enfant Jean-Baptiste.

11 mai 1632 : la mère du petit Poquelin meurt.

14 décembre 1637 : Poquelin père, qui a acheté en 1631 un office de tapissier et valet de chambre du roi, obtient la survivance de sa charge pour son fils.

Les études de Molière : 1º Études primaires dans une école paroissiale sans doute. 2º Études secondaires chez les Jésuites du collège de Clermont. — Il y aurait été condisciple de Conti : impossible, Conti a sept ans de moins. — Condisciple de François Bernier et de Chapelle ; Chapelle ayant comme précepteur Gassendi, Molière aurait bénéficié de son enseignement. Discutable mais non impossible. 3º Études de droit. Molière obtient ses licences à Orléans ; se fait avocat ; au bout de quelques mois il abandonne.

L'Illustre Théâtre : Molière aurait beaucoup fréquenté le théâtre avec l'un de ses grands-pères. Tout en étant inscrit au barreau, il aurait fait partie des troupes de deux charlatans vendeurs de médicaments, Bary et l'Orviétan.

Il connaît les Béjart, des comédiens, et surtout sans doute Madeleine Béjart, très bonne comédienne. — *30 juin 1643* : contrat de société entre Beys, Pinel, Joseph Béjart, Madeleine Béjart, Geneviève Béjart, et J.-B. Poquelin. Installation de la troupe au jeu de paume des Métayers, faubourg Saint-Germain (actuellement 10-12, rue Mazarine).

28 juin 1644 : J.-B. Poquelin signe du pseudonyme de Molière. Choix de ce pseudonyme inexpliqué.

Difficultés financières; de plus les comédiens sont l'objet d'une guerre sans merci de la part du curé réformateur de la paroisse Saint-Sulpice, Olier. La troupe, endettée, va s'installer sur la rive droite, au port Saint-Paul (actuellement quai des Célestins). Mauvaises affaires. Molière emprisonné pour dettes, deux fois pendant quelques jours.

L'expérience des tournées; treize ans : Molière est peut-être dans la troupe de Dufresne. Son passage attesté à Nantes, Poitiers, Toulouse, Narbonne, Pézenas, Grenoble, Lyon. *Septembre 1653,* la troupe est autorisée à prendre le titre de troupe du prince de Conti. Son secteur : Languedoc, vallée du Rhône, des pointes à Bordeaux, Dijon. *Mars 1656,* Conti se convertit; *1657,* il interdit aux comédiens de se prévaloir de son nom.

L'installation à Paris : Après un passage à Rouen, la troupe débute à Paris (octobre 1658). *24 octobre :* début devant le roi avec *Nicomède* et un petit divertissement de Molière : *Le Docteur amoureux,* perdu. Installation salle du Petit-Bourbon, en alternance avec les Italiens.

2 novembre 1658 : première représentation de *L'Étourdi,* créé à Lyon en 1655.
Échec dans les pièces cornéliennes : *Héraclius, Rodogune, Cinna, Le Cid, Pompée.* — Grand succès avec *Le Dépit amoureux* (deuxième pièce de Molière).
La troupe est composée de dix acteurs : dont deux sœurs Béjart, deux frères Béjart, du Parc et la du Parc. Troupe jeune et dynamique.

18 novembre 1659 : Les Précieuses ridicules (troisième pièce de Molière). Vif succès. Molière commence à faire beaucoup parler de lui.

28 mai 1660 : Sganarelle ou le Cocu imaginaire (quatrième pièce).

Octobre 1660 : période difficile. La salle du Petit-Bourbon est démolie.

20 janvier 1661 : ouverture de la salle du Palais-Royal où Molière jouera jusqu'à sa mort.

4 février 1661 : première de *Dom Garcie de Navarre* (cinquième pièce).

24 juin 1661 : première de *L'École des maris* (sixième pièce).

17 août 1661 : première des *Fâcheux* à Vaux-le-Vicomte (septième pièce) chez le surintendant des Finances.

23 janvier 1662 : contrat de mariage de Molière et d'Armande Béjart. — *20 février :* mariage.

8-14 mai 1662 : premier séjour de la troupe à la cour. — C'est une consécration.

26 décembre 1662 : première de *L'École des femmes*. La querelle de *L'École des femmes* commence. Les ennemis de Molière ne cesseront plus guère de le harceler, l'attaquant jusque dans sa vie privée; l'accusant d'avoir épousé la fille de sa vieille maîtresse, Madeleine Béjart, et peut-être sa propre fille. En fait, il nous paraît certain qu'il a épousé la jeune sœur de Madeleine Béjart.

Molière répond aux attaques par *La Critique de l'École des femmes* (août 1663) et *L'Impromptu de Versailles* (octobre 1663).

20 janvier 1664 : première du *Mariage forcé* (onzième pièce).

28 février 1664 : baptême du fils aîné de Molière. Parrain : le roi, marraine : Madame Henriette d'Angleterre. L'enfant meurt à dix mois.

17 avril 1664 : L'affaire du *Tartuffe* commence : les membres de la Compagnie du Saint-Sacrement délibèrent des moyens de supprimer cette « méchante comédie ».

30 avril-22 mai : la troupe est à Versailles pour les fêtes des *Plaisirs de l'île enchantée*. Première de *La Princesse d'Élide* (douzième pièce).

12 mai : première du *Tartuffe*. Mais remontrances des dévots : le roi ne permet pas d'autres représentations publiques. Vers cette date, semble-t-il, commence à courir le bruit qu'Armande est infidèle à son mari. Bruit assez généralement accepté, mais mal contrôlable.

15 février 1665 : première de *Dom Juan* (quatorzième pièce). Pas repris après Pâques.

4 août 1665 : baptême d'Esprit-Madeleine, fille de Molière, seul enfant qui lui ait survécu.

14 août 1665 : le roi donne à la troupe une pension de 7 000 livres, et le titre de troupe du roi.

14 septembre 1665 : Première de *L'Amour médecin* (quinzième pièce).

29 décembre 1665-25 février 1666 : relâche; Molière très malade a failli mourir.

4 juin 1666 : première du *Misanthrope* (seizième pièce).

6 août 1666 : première du *Médecin malgré lui* (dix-septième pièce).

La querelle de la moralité au théâtre met en accusation

Molière; il lui est reproché (Conti, Racine, d'Aubignac) de faire retomber le théâtre à son ancienne turpitude.

1er décembre 1666 : la troupe part pour Versailles. Elle est employée dans le *Ballet des Muses*. Molière joue sa dix-huitième pièce, *Mélicerte*, puis sa dix-neuvième, *Le Sicilien ou l'Amour peintre*.

16 avril 1667 : le bruit a couru que Molière était à l'extrémité. La troupe ne recommence à jouer que le 15 mai.

5 août 1667 : représentation de *L'Imposteur,* qui n'est autre qu'un remaniement du *Tartuffe.* La pièce est immédiatement interdite par le premier président du parlement de Paris et par l'archevêque de Paris. Molière essaie vainement d'agir auprès du roi.

13 janvier 1668 : première d'*Amphitryon* (vingtième pièce).

15 juillet 1668 : première de *George Dandin* (vingt et unième pièce).

9 septembre 1668 : première de *L'Avare* (vingt-deuxième pièce).

5 février 1669 : *Le Tartuffe* se joue enfin librement. 44 représentations consécutives. Pour la première, recette record : 2 860 livres : on a dû s'entasser dans tous les recoins possibles de la salle et de la scène.

4 avril 1669 : Achevé d'imprimer du poème *La Gloire du Val-de-Grâce*, décrivant l'œuvre de Mignard et définissant son art.

6 octobre 1669 : première de *Monsieur de Pourceaugnac* à Chambord (vingt-troisième pièce).

4 janvier 1670 : *Élomire hypocondre*, comédie d'un auteur non identifié. L'un des pamphlets les plus violents contre Molière, mais renseigné.

4 février 1670 : *Les Amants magnifiques* à Saint-Germain (vingt-quatrième pièce).

14 octobre 1670 : *Le Bourgeois gentilhomme* à Chambord (vingt-cinquième pièce).

17 janvier 1671 : première de *Psyché*, dans la grande salle des Tuileries (vingt-sixième pièce). Molière a demandé, pour aller plus vite, leur collaboration à Quinault et à P. Corneille.

24 mai 1671 : première des *Fourberies de Scapin* (vingt-septième pièce).

2 décembre 1671 : première de *La Comtesse d'Escarbagnas* (vingt-huitième pièce).

17 février 1672 : Mort de Madeleine Béjart.

11 mars 1672 : première des *Femmes savantes* (vingt-neuvième pièce).

1er octobre 1672 : Baptême du second fils de Molière. Il ne vivra que dix jours.

10 février 1673 : première du *Malade imaginaire* (trentième pièce). — La musique des pièces de Molière avait jusqu'alors été faite par Lulli (*La Princesse d'Élide, Pourceaugnac, Le Bourgeois gentilhomme*). Mais Lulli, contrairement semble-t-il à un accord conclu avec Molière pour partager le privilège de l'opéra, obtient un véritable monopole pour les représentations comportant musique. Molière est amené à rompre avec Lulli. *Le Malade imaginaire,* prévu pour être joué devant la cour, est donné au public du théâtre du Palais-Royal.

17 février 1673 : quatrième représentation du *Malade imaginaire.* En prononçant le *juro* de la cérémonie finale, Molière est pris de convulsions. Il cache par « un ris forcé » ce qui lui arrive. Il est transporté chez lui dans sa chaise. Il tousse, crache du sang et meurt peu après. Sa femme a vainement cherché un prêtre pour lui donner l'absolution. Il est mort sans avoir abjuré sa qualité de comédien. La sépulture ecclésiastique lui est refusée. Sa femme va supplier le roi, qui fait pression sur l'archevêque. Le curé de Saint-Eustache autorise enfin un enterrement discret et de nuit au cimetière Saint-Joseph, dépendant de Saint-Eustache. Il se peut que le corps ait été transféré dans la partie réservée aux enfants morts sans baptême.

3 mars 1673 : Le *Malade imaginaire* est repris : La Thorillière dans le rôle du malade.

NOTE BIBLIOGRAPHIQUE

I. LES ÉDITIONS DE MOLIÈRE

Pour qui veut entrer dans le détail des tirages et dans celui des contrefaçons, bien des obscurités subsistent. Nous renvoyons à A. J. Guibert, *Bibliographie des œuvres de Molière publiées au XVIIᵉ siècle*, C.N.R.S., 1961, 2 volumes, plus deux suppléments, 1965 et 1973. Pour les éditions postérieures au XVIIᵉ siècle, on se reportera à la *Bibliographie moliéresque* de P. Lacroix, Paris, Fontaine, 2ᵉ éd., 1872.

Mais, à s'en tenir aux grandes lignes et en songeant surtout à l'établissement du texte, l'histoire est relativement simple. Distinguer entre les éditions originales, l'édition de 1682, les éditions ultérieures.

A. *Les éditions originales* publiées du vivant de Molière. Sur leur éminente dignité un accord s'est établi, et il n'y a pas lieu de le remettre en question. Ce sont « les seules à l'impression desquelles Molière ait pu avoir quelque part », dit l'édition des « Grands Écrivains » par Despois et Mesnard. Il n'y a aucune raison de préférer le dernier texte imprimé de son vivant.

B. *L'édition de 1682, Les Œuvres de M. de Molière, revues, corrigées et augmentées* [...] *Paris, Thierry, Barbin, Trabouillet,* 1682, 8 vol., apportait à son lecteur, outre les comédies imprimées du vivant de Molière, celles que pour des raisons diverses il n'avait pas publiées. Sous le titre *Œuvres posthumes de M. de Molière,* les tomes VII et VIII donnent en effet *Dom Garcie de Navarre ou le Prince jaloux ; L'Impromptu de Versailles ; Dom Juan ou le Festin de pierre ; Mélicerte ; Les Amants magnifiques ; La*

Comtesse d'Escarbagnas et, pour la première fois, le texte authentique du *Malade imaginaire*.

Nous savons peu de chose sur les conditions dans lesquelles elle a été établie. Un amateur de théâtre, Tralage, a attribué cette édition à La Grange et à Vivot, l'un comédien, compagnon de Molière, l'autre son ami personnel.

Grimarest (*Vie de Molière*) nous informe que La Grange avait à sa disposition les manuscrits de l'auteur.

L'édition de 1682 est précédée par une vie de Molière. Les auteurs en sont-ils La Grange et Vivot seuls? On a parlé aussi d'un comédien, Marcel. La question reste insoluble. Cette vie mérite considération.

C. Parmi les éditions ultérieures, une seule importe véritablement au XVIIIᵉ siècle, au moins s'agissant de l'établissement du texte; ce sont les *Œuvres de Molière*, nouvelle édition, Paris, 1734, 6 vol. in-4º. Édition luxueuse. Son intérêt est d'avoir ajouté un certain nombre de jeux de scène, qui faisaient partie de la tradition et que les éditions antérieures ne donnaient pas ou donnaient moins clairement.

D. Aux XIXᵉ et XXᵉ siècles, l'effort des éditeurs va porter essentiellement sur l'annotation.

Signalons d'abord l'édition Auger, *Œuvres de M. de Molière*, Paris, 1819-1825, 9 vol. in-8º (Lacroix, nº 384), à qui nous devons le premier texte pleinement satisfaisant de *Dom Juan*.

La bonne édition des *Œuvres complètes de Molière* par L. Moland, Paris, Garnier frères, 1863-1864, 7 vol. in-8º; 2ᵉ éd., 1880-1885, 12 vol. in-8º, a été très vite éclipsée par l'édition Despois-Mesnard dans la collection des « Grands Écrivains de la France », Hachette, 1873-1900, 13 vol. in-12 et un album. La richesse de sa documentation est exceptionnelle : elle condense tout ce qu'on connaissait à l'époque sur Molière.

Parmi les éditions modernes, celle de G. Michaut. Imprimerie nationale, 1947, 11 vol., est riche, sûre et apporte un relevé très complet des variantes.

La dernière en date enfin, *Œuvres complètes,* par Georges Couton, Bibl. de la Pléiade, 2 vol., Gallimard, 1971.

II. POUR CONNAÎTRE MOLIÈRE : LES TÉMOIGNAGES ANCIENS

Des publications récentes donnent aux moliéristes qui veulent accéder directement aux sources des facilités qu'ils n'avaient pas eues depuis longtemps.

1. Les documents d'état civil et les actes notariés actuellement connus concernant Molière et sa famille sont réunis et présentés par Madeleine Jurgens et Élisabeth Maxfield-Miller, *Cent ans de recherches sur Molière, sur sa famille et sur les comédiens de sà troupe*, S.E.V.P.E.N., 1963. Ouvrage de première importance.

2. Les témoignages du XVIIe siècle et même un peu au-delà sur Molière sont inventoriés, analysés et pour les plus importants assez longuement cités par G. Mongrédien, *Recueil des textes et des documents du XVIIe siècle relatifs à Molière*, C.N.R.S., 1965, 2 vol.

3. Le registre que tenait La Grange, l'un des compagnons de Molière et des éditeurs de 1682, édité une première fois en 1876 par E. Thierry, Claye, in-4o, a été réédité par B.-E. et G. Young, 2 vol., Droz, 1947, puis Slatkine, 1 vol., 1977, et par S. Chevalley, en fac-similé, chez Minkoff, Genève, 1972. Il permet de suivre la vie quotidienne de la troupe.

4. Les deux notices biographiques les plus anciennes : celle de 1682, courte mais sérieuse, réimprimée dans l'éd. Pléiade. Celle de J.-L. Gallois, sieur de Grimarest, *Vie de M. de Molière*, 1705, a été rééditée notamment par L. Chancerel, Renaissance du Livre, 1930, puis par G. Mongrédien, Brient, 1955. Elle est un document dont on ne peut guère se passer, mais qu'il faut chaque fois critiquer.

5. Le théâtre et la personne même de Molière ont suscité au XVIIe siècle de nombreux pamphlets, la plupart contre lui, quelques-uns en sa faveur, certains même sans doute inspirés par lui. Ils avaient été réunis dans la Collection moliéresque et la Nouvelle Collection moliéresque. On les trouvera presque tous dans l'édition de la Pléiade, 1971.

6. Enfin, l'iconographie : P. Lacroix, *Iconographie moliéresque*, Paris, Fontaine, 1876, 2e édition. Signalons surtout l'album *Théâtre classique* par Sylvie Chevalley, Bibl. de la Pléiade, 1970, et Sylvie Chevalley, *Molière en son temps*, éd. Minkoff, Paris-Genève, 1973.

III. LES RECHERCHES MODERNES

Dans la revue *Le Moliériste* (10 volumes d'avril 1879 à mars 1889) ont paru quantité de renseignements, certains de portée limitée, d'autres qui indiquent des pistes intéressantes. On a toujours profit à consulter cette collection. Le rédacteur en chef de cette revue, G. Monval, est aussi l'auteur d'une utile *Chronologie moliéresque*, Flammarion, 1897.

Dans la masse énorme des études sur Molière, nous retiendrons les plus générales seulement, qui ont établi le point de nos connaissances à des dates diverses.

G. MICHAUT : *La Jeunesse de Molière*, 2e éd., 1923; — II. *Les Débuts de Molière à Paris*, 1923; — III. *Les Luttes de Molière*, 2e éd., s. d., Hachette.

Le ou les volumes qui devaient suivre n'ont pas paru; mais l'édition de l'Imprimerie nationale, citée plus haut, a bénéficié des recherches inédites de G. Michaut.

H. CARRINGTON LANCASTER : *A History of French Dramatic Literature in the Seventeenth Century*, Part III, vol. 1 et 2, John Hopkins Press, 1936.

A. ADAM : *Histoire de la littérature française au XVIIe siècle*, t. Ill, Del Duca, 1952.

R. JASINSKI : *Molière,* collection « Connaissance des lettres », Hatier, 1969.

J. P. COLLINET : *Lectures de Molière,* Colin, 1974, donne une très utile bibliographie.

R. GARAPON : *Le dernier Molière, des Fourberies de Scapin au Malade imaginaire,* éd. S.E.D.E.S., 1977.

Avec ces études, avec aussi la *Bibliographie de la littérature française du XVIIe siècle,* de Cioranescu (C.N.R.S. 2e éd. 1969), avec les numéros spéciaux de la *Revue d'histoire littéraire de la France* (1972, no 4), de la *Revue des sciences humaines* (oct.-déc. 1973), de la revue *XVIIe siècle* (1973, nos 98-99), de la *Revue d'histoire du théâtre* (1974), on pourra compléter, selon les besoins ou les curiosités, la liste des travaux sur la vie, l'œuvre, la pensée, l'art de Molière.

IV. LE MOLIÈRE DES COMÉDIENS

Pour connaître la troupe de Molière, ses conditions de travail, le destin de l'œuvre :

G. MONGRÉDIEN : *Dictionnaire biographique des comédiens français au XVIIe siècle,* 1961, précis et complet.

LYONNET : *Dictionnaire des comédiens français,* 2 vol., Genève, s. d.

G. MONGRÉDIEN : *La Vie quotidienne des comédiens au temps de Molière,* Hachette, 1966.

P. MÉLÈSE : *Le Théâtre à Paris sous Louis XIV,* 1934, et le *Répertoire analytique des documents contemporains d'information et de critique concernant le théâtre à Paris sous Louis XIV, 1659-1715,* Droz, 1934.

L'étude de CHANCEREL sur les salles de Molière, dans la revue *Prospero,* fascicule no 6 (s. d.-1944?), éd. La Hutte, Lyon.

Du même, un *Molière* dans la collection « Metteurs en scène »,
Presses littéraires de France, 1953.

H. C. LANCASTER, édition du *Mémoire de Mahelot, Laurent et autres
décorateurs de l'Hôtel de Bourgogne,* Champion, 1920.

J. LOUGH : *Paris Theater Audiences in the XVII*th *and XVIII*th
Century, Oxford University Press, 1957.

R. BRAY : *Molière, homme de théâtre,* Mercure de France, 1954.

M. DESLOTES : *Molière et sa fortune littéraire,* éd. Ducros, 1970.

Il y a beaucoup à prendre aussi dans l'édition des « Grands
Écrivains ».

Sur les formes théâtrales et les conditions particulières de
l'écriture théâtrale :

J. SCHÉRER : *La Dramaturgie classique en France,* Nizet, 1962.

R. GARAPON : *La Fantaisie verbale et le comique dans le théâtre
français du Moyen Age à la fin du XVII*e *siècle,* Colin, 1957.

M. PELLISSON : *Les Comédies-ballets de Molière,* Hachette, 1914.

H. PRUNIÈRES : *Œuvres complètes de Lully,* t. IV, éd. de la Revue
musicale, 1938. L'ouvrage donne la musique de Lully et le
texte même des comédies-ballets.

W. G. MOORE : *Molière a new criticism,* Oxford, 1949.

M. GUTWIRTH : *Molière ou l'invention comique, la métamorphose
des thèmes, la création des types,* 1966, éd. Minard.

Sur l'interprétation de Molière par divers hommes de théâtre :

M. DESCOTES : *Les Grands Rôles du théâtre de Molière,* P.U.F., 1960.

Les *Cahiers de la compagnie Renaud-Barrault* (1956 et 1961).

Un numéro spécial de *La Table ronde* (1957).

Deux numéros spéciaux d'*Europe* (mai-juin 1961 et janvier-
février 1966).

AUDIBERTI : *Molière dramaturge,* L'Arche, 1954.

L. JOUVET : *Molière et la comédie classique, extraits des cours de
Jouvet au Conservatoire* (1939-1940), Gallimard, 1965.

Les divers volumes de la collection « Mise en scène », éditions du
Seuil : *Le Malade imaginaire,* par P. Valde, 1946; *Les Fourberies de Scapin,* par Copeau, 1950; *L'Avare,* par Ch. Dullin,
1951; *Le Tartuffe,* par Ledoux.

NOTES

L'AMOUR MÉDECIN

Page 43.

1. L'action : au sens très général de représentation.

2. Jouées à la cour, les pièces des divertissements royaux comportaient musique et danse. A la ville, les choses étaient beaucoup simplifiées.

Page 44.

3. On ne sait pas comment étaient représentés la Comédie, la Musique et le Ballet qui unissent leurs efforts pour distraire le roi. Il y a toutes les chances du monde que Molière ait pris leur représentation dans l'iconologie alors régnante, celle de Ripa, et plus précisément sans doute dans la traduction de Baudoin. La Musique est une femme tenant à la main un livre ouvert, une plume à la main pour corriger la tablature; à ses pieds, des instruments de musique; ou encore une balance et une enclume qui représentent l'harmonie des nombres. La Comédie, c'est la muse Thalie : « visage folâtre et lascif, guirlande de lierre sur la tête, masque à chaque main, brodequins aux pieds ». La Danse ou le Ballet, c'est Terpsichore, avec une harpe et sur la tête une guirlande de plumes de diverses couleurs. Ce langage des images était très familier aux gens du XVIIe siècle.

Page 45.

4. Pas de témoignage direct pour la distribution de *L'Amour médecin*. Mais, pour Sganarelle, il est à peu près certain que le rôle avait été prévu pour lui-même par Molière — son costume est connu par l'*Inventaire après décès* : « Une boîte des habits de la représentation des Médecins [*L'Amour médecin*] consistant en

un pourpoint de petit satin découpé sur roc d'or [?], le manteau et chausses de velours à fond d'or, garni de ganse et boutons, prisé quinze livres. » Le rôle du médecin Des Fonandrès était tenu par Louis Béjart, qui boitait comme lui. — Pour les autres rôles, on peut faire des hypothèses, certaines très probables, mais des hypothèses seulement.

5. Deux témoignages contemporains établissent que Molière avait fait faire pour ses médecins des masques qui ne permettaient pas d'hésiter sur leur identité. Témoignage de Langeron écrivant à M. Desnoyers, 19 septembre 1665 : « Ce qui faisait encore plus rire, c'est que les *masques* ressemblaient tellement particulièrement à M. Guénaut, à M. Esprit, à M. Des Fougerais, qu'il n'y a personne qui ne les ait pris pour eux. » — Témoignage de Gui Patin, 25 septembre 1665 : « On joue présentement à l'Hôtel de Bourgogne *L'Amour malade*. [G. Patin, qui ne va jamais au théâtre, a confondu les salles et les titres]; tout Paris y va en foule, pour voir représenter les médecins de la cour et principalement Esprit et Guénaut *avec des masques faits tout exprès*. On y a ajouté Des Fougerais, etc. Ainsi on se moque de ceux qui tuent le monde impunément. » Il s'agit des personnages les plus en vue du monde médical : « On a joué depuis peu à Versailles une comédie des médecins de la Cour, où ils ont été traités de ridicules devant le roi qui en a bien ri. On y met en premier chef les cinq premiers médecins et, par-dessus le marché, notre maître Élie Béda, autrement le sieur Des Fougerais, qui est un grand homme de probité et fort digne de louanges, si l'on en croit ce qu'il en voudrait persuader » (Gui Patin, 22 septembre 1666). Molière, qui avait fait faire des masques à la ressemblance de ces médecins, leur avait donné des noms convenant à leurs personnalités. Si l'on veut croire Brossette (cité dans « Les Grands écrivains », t. V, p. 269) les noms avaient été fabriqués par Boileau, « imités du grec » : Des Fougerais, Des Fonandrès (ἀνδροφόνος), tueur d'hommes; Esprit, qui bredouillait, Bahys (βαύζω) qui signifie jappant, aboyant; Guénaut, Macroton (μακρός, τόνος) parce qu'il parlait lentement; d'Aquin, Tomès (τομή) qui signifie un saigneur, parce qu'il aimait beaucoup pratiquer la saignée. Quant à M. Filerin, une note manuscrite de Brossette indique que c'était le médecin Yvelin. Son nom est grec aussi (φιλ[ειν], ἔριν), ami de la chicane. Ils étaient tous personnages d'importance. Des Fougerais-Des Fonandrès n'était pas médecin de la cour, mais de grande réputation cependant. Guénaut (Macroton) était médecin de la reine, Esprit (Bahys) premier médecin de Monsieur, frère du roi; Yvelin (Filerin) premier médecin de Madame, d'Aquin (Tomès), l'un des huit médecins du roi, servant par quartier. D'Aquin était de surcroît le propriétaire de Molière, entré en

conflit avec lui (voir *Élomire hypocondre*, acte I, sc. III, Pléiade, II, p. 1236; et Grimarest, *Vie de M. de Molière*, Mongrédien, t. Iᵉʳ, p. 245. Sur d'Aquin, ou Daquin, voir J. Girard, *A propos de L'Amour médecin : Molière et Louis-Henri Daquin*, Paris, 1948). Primi Visconti, dans ses *Mémoires de la Cour de France*, p. 114, l'a assez maltraité : « Daquin [...] un petit homme sans conversation et pour le faire fuir, il suffit de lui parler latin. »

6. Au XVIIᵉ siècle sont vendus des remèdes miraculeux (mithridate, thériaque, poudre de sympathie, etc.). Leurs inventeurs, ou leurs vendeurs, les « triacleurs » ou les « opérateurs », lorsqu'ils sont assez aisés, se font accompagner d'une troupe de comédiens. Ils installent leurs tréteaux place Dauphine, ou sur le Pont-Neuf, ou dans les foires. La troupe joue une parade; lorsque les badauds sont assez nombreux, l'opérateur vante sa marchandise et la vend. L'opérateur est ainsi un personnage familier à la littérature réaliste (Scarron, le *Roman comique;* Furetière, *Le Roman bourgeois;* Sorel, *Francion* et *La Maison des jeux*. Au théâtre, Dancourt, *L'Opérateur Bary,* 1702, etc. — Voir sur les opérateurs : Fournel *Les Spectacles populaires*, 1863). Les troupes des opérateurs ont été de véritables pépinières de comédiens : la Du Parc a débuté sur les tréteaux de son père, qui vendait ses drogues dans la région lyonnaise, le Dauphiné, la Savoie, le Piémont. Molière lui-même, à en croire le Boulanger de Chalussay, aurait débuté dans les troupes qu'entretenaient l'opérateur Bary et l'Orviétan (*Élomire hypocondre*, acte I, sc. I, Pléiade, II, p. 1235). Guillot-Gorju, après avoir fait ses études de médecine, serait devenu opérateur ou farceur au service d'un opérateur. Il est engagé par les comédiens de l'Hôtel de Bourgogne, reste avec eux quelques années, puis il serait revenu à la médecine. Un ennemi de Molière assure que Molière aurait acheté à la veuve de Guillot-Gorju ses Mémoires (c'est-à-dire les canevas de ses farces ou de ses parades) et que la gloire viendrait de là. Témoignage très suspect; mais intéressant parce qu'il établit la mitoyenneté d'inspiration entre comédiens et farceurs au service des opérateurs. — Des opérateurs du XVIIᵉ siècle sont restées quelques œuvres. Ont été imprimés en 1612 et 1615 : les *Prologues* de Bruscambille (Des Lauriers qui travaille avec l'opérateur Jean Farine et qui entrera à l'Hôtel de Bourgogne). — *Les Rencontres, fantaisies et coq-à-l'âne facétieux du baron de Gratteland* (1622 ou 1623) (le baron de Gratelard était le compère de l'opérateur Desiderio Descombes). — Plus célèbres peut-être encore les opérateurs Mondor et Tabarin, qui ont leur estrade place Dauphine et dont la troupe est de plusieurs personnes. Les *Œuvres complètes* de Tabarin ont été rééditées en 1658 (voir Mongrédien, *Bibliographie des œuvres du facétieux Bruscambille*, et *Bibliographie tabarinique*). Les rapports

entre les hommes et les œuvres de ce théâtre populaire et plein de verve et les hommes et les œuvres du théâtre qui a pignon sur rue sont étroits au XVIIe siècle. — Ici, Molière présente un de ces opérateurs, vendeur de la « panacée » ou médicament universel. Il a à son service, pour attirer les chalands, « plusieurs Trivelins et Scaramouches ». Trivelin et Scaramouche étaient deux « masques » de la troupe italienne. Sur le personnage de l'Orviétan, voir note 38.

7. Molière n'a pas fait attention en indiquant le lieu de la scène que l'opérateur se tient dans la rue. Peut-être, comme au début du siècle lorsque la tragédie utilisait le décor multiple, tirait-on un rideau à la fin de la scène VI, acte II; la rue apparaissait alors et dans la rue les tréteaux de l'opérateur.

Page 47.

8. *Ce grand philosophe* n'est ni identifié ni identifiable. Sganarelle le crédite d'un proverbe populaire, qui figure dans les *Contes et Discours d'Eutrapel,* et que tout le monde connaît. D'où l'effet de comique à vouloir s'appuyer sur une autorité pour une banalité.

Page 48.

9. « *Compère* se dit en discours ordinaire de ceux qui sont bons amis et familiers ensemble » (Furetière).

10. « *Braverie :* dépense en habits. Cet homme a dépensé tout son bien en braveries inutiles. *Ajustement :* ornement, parure » (Furetière).

11. « *Garniture de diamants :* un certain assortiment de diamants qu'on met pour orner ses habits ou sa tête, à la place des rubans. Il n'y a que les femmes qui usent de celle-ci » (Furetière).

12. « *Verdure :* une tapisserie de paysages où le vert domine » (Furetière).

Page 50.

13. *A la foire Saint-Laurent,* comme à la foire Saint-Germain, se trouvaient, outre des attractions variées (bateleurs, comédiens), des marchands divers, d'objets de luxe, d'antiquités, de produits étrangers. Ce cabinet serait un meuble à tiroirs, de fabrication allemande, peut-être, ou italienne.

Page 51.

14. « *Les cadeaux :* les repas qu'on donne hors de chez soi et particulièrement à la campagne. Les femmes coquettes ruinent leurs galants à force de leur faire faire des cadeaux. En ce sens, il

vieillit » (Furetière). — On se rappellera le cadeau du *Menteur* de Corneille (acte I, sc. v).

Page 52.

15. « *Détester :* faire des imprécations, pester » (Furetière). — Maudire, cf. « Et la renonce pour ma fille ».

Page 55.

16. Ed. 1682 : LISETTE, *faisant semblant de ne pas voir Sganarelle.* Ce jeu traditionnel d'un personnage qui en cherche un autre et fait semblant de ne pas le voir est utilisé aussi dans *Monsieur de Pourceaugnac,* acte III, sc. VI, et dans *Les Fourberies de Scapin,* acte II, sc. VII.

Page 56.

17. *Demeurer :* le contexte impose le sens demeurer sans mouvements, ici : évanouie. Voir Littré.

Page 57.

18. La plaisanterie est chez Pline (liv. XXIX, chap. v), puis chez Montaigne (liv. II, chap. XXXVII, Folio, p. 547), chapitre que Molière a certainement médité comme on le verra ci-dessous (n. 46).

Page 59.

19. C'est bien en effet des *Aphorismes* d'Hippocrate que s'inspire M. Tomès, mais il en use librement avec les chiffres. « Les maladies aiguës se jugent en quatorze jours » (*Aphorisme II,* 23). « Le 4e jour indique Que doit être le 7 critique; Ainsi que l'onze fait prévoir l'événement du 14e, Le 7e fait aussi voir Ce qui succède le 20e » (II, 24, traduction de Launay).

Page 60.

20. *Un cheval :* la monture normale d'un médecin est la mule; cf. Furetière : « Les médecins vont voir leurs malades sur des mules. » Remplacer la mule par le cheval était vouloir jouer à l'homme d'épée, et sortir de sa condition. Boileau a noté comme digne de remarque que le médecin Guénaut allait à cheval (*Satire VI,* v. 68, Pléiade, p. 35).

21. *L'Arsenal... :* tous ces lieux sont à la périphérie du Paris de cette époque, au-delà commence la campagne, où est Rueil.

Page 61.

22. L'un des mérites de Thomas Diafoirus est de « s'attacher aveuglément à l'opinion de nos anciens ». Dans la cérémonie du

Malade imaginaire, le nouveau médecin jure *Essere, in omnibus consultationibus, Ancieni aviso, Aut bono Aut mauvaiso.*

23.   *Un médecin de dehors :* un médecin d'une autre faculté que Paris, peut-être de Montpellier, ou d'une faculté de l'étranger, ou même un empirique. M. Tomès, se fondant sur les règlements de Paris, a refusé de consulter avec lui : « J'arrêtai toute l'affaire. »

Page 62.

24.   Pour bien comprendre la saveur des scènes IV et V, il faut connaître le protocole des consultations. Il est parfaitement fixé par les statuts médicaux : « Les plus jeunes opinent les premiers et selon l'ordre de leur promotion au doctorat. Ce qui est décidé à la majorité des voix est, du consentement des collègues, rapporté par le plus ancien au malade, à ses parents ou aux personnes qui prennent soin de lui » (M. Raynaud, *Médecins au temps de Molière,* p. 82). Ce protocole ne sera pas respecté, d'où scandale. Passe encore que les médecins, délibérant entre eux (sc. III) n'aient fait que bavarder sans se soucier de la malade. Mais, première irrégularité, ils sont amenés à opiner devant le père de la malade. M. des Fonandrès doit être le plus jeune; il devrait opiner le premier; il essaie d'abord d'éluder cette obligation; puis prétend parler au nom de tous, c'est-à-dire empiète sur les prérogatives de l'ancien. Macroton, qui doit être l'ancien, prend timidement la parole : « Après avoir bien consulté... » mais n'arrive pas à la garder : Bahys lui a coupé la parole. Tomès et Des Fonandrès, les deux jeunes, s'opposent de façon scandaleuse. Restés seuls, Macroton et Bahys parlent ensemble : Macroton, puisqu'il parle le premier, est le plus âgé. Bahys appuie son avis, avec une déférence qui peut bien cacher le désir de ne pas se laisser reléguer au second rang. L'accord des anciens laisse Sganarelle tout aussi perplexe que la fougueuse rivalité des jeunes.

25.   L'idée que la fièvre est une effervescence du sang due à une manière de fermentation est alors une idée nouvelle des médecins chimistes.

26.   « *Réplétion :* abondance d'humeurs et surtout de sang. La saignée, la diète sont de grands remèdes quand on est incommodé de réplétion. La réplétion est encore plus dangereuse que l'inanition » (Furetière).

27.   Contre la réplétion, la médecine hippocratique procède par saignée et diète. Mais Des Fonandrès est un novateur. Il veut utiliser l'émétique. « L'*émétique* est un remède qui purge avec violence par haut et par bas, fait de la poudre et du beurre d'antimoine préparé, dont on a séparé les sels corrosifs par plusieurs lotions. Le vin émétique s'est mis en réputation »

(Furetière). — La querelle de l'antimoine est alors acharnée : elle dure depuis un siècle, mais approche de son terme. L'*Antidotaire* (le *Codex*) de 1637 l'admet parmi les remèdes purgatifs. L'arrêt de mars 1668 donnera aux docteurs en médecine l'autorisation de s'en servir (voir le très copieux article de Furetière). Les adversaires de l'antimoine, dont Gui Patin, font une résistance acharnée.

28. « On dit qu'on prêtera le collet à quelqu'un tant au propre pour dire qu'on se battra contre lui corps à corps qu'au figuré pour dire qu'on lui tiendra tête en toutes sortes de disputes et de contestations » (Furetière).

29. « *Crever :* mourir et surtout de mort violente... Cette médecine était trop forte, elle l'a fait crever » (Furetière).

Page 63.

30. *Experimentum periculosum :* la formule vient du premier des *Aphorismes* d'Hippocrate, qui étaient le bréviaire de la médecine.

Page 64.

31. *Une vapeur fuligineuse :* « *Vapeur :* humeur subtile qui s'élève des parties basses des animaux, qui occupe et blesse leur cerveau » (Furetière). — « *Fuligineuse :* qui contient de la suie. Les médecins disent que la rate envoie des vapeurs fuligineuses au cerveau » (*ibid.*). — « *Mordicante :* acide et piquante [...]. Ce sont les humeurs mordicantes qui causent les démangeaisons » (*ibid.*), cf. « picote les membranes ».

32. *Conglutineuses :* « *Conglutiner :* attacher deux corps avec quelque chose de tenace et de gluant » (Furetière). « *Tenace :* qui est visqueux, qui s'attache si fort à un corps qu'on a de la peine à l'en détacher [...]. Ce qui fait la plupart des maladies sont des humeurs gluantes et tenaces qui s'attachent aux parois ou parties internes du corps humain » (*ibid.*). — On comprend dès lors la médication proposée : un décapage de nature mécanique pour « tirer, détacher, arracher... » les dépôts d'humeurs corrompues et tenaces, puis les évacuer. D'abord remèdes émollients; puis purgation. La saignée ne viendra qu'ensuite pour lutter contre la pléthore des vapeurs.

33. « *Anodin :* terme de médecine, qui se dit des remèdes qui sont une résolution des humeurs, doucement et sans violence, qui ôtent la douleur ou stupéfient le sentiment du toucher... Sous le nom d'anodins sont compris la phlébotomie, la purgation, les ventouses, les clystères, la scarification, les cautères, cataplasmes, potions et autres qui, en évacuant l'abondance des matières, anéantissent et amortissent la douleur » (Furetière). Tout cela correspond à la médecine hippocratique.

34. « *Rémollients* : terme de médecine. Qui amollit, qui adoucit et résout les duretés. Les clystères sont la plupart des remèdes anodins, des rémollients » (Furetière).

35. « *Détersif* : terme de médecine. Qui nettoie, qui purifie. Un lavement est un remède détersif qui nettoie le bas-ventre » (Furetière).

36. *Julets* : « Julep, terme de pharmacie. Le peuple dit jullet [...] potion douce et agréable qu'on donne aux malades, composée d'eaux distillées ou de légères décoctions. On en donne quelquefois pour la boisson ordinaire en certaines maladies. Sert à préparer les humeurs peccantes » (Furetière).

37. *Rafraîchissant* : ces sirops rafraîchissants seront faits de tisane ou de casse. — *Tisane* : « les médecins disaient autrefois ptisane » (on voit que Macroton parle le langage traditionnel). « Potion rafraîchissante faite d'eau bouillie avec de l'orge et de la réglisse. On y ajoute quelquefois du chiendent, de l'oseille, du séné, pour la rendre laxative, purgative. La plupart des infusions des médecins se font dans la tisane » (Furetière). — Le julep serait donc la boisson ordinaire de la malade. La tisane contiendra des médicaments actifs.

Page 65.

38. « *Orviétan* : antidote ou contrepoison qui s'est rendu fameux à Paris, parce qu'il a été distribué par un opérateur venu d'Orviette, dont il a fait des expériences extraordinaires en sa personne sur un théâtre public » (Furetière). On se rappellera que cet opérateur, ou son successeur, qui se donnait naturellement le nom de l'Orviétan, est présenté dans *Élomire hypocondre* comme le maître de Molière et il est appelé auprès de lui par la femme d'Élomire en consultation avec un autre opérateur, Bary.

Page 66.

39. *La gale, la rogne, la tigne* : trois maladies de peau ; la médecine du XVIIe les expliquait par un dérèglement des humeurs. — *La peste* était considérée comme produite par une corruption de l'air. — La *goutte* vient de certaines humeurs salées et adustes (d'après Furetière). « Les médecins tiennent que la *vérole* et la *rougeole* ont beaucoup d'affinité et de ressemblance. — Elles viennent toutes deux d'un sang impur et d'humeurs corrompues » *(ibid.)*. « On appelle grosse vérole une autre maladie contagieuse, qui se prend ordinairement par les actes vénériens » *(ibid.)*. « *Descente* : se dit en médecine d'une maladie qu'on nomme autrement hernie ou rupture » *(ibid.)*. — Le remède qui guérit des affections si diverses ne peut être que la « panacée ».

Page 67.

40. Trivelin et Scaramouche sont des personnages de la comédie italienne.

Page 69.

41. *Contrariété* : combat, opposition.

42. *Forfanterie* : tromperie, friponnerie, charlatanerie.

43. *Contestations* : la médecine du XVIIe siècle se renouvelle; elle est agitée de querelles violentes à propos de la circulation du sang (cf. *Le Malade imaginaire*, acte II, sc. v. Thomas Diafoirus a soutenu une thèse contre les circulateurs); de l'antimoine; de l'emploi de la saignée; bientôt des vertus du quinquina.

Page 70.

44. *Profitons de leur sottise le plus doucement que nous pourrons* : cf. Dom Juan : « Je ne quitterai point mes douces habitudes [...] je me divertirai à petit bruit. » M. Filerin est un hypocrite de la médecine, comme Dom Juan devient hypocrite de la religion; ils ont la même pensée : s'accommoder aux vices du siècle et profiter de la faiblesse des hommes.

45. Exemple : Anaxarque dans *Les Amants magnifiques*.

46. *La peur de mourir...* : M. Filerin serait-il nourri de Montaigne et tirerait-il des *Essais* sa philosophie de la médecine? Il a noté, après Montaigne, que les démêlés des médecins entre eux faisaient du tort à la profession : « ... quand ils sont beaucoup, ils [les médecins] décrient tous les coups le métier... Ils se devaient contenter du perpétuel désaccord qui se treuve ès opinions des principaux maîtres et auteurs anciens de cette science, lequel n'est connu que des hommes versés aux livres, sans faire voir encore au peuple les controverses et inconstances de jugement qu'ils nourrissent et continuent entre eux ». (liv. II, chap XXXVII, *De la ressemblance des enfants aux pères*, Folio, p. 551.) Cf. le début de la tirade de M. Filerin : « les dissensions qui sont entre nos auteurs et nos anciens maîtres ». Montaigne observe également que la médecine ne fait qu'exploiter, comme d'autres métiers, la sottise humaine : « Ce n'est pas à eux [aux médecins] que j'en veux, c'est à leur art, et ne leur donne pas grand blâme de faire leur profit de notre sottise, car la plupart du monde fait ainsi. Plusieurs vacations [professions] et moindres et plus dignes que la leur n'ont fondement et appui qu'aux abus publics » (*ibid.*, p. 562). — Cf. Molière : « Chacun s'efforce de prendre les hommes par leur faible [...] les flatteurs [...] les alchimistes... » — « C'est la crainte de la mort et de la douleur, l'impatience du mal, une furieuse et indiscrète soif de la guérison

qui nous aveugle ainsi; c'est pure lâcheté qui nous rend notre croyance si molle et maniable » (Montaigne, *ibid.*, p. 563). — Cf. « le plus grand faible des hommes... l'amour pour la vie ».

« ... Ce que la fortune, ce que la nature [...] produit en nous de bon et de salutaire, c'est le privilège de la médecine de se l'attribuer. Tous les heureux succès qui arrivent au patient qui est sous son régime, c'est d'elle qu'il les tient [...] Quant aux mauvais accidents, ou ils les désavouent tout à fait... » (Montaigne, *ibid.*, p. 548). — Cf. Molière : « Nous attribuer les heureux succès..., rejeter... les bévues. »

Molière a sans aucun doute médité le chapitre « médical » des *Essais*.

46 *bis*. L'édition de 1682 donne un texte un peu différent : « à tant de personnes *et de l'argent de ceux que nous mettons en terre, nous fait élever de tous côtés de si beaux héritages. — M. TOMES : Vous avez raison...* » Ce doit être une de ces plaisanteries que l'actualité amenait les comédiens à ajouter au texte. Mais est-elle de Molière ?

Page 71.

47. *Ordonnance* a déjà son sens de prescription du médecin, en même temps que le sens général d'ordre. Lisette jouerait-elle sur les deux sens ?

Page 74.

48. *Des anneaux constellés :* Littré : un anneau fait sous certaine constellation, donc doté de certaine vertu. — Médecine empirique et astrologique opposée à la médecine des humeurs, officielle.

Une autre explication nous paraît possible, qui fait appel non à l'astrologie, mais aux vertus infuses dans les pierres mêmes. Chaque pierre précieuse a ses vertus, indiquées par les *Lapidaires*, et rapportées encore par Rémy Belleau, *Les Amours et Nouveaux Eschanges des pierres précieuses, vertus et propriétés d'icelles* (1576). Ainsi celui qui porte du corail « attaché dessus le nombril » est franc de « trenchaisons [coliques], de cours d'urine, de sang qui court par les narines ». L'émeraude est propre contre le mal de tête, et guérit les morsures de serpents et toutes piqûres, facilite les accouchements, etc. On conçoit qu'un médecin, connaissant les vertus des pierres et ayant établi le diagnostic de son patient, puisse composer l'anneau incrusté « constellé » de pierres bénéfiques judicieusement choisies.

On trouvera dans Paracelse la manière de fabriquer des talismans. Voir aussi *Des talismans ou figures faites sous certaines constellations pour faire aimer, pour guérir les maladies..., avec un traité de l'onguent des armes ou onguent sympathique par le sieur de l'Isle*, Paris, Billaine, 1634. L'auteur est Charles Sorel qui reprend la question dans la *Science universelle*, 1647 : « Ayant choisi la matière dédiée à chaque astre, dont on veut se concilier l'influence, [il faut] y graver des figures exprès et principalement les tailler en bosse [...] il est besoin d'accomplir cet ouvrage sous la constellation qui s'y trouve utile. C'est ce qu'on appelle les figures constellées, qui portent aussi le nom de talisman. » Exemple talisman de longue vie : sous Saturne, on fait avec une pierre d'aimant un homme à tête de cerf assis sur un dragon, tenant en main une faux.

Page 76.

49. Clitandre a pratiqué la physionomie, la métoposcopie, la chiromancie, toutes sciences auxiliaires de la médecine. Des traités nombreux les enseignent : *La Physionomie humaine* de J. B. Porta (2ᵉ éd. de la trad. Rault, 1650); *La Métoposcopie de H. Cardan, médecin milanais, comprise en 13 livres et 860 figures de la face humaine..., traduit en français par le Sieur de Laurendière, docteur en médecine, Paris,* 1658; les traités de chiromancie de Coclitis, Peruchio, Corve, etc., sans compter le *Discours sur le principe de la chiromancie,* de la Chambre. Un médecin qui s'y réfère a de quoi mettre Sganarelle en confiance.

Page 79.

50. Les vapeurs de rate : « Les médecins disent que la rate envoie des vapeurs fuligineuses au cerveau » (Furetière, au mot *fuligineuse*). Voir note 31.

Page 80.

51. « On dit *brider la bécasse* pour dire tromper, surprendre, attaquer quelqu'un; ce qui se fit figurément à cause d'une chasse que les paysans font aux bécasses avec des lacets qu'ils tendent où elles se brident elles-mêmes » (Furetière).

LE MÉDECIN MALGRÉ LUI

Page 87.

1. Rôle de Sganarelle à Molière : « Or ce medicus tout nouveau [...] Est le propre Monsieur Molière » (Robinet, *Lettre en vers à Madame,* 15 août 1666). L'inventaire après décès signale : « Un coffre de bahut rond, dans lequel se sont trouvés les habits pour la représentation du *Médecin malgré lui,* consistant en pourpoint, haut-de-chausses, col, ceinture, fraise et bas de laine et escarcelle,

le tout de serge jaune, garni de radon vert [faut-il comprendre *padou*, variété de ruban?]; une robe de satin avec un haut-de-chausses de velours ras ciselé. » Cela fait deux costumes : le costume normal et la tenue de médecin de Sganarelle.

2. La gravure de l'édition de 1682 donne à Valère épée, gants, chapeau à plume; c'est donc un honnête domestique, quelque chose comme un intendant.

3. L'inventaire après décès signale « l'habit du *Médecin malgré lui*, composé en une jupe de satin couleur de feu avec trois guipures et trois vollantez [volants] et le corps de toile d'argent et soie verte ». Ce costume ne peut convenir qu'à Lucinde; donc Armande tenait le rôle. Les autres rôles sont attribués de façon conjecturale. — Pas d'indication sur le lieu de la scène dans l'édition de 1682; mais le *Mémoire* de Mahelot indique les accessoires nécessaires : « il faut du bois, une grande bouteille, deux battes, trois chaises, un morceau de fromage, des jetons, une bourse ».

Page 89.

4. Sganarelle crédite Aristote de cette pensée.

5. *Rudiment :* « le premier livre qu'on donne aux enfants pour apprendre les principes de la langue latine [...]. Ils l'appellent aussi leur *Donet* par corruption de *Donat* qui a écrit les premiers principes de la grammaire » (Furetière).

Page 90.

6. *Bec cornu :* injure, de l'italien : *becco cornuto,* bouc cornu. Plus bas, *Baste :* suffit.

7. Jeu de mots sur les deux sens possibles : vivre avec épargne et économie et vivre en vendant son mobilier. « On dit d'un goinfre qui vend ses meubles pour vivre qu'il *vit de ménage* » (Furetière). La plaisanterie ne doit pas être toute neuve; elle est déjà dans *Les Joyeux Épigrammes du sieur de la Giraudière,* 1611.

Page 91.

8. « Si tu m'importunes davantage, tu me déroberas un soufflet » *Comédie des Proverbes* (acte II, sc. VI) du comte de Cramail (1614, rééditions : 1634, 1639, 1655).

Page 92.

9. « *Belître :* gros gueux qui mendie par fainéantise et qui pourrait bien gagner sa vie » (Furetière).

Page 93.

10. *Ingérer de :* construction normale au XVIIe siècle. S'ingérer dans, se mêler de...

11. Sganarelle cite de travers un proverbe bien connu, de façon à le rendre stupide et à provoquer un comique aisé.

12. La poignée de main au XVIIᵉ siècle ne s'emploie pas pour une simple politesse, mais pour sceller un accord d'amitié, ou de fiançailles, ou d'affaires.

Page 95.

13. Lucas parle le langage paysan, le même que dans *Dom Juan.* Quant à *guèble,* c'est une déformation prudente de diable : mieux vaut ne pas nommer le personnage ; on risquerait de le faire apparaître.

14. « *Nourricier :* le mari de la nourrice » (Furetière). De fait, la femme de Lucas, Jacqueline, est nourrice chez Géronte.

Page 96.

15. L'expression *médecin particulier* est éclairée par « *remèdes particuliers* » six lignes plus loin (c'est-à-dire *spécifiques,* avec l'idée de secret et de miraculeux). Des « médecins particuliers » sont des « opérateurs ».

Page 97.

16. « *Quinteux :* capricieux, fantasque » (Furetière).

17. Sénèque avait déjà dit cela, à la suite d'Aristote (Sénèque, *Tranquillité de l'âme,* dernier chapitre, fin ; et Aristote, *Problèmes,* XXX, I).

18. Au XVIIᵉ siècle, le mot *barbe* désigne aussi la moustache. De fait la gravure de l'édition de 1682 montre qu'il s'agit d'une épaisse moustache, retombant aux commissures des lèvres, mode rustique.

19. La *fraise* est démodée depuis longtemps. Cf. *L'École des maris,* v. 83, et *L'Avare,* acte II, sc. v : Frosine raille « la fraise à l'antique » d'Harpagon.

Page 98.

20. On trouvera dans Furetière la préparation de l'*or potable* : or « réduit en une gomme sans aucun corrosif » ; détrempée dans l'esprit-de-vin, cette gomme devient rouge rubis. Cette teinture mêlée avec « une autre liqueur » est l'*or potable,* « remède souverain contre plusieurs maladies ».

21. Jeu qui consiste à lancer des billes dans un petit trou, une « fossette ».

22. Il est certain qu'il détient le remède à tous les maux, la *panacée.* « Les chimistes cherchent la *médecine universelle* et prétendent que c'est la pierre philosophale » (Furetière).

23. « On dit, quand on croit pouvoir obtenir facilement

quelque chose : S'il ne tient qu'à jurer, la vache est à nous »
(Furetière).

Page 99.

24. Du bois qui donne soif. Cf. *Gargantua*, chap. XXII (Folio,
p. 199) : « De ma nature, je dors salé », dit Gargantua.

25. L'air, composé sans doute par Lulli, a été conservé par *La
Clef des chansonniers*, 1717.

26. Ce terme de tendresse s'appliquait à une dame dans
L'École des maris, v. 769 (cf. *L'École des femmes*, v. 1595).

Page 100.

27. Lucas a contaminé *figurer* et *dépeindre*. Sorti de son patois,
il manie gauchement le langage un peu recherché.

28. Molière semble faire de cet accord un trait de la syntaxe
populaire (voir *Sganarelle*, v. 68).

29. « *Bouter* : vieux mot [...] ne se dit plus que par le bas-
peuple et les paysans et en Picardie [...] signifie mettre. Boutez
votre chapeau » (Furetière).

Page 101.

30. Très petite pièce de cuivre.

Page 102.

31. « *Tripoter* : mêler plusieurs choses ensemble » (Furetière).
D'où brouiller, compliquer. Richelet indique que ce mot est
populaire.

32. « Terme populaire et burlesque : faire les choses mala-
droitement [...] vous ne faites que *lantiponner* : vous ne faites
point les choses franchement » (Furetière). — « *A la franquette* :
franchement » (Richelet).

Page 103.

33. *Fraime* : pour frime. — « Faire la frime, faire mauvais
accueil » (Furetière).

Page 105.

34. Le *julep* est un sirop médicamenteux.

Page 108.

35. *Queussi queumi* : tout pareil. Cf. *Le Bourgeois gentilhomme*,
acte III, sc. X (Folio, p. 75).

36. Dis [dix] et douze : jeu de mots populaire (voir *Agréables
conférences de deux paysans*, éd. Deloffre, p. 66).

37. *Emplâtre* : « le peuple le fait féminin » (Furetière).

Page 109.

38. « On dit d'un homme qui a bien faim qu'il a les dents bien longues » (Furetière).

39. « *Dégoiser :* se dit du chant des oiseaux [...] figurément de ceux qui parlent trop et mal à propos » (Furetière).

Page 110.

40. Après le baccalauréat et avant le doctorat, la licence donne déjà le droit de pratiquer la medecine.

Page 111.

41. Une tradition, de date inconnue, veut que Sganarelle décline le nom : Lucindus, Lucinda, Lucindum.

Page 114.

42. La plaisanterie est aussi dans *Le Médecin volant,* sc. IV et *L'Amour médecin,* acte II, sc. II, p. 59.

Page 115.

43. La formule est consacrée : « Un signe de santé, c'est quand *les matières sont louables,* bien digérées » (Furetière).

Page 116.

44. « SGANARELLE : Oui, ce grand médecin, au chapitre qu'il a fait de la nature des animaux, dit... cent belles choses » (*Le Médecin volant,* sc. V, Pléiade, I, p. 35).

45. Sganarelle a attrapé une légère teinture de médecine, ou au moins un vocabulaire médical, qui n'est pas incapable de faire illusion à des ignorants : ils y reconnaissent le langage habituel des médecins et cela les rassure. Ils ne peuvent guère s'aviser que les connaissances anatomiques sont plus qu'inquiétantes. — Tout le monde au XVIIᵉ siècle doit avoir quelque idée des *humeurs peccantes :* « Toutes les maladies ne sont causées que par les *humeurs peccantes* qu'il faut évacuer », dit Furetière. La notion de *vapeur* aussi est du domaine public : « humeur subtile qui s'élève des parties basses des animaux, qui occupe et blesse leur cerveau » *(ibid.).* On sait encore que les veines ont quelque rôle dans le transport des vapeurs nées dans les parties basses, les *hypocondres,* situées quelque part aux environs du diaphragme.

Page 117.

46. Le latin de Sganarelle se compose de quatre mots pris Dieu sait où (formules magiques? latin d'Église estropié?) et de souvenirs de ce *Rudiment* (la grammaire latine des débutants) que Sganarelle savait par cœur dans sa jeunesse. La règle de

grammaire qu'il a retenue est, au reste, agrémentée de solécismes. Une tradition, d'origine impossible à préciser, veut que sur *casus*, en se rasseyant, Sganarelle s'effondre avec son fauteuil.

47. Le latin, le grec et l'hébreu de Sganarelle sont également imaginaires. Il a cependant bien pu retenir *cubile* (le lit) de son *Rudiment*.

48. L'estomac, le cœur, le cerveau comportent des ventricules. Sganarelle, qui n'y regarde pas de si près, en met aussi dans l'omoplate. L'idée des vapeurs et celle de ventricule sont peut-être associées dans son esprit parce qu'il a entendu parler de « l'*esprit animal*, engendré dans les ventricules du cerveau; qui sert au sentiment et au mouvement » (Furetière).

Page 118.

49. Avec la notion de vertu sympathique, Sganarelle arrive dans les environs de la magie et de la médecine des empiriques.

Page 119.

50. L'idée d'une santé suspecte n'est pas de Sganarelle, Montaigne (liv. II, chap. XXXVII, Folio, p. 545) : « D'une santé constante et entière, n'en tirent-ils [les médecins] pas l'argument d'une grande maladie future? » A une thèse soutenue en 1625 à Paris, *An speciosa sanitas suspecta?* la réponse est *Oui.*

51. L'idée d'une médication préventive n'est pas non plus de Sganarelle. Mlle de Montpensier fait des « remèdes » de précaution avant de partir pour les Flandres. Le roi est purgé pour se préparer à sa campagne de Flandre (voir dans « Les Grands Écrivains », t. VI, p. 90, n. 4).

52. La plaisanterie du médecin qui refuse ostensiblement l'argent et l'accepte en réalité est ancienne. Elle est chez Merlin Coccaïe, *Macaronées,* VI. Cingar accepte d'être payé mais *medicorum more negantium* (à la manière des médecins qui refusent). Elle est chez Rabelais, *Le Tiers livre,* chap. XXXIV : Rondibilis fait semblant d'être indigné, mais prend l'argent : « Hé, hé, hé! Monsieur, il ne fallait rien. Grand mercy toutesfois » (Folio, p. 423). Voir aussi Régnier, *Satire IV,* v. 54-60. Molière l'a déjà utilisée dans son *Médecin volant,* sc. VIII (Pléiade I, p. 38). Mais de la simple plaisanterie, il a fait, par le dialogue et par les gestes, une petite comédie dans la comédie.

Page 120.

53. Voir *Le Médecin volant,* sc. VIII (Pléiade I, p. 38) : « Je ne suis pas un homme mercenaire. »

Page 122.

54. Sur *crever,* voir *L'Amour médecin,* n. 29.

Page 124.

55. « Malgré lui, *malgré ses dents,* quelque empêchement qu'il y puisse apporter » (Furetière).

56. Le mot est en germe dans Montaigne, un art « qui peut impunément tuer tant de gens » (liv. II, chap. xxxvii, Folio, p. 549) et Molière l'améliore.

Page 125.

57. Thíbaut va ramener les mots mystérieux de la médecine à des mots qu'il connaît un peu mieux. On reconnaîtra sans trop de peine hydropisie, sérosités, muscles, flegmes (« fleumes »), syncopes, convulsions, apozèmes (décoctions), confections (« infections de jacinthe »), potions cordiales. — On notera que « les infections de jacinthe » ont dû beaucoup contribuer à gonfler la note de l'apothicaire. « En pharmacie, on appelle *confection d'hyacinthe* une confection où il entre des *hyacinthes,* des saphirs, émeraudes, topazes, perles, coraux, feuilles d'or, des os de cœur de cerf et autres raretés qui font enchérir les remèdes » (Furetière). On remarquera aussi que le mot *quotidien* n'est pas pour Thibaut sans mystère : la fièvre quotidienne de deux jours l'un.

58. La formule sert à faire passer « quelque chose d'odieux qui blesse l'imagination ou les sens » (Furetière). L'apothicaire est de ces choses « odieuses » pour Thibaut : dangereuse? ou nauséabonde?

Page 126.

59. « C'est de l'*onguent miton mitaine,* qui ne fait ni bien ni mal, en parlant d'un remède » (Furetière).

60. Dans *Dom Juan,* Sganarelle chante la louange du vin émétique (acte III, sc. I, Folio, p. 186).

61. *Formage* est la première forme de fromage. Sganarelle retarde, ou emploie un vocabulaire provincial.

62. Thibaut et Perrin qui connaissent la « confection d'hyacinthe » (cf. ci-dessus n. 57) ne s'étonneront pas de cette composition savante et riche.

Page 127.

63. La casse et le séné sont des purgatifs (voir *Dom Juan,* acte III, sc. I, Folio, p. 186). La rhubarbe également, avec moins de violence.

Page 129.

64. Est-il besoin de dire que « ces signes » consistent à feindre d'actionner une seringue à clystères?

Page 132.

65. Rabelais résume (*Le Tiers livre*, chap. xxxiv, Folio, p. 419) « la morale comoedie de celluy qui avoit épousé une femme mute » : « La parolle recouverte, elle parla tant et tant que son mary retourna au médicin pour remède de la faire taire. Le médicin respondit [...] remède unicque estre surdité dù mary contre cestuy interminable parlement de femme. »

66. La drachme est une mesure de poids utilisée en pharmacie. Sganarelle conseille à Léandre déguisé en apothicaire d'enlever Lucinde. Enlèvement et mariage clandestin sont la solution aux situations sentimentales difficiles. Le père sera désarmé, sauf à intenter une action pour rapt.

Page 134.

67. « On dit proverbialement qu'*un homme entend la rubrique*, lorsqu'il est fort intelligent dans les affaires, qu'il sait comme il faut les conduire dans l'ordre » (Furetière).

MONSIEUR DE POURCEAUGNAC

Page 147.

1. Rôle tenu par Molière (Robinet, *Lettre en vers à Madame*, 23 novembre 1669). Costume : « haut-de-chausses de damas rouge, garni de dentelle, un justaucorps de velours bleu, garni d'or faux, un ceinturon à frange, des jarretières vertes, un chapeau gris garni d'une plume verte, l'écharpe de taffetas vert, une paire de gants, une jupe [ce doit être un « jupon », c'est-à-dire un petit justaucorps] de taffetas vert garni de dentelle et un manteau de taffetas aurore, une paire de souliers » (*Inventaire* dans *Cent ans de recherches sur Molière*, p. 567). Costume aux couleurs voyantes et qui s'accordent comme elles peuvent (rouge, bleu, vert, jaune doré, aurore). Monsieur de Pourceaugnac a soigné sa toilette pour faire figure à Paris.

2. Le reste de la distribution n'est pas connu. Des hypothèses vraisemblables ont été faites, reposant sur le postulat que les acteurs vivant encore en 1685 continuaient à tenir le rôle qu'ils avaient créé en 1669 : *Éraste*, La Grange ; *Sbrigani*, du Croisy ; *Lucette*, Mlle Guérin (la veuve de Molière) ; *Nérine*, Mlle Beauval ; *premier et deuxième médecin*, Hubert et Guérin, celui-ci était le second mari d'Armande Béjart ; *Julie*, Mlle de Brie.

3. Le nom de Sbrigani paraît avoir été forgé par Molière de façon à évoquer les noms de la comédie italienne. Il dériverait de

Sbrigare, se hâter. Soit, mais à des oreilles françaises, il sonne surtout comme brigand. Quant au costume, il est napolitain. « J'ai voulu conserver un peu [...] la manière de s'habiller [...] de mon pays » (acte I, sc. III). Faut-il penser à un costume comme celui de Scaramouche, noir et collant ?

4. « Il faut deux maisons sur le devant et le reste du théâtre est une ville. Trois chaises ou tabourets. Une seringue. Deux mousquetons. Huit seringues de fer blanc » (*Mémoire* de Mahelot). Donc une place sur laquelle les porteurs des huit seringues poursuivront Pourceaugnac. Dans une chambre, représentée ouverte, les tabourets pour les deux médecins et leur patient. Des mousquetons pour les faux archers à l'acte III, scènes IV et V.

Page 150.

5. *Nous ne feignons point :* « feindre signifie aussi craindre. Un brave homme ne feint point d'aller à l'assaut » (Furetière).

6. « *Enger :* produire quelque méchante engeance. Ce lieu est tout engé de punaises. Je ne sais qui nous a engé de ces méchants laquais » (Furetière).

7. *Par le coche :* Le coche est le moyen de transport populaire et lent. Amoureux vraiment épris et gentilhomme soucieux de tenir son rang, Monsieur de Pourceaugnac aurait voyagé par la poste ; ç'aurait été plus cher, mais plus prestigieux.

8. *J'y brûlerai mes livres :* « On dit : je viendrai à bout de cette affaire ou j'y brûlerai mes livres, pour dire : je la veux poursuivre avec la dernière opiniâtreté » (Furetière).

Page 151.

9. Furetière (1690) ne distingue pas entre dessein et dessin. Mais il adopte la seule forme *dessiner* en précisant : « Quelques-uns disent desseigner. »

10. L'idée de ce dialogue entre deux coquins, qui se congratulent et rappellent leurs exploits vient de Plaute. *L'Asinaire,* acte III, sc. II. LÉONIDAS (esclave) rappelle les châtiments qu'il a reçus et surmontés : « Enfin, à force de disputes et de parjures, nous avons surmonté ces légions [...]. Cela s'est fait par la valeur de mon compagnon que voilà et par ma propre adresse. / LIBANUS (esclave) : Qui a plus de force que moi à surmonter les coups ? / LÉONIDAS : En vérité si quelqu'un pouvait maintenant louer ta valeur comme moi, et parler des belles actions que tu as faites pendant la paix et durant la guerre, il ne les pourrait encore célébrer assez dignement selon ton mérite, quand tu as trompé celui qui se fiait en toi ; quand tu as été infidèle à ton maître, quand sur des paroles que tu avais données, tu as si librement faussé ton serment ; quand tu as percé des murailles et que tu as

été surpris dans le larcin; quand tu as tant de fois répondu de tes faits, étant suspendu devant huit hommes robustes, hardis, vigoureux et rudes jouteurs. / LIBANUS : J'avoue franchement que toutes les choses que tu dis sont véritables, mais aussi nous pourrions rapporter de toi beaucoup d'actions qui ne sont pas moins célèbres, quand tu fus surpris dans un vol, où tu fus si bien frotté; quand tu ne t'incommodas point pour te parjurer; quand tu fis si peu de scrupule de mettre ta main sur les choses sacrées; quand tu as été si souvent dommageable à tes maîtres...; quand tu as nié si hardiment avoir reçu un dépôt qui t'avait été confié; quand tu as été plus fidèle à ton amie qu'à ton ami; quand tu as lassé par ta dureté huit robustes sergents armés de verges souples... LIBANUS. Ne parlons plus de tout cela [...] » (trad. Marollès).

11. *Au péril de ses bras... :* les bras risquent de tirer la rame sur les galères et les épaules recevoir la « marque » au fer rouge.

Page 153.

12. *Tenter sur l'avenir :* mettre à l'épreuve ma détermination quant à l'avenir.

13. « *Fatiguer :* harceler, lasser » (Furetière) : n'attaquez point constamment mon devoir [de fille] en proposant des difficultés extrêmes, qui peut-être ne se présenteront pas.

Page 154.

14. Un gentilhomme qui a étudié en droit n'est pas authentiquement gentilhomme; sa noblesse ne tient pas à sa race; il n'est au mieux qu'anobli : petite noblesse de robe.

Page 155.

15. Le proverbe « manger du pain comme un Limousin », attesté dans le *Dictionnaire comique* de Le Roux est sans doute très ancien.

Page 156.

16. La sincérité n'est point exactement la vertu majeure qu'on prête, au XVIIe siècle, aux Napolitains.

17. *Pour la campagne.* On peut hésiter entre deux sens : C'est son voyage, de Limoges à Paris — ce qui n'est pas une petite affaire —, que Monsieur de Pourceaugnac appelle la « campagne », il s'est fait faire un habit de cour. Ou bien : « J'ai voulu me faire faire un habit de campagne comme les courtisans en portent. » Les contemporains de Molière, en voyant l'habit, comprenaient sans peine; mais nous...

18. « *Propre :* bien net, bien orné... Voilà un habit fort propre »

(Furetière). La description de l'habit le montre surtout alliant des couleurs qui ne sont pas communément alliées (voir n. 1).

Page 158.

19. C'est moi qui ai reçu *l'honneur.*
20. *Cimetière des arènes :* Molière pouvait connaître les arènes de Limoges qui ne furent détruites totalement qu'en 1714.
21. « *Consuls :* les principaux officiers d'un bourg ou d'une petite ville dans les provinces méridionales de la France [...] règlent les impositions, les logements des gens de guerre » (Furetière). Ou bien ce peut être : « Les juges élus entre les marchands pour régler les affaires du commerce » (*ibid.*). Ces deux sortes de consuls existaient à Limoges.

Page 159.

22. « *Assesseur :* officier de justice gradué, créé pour servir de conseil à un juge d'épée dans la maréchaussée » (Furetière).

Page 160.

23. *Saint-Étienne :* c'est la cathédrale de Limoges.
24. *Mon cousin l'élu :* « Officier royal qui distribue dans une certaine étendue de pays les tailles et les aides, et juge de tous les différends qui naissent de ces choses. De tous les juges, les Élus sont les moins estimés, ils passent dans l'esprit de presque tout le monde pour des gens ignares et non lettrés » (Furetière). Le *Gouverneur* est un personnage en Limousin. Le *gouverneur* d'une province est toujours de la plus haute noblesse. L'institution des intendants le réduit à un rôle décoratif. N'empêche ; le parrainage d'un fils du cousin de Monsieur de Pourceaugnac par le gouverneur fait rejaillir sur toute la famille une gloire certaine.
25. Il est de tradition à la Comédie-Française d'ajouter ici deux répliques « SBRIGANI : Les suites de cette affaire durent être terribles! / MONSIEUR DE POURCEAUGNAC, *approchant la main de sa joue gonflée :* Je crois bien! J'en ai eu la joue enflée pendant huit jours. » Je serais disposé à croire que ce lazzi ne remonte pas au temps de Molière : il ne figure ni dans l'édition de 1682, ni dans celle de 1734 qui recueille bien des traditions.

Page 161.

26. La maison du médecin.

Page 162.

27. « Terme d'humilité. Les religieux s'appellent indignes » (Furetière).

28. « *Expédier* : faire beaucoup d'affaires en peu de temps [...] Exécuter à mort » (Furetière).

29. « *Croix de par Dieu* : une croix qui est au-devant de l'alphabet du livre où l'on apprend aux enfants à connaître leurs lettres. On le dit aussi de l'alphabet même et du livre qui le contient » (Furetière).

Page 163.

30. « On appelle à Paris les médecins *méthodiques* ceux qui suivent la doctrine de Galien, qui guérissent avec des saignées et purgations appliquées à propos, par opposition aux *empyriques* et *chimistes,* qui usent de remèdes violents et de prétendus secrets » (Furetière). L'apothicaire ne s'adresse pas aux charlatans, il mourra entre les mains d'un vrai médecin.

31. « *Barguigner* : marchander sou à sou quelque chose » (Furetière).

32. « *Savoir le court et le long d'une affaire* : en avoir découvert toutes les particularités » (Furetière).

Page 164.

33. « Le célèbre Galien » et « le divin vieillard Hippocrate », l'un latin (époque des Antonins), l'autre grec (né en 460 av. J.-C.), sont les deux grandes autorités de la médecine du XVIIᵉ siècle.

34. « Les médecins *méthodiques* usent de saignée pour remède principal. La saignée était fort rare chez les Anciens », dit benoîtement Furetière, et sans avoir l'air d'y toucher. « Ce remède, hardiment et heureusement réitéré au commencement des maladies est un des principaux mystères de notre métier », dit Gui Patin. On relève dans sa correspondance de ces emplois hardis de la saignée : saignée d'un enfant de deux mois, d'un bébé de trois jours. Un octogénaire saigné onze fois en six jours. Il est furieux contre son confrère Guy de La Brosse. On lui a proposé de le saigner. « Il répondit que c'était le remède des pédants sanguinaires (il nous faisait l'honneur de nous appeler ainsi) et qu'il aimait mieux mourir que d'être saigné : ainsi a-t-il fait. Le diable le saignera en l'autre monde, comme mérite un fourbe, un athée... » — Voir M. Raynaud, *Les Médecins au temps de Molière,* p. 183-184.

Pour les médecins du XVIIᵉ siècle, quatre humeurs irriguent le corps : sang, pituite, bile jaune, bile noire. La proportion des quatre dans un individu est son « tempérament »; le dérèglement des bonnes proportions est « l'intempérie ». La purgation élimine les humeurs « peccantes ».

Page 165.

35. « *Traiter* : nourrir, donner à manger, soit à l'ordinaire, soit en cérémonie. — Se dit aussi des pansements et médicaments » (Furetière). Le mot est équivoque et Éraste utilise l'équivoque pour provoquer un quiproquo entre les médecins, qui entendent médicamenter Monsieur de Pourceaugnac, et Monsieur de Pourceaugnac, qui pense avoir affaire au maître d'hôtel.

Page 166.

36. Voir la note 30.

Page 168.

37. Comme les contraires attirent les contraires, et ensuite se soignent par les contraires, l'appétition (le désir, la recherche) d'une alimentation froide et humide prouve que Monsieur de Pourceaugnac est d'un tempérament chaud et sec.

38. « *Diagnostic* : signes et symptômes qui donnent la connaissance de la nature et des causes de la maladie » (Furetière). — « *Pronostic* : juger de l'événement [issue] d'une maladie par les premiers symptômes » (Furetière).

39. Le plus jeune opine le premier (*L'Amour médecin*, n. 24). Mais la *Cérémonie burlesque* du *Malade imaginaire* fait bien savoir qu'en définitive il devra être de l'avis de l'ancien.

40. Le diagnostic est fait avec rigueur : mélancolie hypocondriaque. La maladie est assez généralement connue pour qu'il suffise de reprendre les définitions de Furetière. « *Hypocondre* [...] partie supérieure du bas-ventre [...] en l'hypocondre droit est situé presque tout le foie, au gauche la rate et la plus grande portion du ventricule ou de l'estomac » (Furetière). « *Hypocondriaque* : qui est travaillé des vapeurs et fumées qui s'élèvent des hypocondres, qui troublent le cerveau, d'où vient qu'on appelle un visionnaire, un fou mélancolique, un *hypocondriaque,* un fou par intervalles » (Furetière). « *Mélancolie hypocondriaque...* cause une rêverie sans fièvre, accompagnée d'une frayeur et tristesse sans cause apparente, qui provient d'une humeur ou vapeur mélancolique, laquelle occupe le cerveau et altère la température. Cette maladie fait dire ou faire des choses déraisonnables, jusqu'à faire faire des hurlements à ceux qui en sont atteints, et cette espèce s'appelle lycanthropie. La mélancolie vient quelquefois par le propre vice du cerveau, quelquefois par la sympathie de tout le corps, et cette dernière s'appelle *hypocondriaque,* autrement *venteuse.* Elle vient des fumées de la rate. La passion mélancolique est au commencement aisée à guérir ; mais quand elle est envieillie et comme naturalisée, elle est du tout incurable, selon Trallian » (Furetière).

Page 169.

41. Voir la note 33.

42. Selon Galien, allégué par Furetière, la rate a pour fonction de nettoyer le sang féculent et d'attirer l'humeur mélancolique. Puisqu'elle ne remplit plus cette fonction de filtre, elle laisse monter au cerveau des « fuligines épaisses et crasses ».

43. *Fuligines,* pas dans les dictionnaires du XVIIe, mais « *fuligineux* » : fumée épaisse (cf. *L'Amour médecin,* n. 31).

44. *La faculté princesse* comprend imagination, mémoire, raisonnement ; c'est l'intelligence.

45. La preuve est que...

46. Le mot n'est pas chez Furetière ni Richelet, c'est-à-dire qu'il est d'une technicité telle qu'il fait pour le public l'effet d'un terme de « jargon ». — Signe distinctif d'une maladie.

47. Pourceaugnac est resté à la mode Louis XIII : moustache et mouche.

48. « *Habitude :* en physique le tempérament, la complexion du corps humain » (Furetière).

49. Par suite du temps écoulé sans soins (« par laps de temps ») la maladie est devenue une seconde nature, invétérée (« envieillie »), installée (« habituée »)...

Page 170.

50. « *Manie :* maladie causée par une rêverie avec rage et fureur sans fièvre, qui provient d'une humeur atrabilaire, engendrée par adustion [combustion] de la bile, de la mélancolie, ou du sang ». « *Phtisie,* maladie du poumon, fièvre lente, qui consume le corps. » « *Apoplexie :* soudaine privation de sentiment et du mouvement. » « *Frénésie,* maladie qui cause une perpétuelle rêverie avec fièvre [...]. Différente de la manie et de la mélancolie parce que celles-ci sont sans fièvre [...]. Diffère de la rêverie parce que celle-ci n'est pas perpétuelle et cesse au déclin de la fièvre. La vraie frénésie est engendrée au cerveau par son propre vice et inflammation de ses membranes » (Furetière). Je comprendrais par *fine* frénésie soit *vraie* frénésie, soit frénésie violente. On voit le pronostic : la mélancolie hypocondriaque se généralisera ; la fièvre apparaîtra, intermittente puis continuelle ; le poumon puis le cerveau seront atteints ; jusqu'à la folie furieuse et au cabanon. « *Fureur :* la morsure des animaux enragés rend les hommes malades de *fureur ;* il les faut étouffer. Il prend à cet homme des *accès de fureur* si violents qu'il le faut lier » (Furetière). Monsieur de Pourceaugnac finira ainsi avec la camisole de force, dans un cabanon, à moins qu'il ne faille l'étouffer entre deux matelas.

51. « D'une maladie inconnue, pas de traitement. » Cet apho-

risme a une couleur médicale très satisfaisante; il vient pourtant à peu près textuellement de la 3e élégie de Maximianus, qui vivait sous Théodoric. On a de lui des élégies ardentes, qui ne sont point sans mérite et qui ont été attribuées parfois à Cornelius Gallus. Est-ce sans malice que Molière a emprunté une formule à un poète érotique?

52. *Cacochymie :* réplétion (excès) de bile, de mélancolie ou de flegme. Quand la réplétion est simplement de sang on l'appelle *pléthore.* « La pléthore et la cacochymie sont les causes antécédentes de toutes les maladies » (Furetière). L'excès et l'épaisseur des vapeurs, qui montent des hypocondres (bas-ventre, foie, rate), « obturent » les conduites et viennent attaquer le cerveau, sont la cause du mal. D'où le traitement qui s'en prend au sang, véhicule de toutes ces vapeurs.

53. « La veine *basilique* est une veine qui naît du rameau axillaire [...] qui va au milieu du pli du coude et qui a deux rameaux. — *Céphalique :* la veine du bras qu'on a coutume d'ouvrir pour les douleurs de tête » (Furetière).

54. « *Désopiler :* déboucher les conduites du corps humain où il y a eu quelque obturation causée par les mauvaises humeurs qui s'y sont arrêtées. Les purgatifs sont propres pour désopiler. Pour se bien porter, il faut avoir la rate désopilée » (Furetière).

55. Les *cholagogues* purgeront la bile; les *mélanogogues,* la mélancolie.

56. Cf. dispos, agile.

57. « *Esprits :* en terme de médecine, les atomes légers volatils, qui sont les parties les plus subtiles des corps, qui leur donnent le mouvement et qui sont moyens (intermédiaires) entre le corps et les facultés de l'âme... L'esprit animal est défini par Galien : une certaine exhalaison de sang bénin qui se subtilise dans le cerveau et se répand dans les nerfs pour leur bailler sentiment et mouvement... L'esprit animal est engendré dans les ventricules du cerveau » (Furetière). Les esprits animaux de Pourceaugnac sont infectés et épaissis par les vapeurs venues de la rate, d'où altération des fonctions intellectuelles et hypocondrie, en attendant pire.

58. J'ai dit; j'ai fini.

Page 171.

59. Vous avez peint aussi clairement que le ferait un dessin.

60. Diagnostic, pronostic, traitement, cf. n. 38.

61. Au Sénat romain, les sénateurs pour voter quittaient leur siège et se massaient à côté du leader qu'ils approuvaient. *Pedibus descendo in tuam sententiam,* je me range à ton avis. Pour ridiculiser son médecin, Molière lui prête une formule inepte en

ajoutant *manibus* : « Je me range des pieds et *des mains* à ton avis. »

62. « Le nombre impair plaît au Dieu. » Citation de Virgile (*Bucoliques,* VIII, 75) mais inexacte; le texte de Virgile est *impare.* — Le raisonnement médical du premier médecin était d'une rigueur et d'une cohésion parfaites; à ceci près, qu'il s'appliquait à un patient bien portant. Mais avec cette idée de nombre impair, la magie s'introduit.

63. « *Fronteau* : remède qu'on applique sur le front avec un bandeau pour guérir des maux de tête et de la migraine. On en fait de rose, de fleur de sureau, de bétoine, marjolaine, lavande [...] avec de l'onguent *populeum* et de l'extrait d'opium... » (Furetière). A la thérapeutique vigoureuse du premier médecin, le deuxième ajoute quelques compléments insignifiants, parce qu'il faut bien qu'il dise quelque chose aussi.

64. Le blanc amène la disgrégation de la vue. Furetière traduit la formule et ajoute un commentaire qui n'implique pas que cette « disgrégation » soit un bien : « Le blanc cause la disgrégation de la vue, la blesse, et l'égare, à cause de plusieurs rayons qui la frappent de tous côtés. » — Faut-il penser que le malade serait, en voyant du blanc, amené à élargir son champ de vision, à ne plus avoir le regard fixe du maniaque mélancolique?

Page 172.

65. La phase maniaque de la maladie succéderait déjà à la phase simplement mélancolique (cf. n. 50), l'agitation après la prostration.

Page 173.

66. « *Accoiser* : vieux mot qui signifie adoucir, apaiser » (Furetière).

67. *Matassins* : danseurs armés, ils vont danser une danse guerrière.

Page 174.

68. LES DEUX MUSICIENS : « Bonjour, bonjour, bonjour : ne vous laissez pas mourir du mal mélancolique. Nous vous ferons rire avec notre chant harmonieux. Ce n'est que pour vous guérir que nous sommes venus. / PREMIER MUSICIEN : La folie n'est que mélancolie. Le malade n'est pas désespéré, s'il veut prendre un peu de divertissement. La folie n'est que mélancolie. / SECOND MUSICIEN : Allons, chantez, dansez, riez; et si vous voulez mieux faire, quand vous sentez approcher le délire, prenez du vin et parfois un petit peu de tabac. Allons gai, Monsieur de Pourceaugnac. »

69. Avant cette scène, l'édition de 1734 introduit une nouvelle scène : Monsieur de Pourceaugnac, deux Médecins grotesques, Matassins. Entrée de Ballet : Danse des Matassins autour de Monsieur de Pourceaugnac. *La scène suivante est ainsi présentée :* Monsieur de Pourceaugnac, un Apothicaire tenant une seringue. L'Apothicaire :

70. Aux sens généraux de remède, Furetière ajoute : « On appelle un *petit remède* un lavement. »

Page 175.

71. Après ce mot, dans l'édition de 1734, nouvelle scène : Monsieur de Pourceaugnac, un Apothicaire, les deux Médecins grotesques et les Matassins avec des seringues. / LES DEUX MÉDECINS : Piglia-lo sù [etc.] / MONSIEUR DE POURCEAUGNAC : Allez-vous-en au diable. / *(Monsieur de Pourceaugnac, mettant son chapeau pour se garantir des seringues, est suivi par les deux Médecins et par les Matassins ; il passe par-derrière le théâtre, et revient se mettre sur sa chaise, auprès de laquelle il trouve l'Apothicaire qui l'attendait ; les deux Médecins et les Matassins rentrent aussi.* LES DEUX MÉDECINS : Piglia-lo sù, [etc.] *(Monsieur de Pourceaugnac s'enfuit avec la chaise, l'Apothicaire appuie sa seringue contre, et les Médecins et les Matassins le suivent.)*

72. « Prends-le vite, seigneur monsieur, prends-le, prends-le, prends-le vite, il ne te fera point de mal, prends-le vite ce remède, prends-le vite, seigneur monsieur, prends-le vite. »

Page 178.

73. « *Il a un coup sûr* pour dire il a un beau jeu, un moyen infaillible de gagner » (Furetière).

74. « *Bon homme, bon, bonne (probus, simplex).* Ce mot, joint avec homme, ou femme, se prend dans un bon ou mauvais sens, selon le ton dont on parle... » (Richelet), honnête, pas méchant..., bon et simple et âgé.

75. J'ai une hypothèque sur lui ; qui fait partie de mes « effets », traduisons : de mon portefeuille de valeurs.

Page 179.

76. *Constituer :* établir. Mais autour du mot flottent des associations d'idées : constituer prisonnier, et constitution de rente : « Il est mon prisonnier et ma rente », dit le médecin.

77. *Un meuble :* un bien.

78. « *Mes effets* » : les actions, obligations, titres de rente constituant mon « portefeuille ».

79. Je prétends qu'il ne se marie point sans qu'au préalable...

80. Un mal, qui empêche le mariage et sur lequel le médecin

est obligé au secret, est très vite identifié par Oronte. D'autant que le mot « mal », à lui seul, est révélateur : « *Mal, mal de Naples ;* on l'appelle aussi la *maladie vénérienne* ou le *vilain mal* ou absolument *du mal* » (Furetière).

Page 181.

81. « En plusieurs coutumes on appelle la dot le *mariage* » (Furetière). Le marchand flamand attend que Pourceaugnac paie ses dettes avec la dot de sa femme.

Page 183.

82. Ils étaient masqués ; d'où leurs grosses joues ?

83. Les chapeaux des médecins.

84. Pantalon est un personnage de la comédie italienne. Ici au sens général de bouffon ; il désigne les « matassins » qui ont dansé autour de Pourceaugnac une espèce de danse du scalp. Pourceaugnac se croit encore poursuivi par eux.

Page 185.

85. « *Scandaliser :* déchirer la réputation de quelqu'un » (Furetière).

86. Les sens du mot galant vont du simple désir d'être aimable dans le monde, à la galanterie professionnelle. « Quand on dit, c'est une *galante,* on entend toujours une courtisane » (Furetière). Le terme n'est donc point si « doux » que Sbrigani veut le dire. Monsieur de Pourceaugnac peut imaginer les pires lubricités.

Page 186.

87. « *Chapeau :* on dit proverbialement d'une personne à qui il est arrivé quelque sujet de honte, ou de qui on a fait quelque médisance : Voilà un beau chapeau que vous lui mettez sur la tête » (Furetière). Dans le propos de Pourceaugnac est sous-entendue l'idée de cornes qui le feraient de la « grande confrérie » des maris trompés.

88. Les salutations sont d'une sécheresse qui se veut insultante.

Page 187.

89. « *Égrillard :* éveillé, subtil, qui entend bien ses intérêts. Ne vous fiez pas à cet homme-là, c'est un *égrillard* qui vous trompera » (Furetière).

Page 188.

90. « *Vertigo :* mot burlesque pour dire caprice soudain » (Richelet).

91. « *Judiciaire :* puissance de l'âme qui a le discernement, la faculté de juger » (Furetière).

Page 189.

92. Sbrigani déguisé en marchand flamand (acte II, sc. III) avait averti Oronte que Pourceaugnac se proposait de payer ses dettes avec la dot de Julie.

93. La liste des acteurs appelle Lucette « feinte gasconne ». Le texte (p. 190) la dit de Pézenas. L'édition de 1682 : « Lucette, contrefaisant la languedocienne. » Languedocienne, gasconne ; on n'y regarde pas de si près : Lucette parle un dialecte d'oc : « Ah! tu es ici, et à la fin je te trouve après avoir fait tant de pas. Peux-tu, scélérat, peux-tu soutenir ma vue ? »

Page 190.

94. « Ce que je te veux, infâme! Tu fais semblant de ne pas me connaître et tu ne rougis pas, impudent que tu es, tu ne rougis pas de me voir ? *(A Oronte.)* Je ne sais pas, Monsieur, c'est vous dont on m'a dit qu'il veut épouser la fille ; mais je vous déclare que je suis sa femme et qu'il y a sept ans, Monsieur, qu'en passant par Pézenas, il eut l'adresse, avec ses mignardises, comme il sait si bien faire, de me gagner le cœur, et il m'obligea par ce moyen à lui donner la main pour l'épouser. »

95. « Le traître me quitta trois ans après, sous prétexte de quelques affaires qui l'appelaient dans son pays et depuis je n'ai presque [quaso?] pas reçu de nouvelles ; mais au moment que j'y songeais le moins, on m'a donné avis qu'il venait dans cette ville, pour se remarier avec une autre jeune fille, que ses parents lui ont fait connaître, sans rien savoir de son premier mariage. J'ai tout quitté en hâte et me suis rendue en ce lieu le plus tôt que j'ai pu, pour m'opposer à ce mariage criminel et confondre aux yeux de tout le monde le plus méchant des hommes. »

96. « Impudent, tu n'as pas honte de m'injurier, au lieu d'être confus des reproches secrets que ta conscience doit te faire ? »

Page 191.

97. « Infâme, oses-tu dire le contraire ? Hé, tu sais bien pour mon malheur, que ce n'est que trop vrai ; et plût au ciel que cela ne fût pas et que tu m'eusses laissée dans le même état d'innocence et dans la tranquillité où mon âme vivait avant que tes charmes et tes tromperies ne m'en aient fait sortir pour mon malheur ! Je ne serais pas réduite à faire le triste personnage que je fais présentement, à voir un mari cruel mépriser toute l'ardeur que j'ai pour lui, et me laisser sans aucune pitié abandonnée aux mortelles douleurs que j'ai ressenties de ses perfides actions. »

98. « NÉRINE : Ah! je n'en peux plus. Je suis tout essoufflée! Ah fanfaron, tu m'as bien fait courir, tu ne m'échapperas pas. Justice, justice! Je mets empêchement au mariage. C'est mon mari, monsieur, et je veux faire pendre ce bon pendard-là. »

Page 193.

99. « LUCETTE : Et que voulez-vous dire avec votre empêchement et votre pendard? Cet homme est votre mari? /NÉRINE : Oui, madame, et je suis sa femme. / L. : C'est faux, c'est moi qui suis sa femme, et s'il doit être pendu, c'est moi qui le ferai pendre. / N. : Je n'entends mie à ce baragouin-là. / L. : Je vous dis que je suis sa femme [...]. / N. : Je vous dis que c'est moi, encore une fois, qui le suis. / L. : Et moi je vous soutiens que c'est moi. / N. : Il y a quatre ans qu'il m'a épousée. / L. : Et moi, sept ans qu'il m'a prise pour femme. / N. : J'ai des garants de tout ce que je dis. / L. : Tout mon pays le sait. / N. : Notre ville en est témoin. / L. : Tout Pézenas a vu notre mariage. / N. : Tout Saint-Quentin a assisté à notre noce. / L. : Il n'y a rien de si véritable. / N. : Il n'y a rien de plus certain. / L. : Oses-tu dire le contraire, veillaque (cf. Corneille, *L'Illusion comique*, II, II, v. 245). / N. : Est-ce que tu me démentiras, méchant homme? [...] / L. : Quelle impudence! Et aussi, misérable, tu ne te souviens plus de la pauvre Françon et du pauvre Jeanet, qui sont les fruits de notre mariage? / N. : Voyez un peu l'insolence. Quoi? tu ne te souviens pas de cette pauvre enfant, notre petite Madelaine, que tu m'as laissée pour gage de ta foi? [...] / L. : Viens, Françon, viens Jeanet, viens mon toutou, viens ma toutoune, viens faire voir à un père dénaturé la dureté qu'il a pour nous. / N. : Venez, Madelaine, mon enfant, venez-vous-en ici faire honte à votre père de l'impudence qu'il a. »

100. « Et ainsi, traître, tu n'es pas dans la dernière confusion de recevoir de la sorte tes enfants et fermer l'oreille à la tendresse paternelle? Tu ne nous échapperas pas, infâme, je veux te suivre partout et te reprocher ton crime jusqu'à ce que je me sois vengée et que je t'aie fait pendre; coquin, je veux te faire pendre. »

101. « Ne rougis-tu pas de dire ces mots-là et d'être insensible aux caresses de cette pauvre enfant? Tu ne te sauveras pas de mes pattes et en dépit de tes dents, je ferai bien voir que je suis ta femme et te ferai pendre. »

Page 194.

102. « *Information :* acte par lequel on s'enquiert [...] contre la personne qu'on accuse avant qu'on l'*ajourne* [...]. *Décret :* ordonnance de juge portant permission d'emprisonner » (Richelet). « *Surprise :* tromperie... les surprises qui se font tous les jours au

Palais » (Furetière). « *Défaut :* faute de comparoir en justice aux assignations données... » (Furetière). « *Contumace :* le défaut que fait la personne criminelle qu'on a interpellée de comparoir » (Richelet). Monsieur de Pourceaugnac serait condamné, ou se laisserait condamner, par défaut. Puis il récuserait le tribunal; déclarerait qu'il y a « conflit » de juridiction. « C'est lorsqu'une action est intentée devant un juge et qu'un autre prétend que la connaissance lui est due préférablement à tout autre juge » (Richelet). Il gagnerait du temps ainsi pour trouver des moyens de nullité. Dans ce comportement, tout est d'un chicanous et rien d'un gentilhomme.

Cette floraison de « termes » du métier vise à ridiculiser le jargon de la procédure au moment où elle venait d'être simplifiée. En 1667, est établie *La Nouvelle Ordonnance.* « Le Roi, toujours attentif au bien de ses sujets, voulut que la Justice leur fût rendue... avec plus de diligence... La multitude des formalités éternisait les procès, et quelques Lois qu'on eût opposées à ce désordre, elles étaient presque toujours éludées par l'artifice des plaideurs » (*Médailles sur les principaux événements du règne entier de Louis le Grand,* 1723, p. 95).

Page 195.

103. Monsieur de Pourceaugnac va exposer maintenant sa défense : 1° présentation de *ses faits justificatifs;* 2° *récolement :* « procédure que l'on fait en un procès criminel lorsqu'on relit à un témoin la déposition qu'il avait faite auparavant pour voir s'il y veut persister ou ajouter ou diminuer. Le récolement se fait avant la confrontation » (Furetière); 3° *confrontation :* « c'est lorsque le juge présente les témoins de l'information à l'accusé pour leur faire lecture de leur déposition et la soutenir à la face de l'accusé » (Richelet).

Page 196.

104. Tous sont des législateurs et jurisconsultes diversement célèbres.

Page 201.

105. « *Écuyer :* titre qui marque la qualité de gentilhomme et qui est au-dessous de chevalier » (Furetière). Les gentilshommes ont droit à être décapités. Monsieur de Pourceaugnac pendu, ses parents auraient du mal à prouver que la famille n'est pas roturière.

Page 204.

106. *Exempts :* « ... sont ordinairement employés à faire des

captures ou autres exécutions à la tête de quelques gardes ou archers » (Furetière). Il s'agit naturellement d'un faux exempt aux ordres de Sbrigani.

107. *Tout à l'heure* : tout de suite.

Page 206.

108. Une amulette.

Page 208.

109. « *Jouer pièces à quelqu'un, lui faire pièce* : lui faire quelque supercherie, affront, dommage » (Furetière).

Page 209.

110. Dans une société où l'on trouvait normal d'arranger les mariages sans consulter les enfants, et surtout pas les filles, dire à son futur beau-père ou à sa future belle-mère : « c'est vous que j'épouse et non votre fille » était une politesse admise. Le protecteur de Molière, Conti, déclare : « qu'il ne se souciait pas quelle nièce [de Mazarin] on lui donnât et qu'il épousait le Cardinal et point du tout sa femme ». Saint-Simon dira au duc de Beauvillier : « Ce n'était pas le bien qui m'amenait à lui, ni même sa fille, que je n'avais jamais vue; que c'était lui qui m'avait charmé et que je voulais épouser, avec Mme de Beauvillier. » Mais faire à la fille cette déclaration devient cocasse.

Page 210.

111. Les masques suivent l'Égyptienne, pour qu'elle leur dise la bonne aventure. Furetière rappelle rudement que les Bohémiens ou Égyptiens sont des « gueux errants, vagabonds et libertins », à qui une ordonnance de 1560 enjoint de vider le royaume.

LES FOURBERIES DE SCAPIN

Page 221.

1. Le nom est d'un guerrier de la *Jérusalem délivrée* du Tasse. Mais n'était-il pas déjà devenu nom de théâtre? Ou Molière ne l'a-t-il pas fabriqué dans le sillage d'Orgon (cf. Argan...)? — On ne sait qui joua le rôle lors de la création. En 1685, il était tenu par La Grange; mais en 1671 son emploi était celui des amoureux; il a donc dû être plutôt Léandre à la création.

2. Le rôle était tenu à la création par Mlle Beauval. Elle était connue pour son rire communicatif : Nicole dans *Le Bourgeois*

gentilhomme; Toinette dans *Le Malade imaginaire.* « Rôle jovial »,
dit Robinet, *Lettre en vers à Monsieur,* 30 mai 1671. — Le nom
vient de la *commedia dell'arte,* et désigne l'amoureuse galante.

3. Rôle de Molière : « Cet étrange Scapin-là / Est Molière en
propre personne — [il] Fait ce rôle admirablement » (Robinet,
ibid.).

4. Silvestre, qui joue le spadassin (acte II, sc. vi) : La
Thorillière, « furieux porte-rapière », dit Robinet, *ibid.*

5. L'*Inavvertito,* que Molière a imité, se passe déjà à Naples.

Page 223.

6. Molière imite ici le début de *La Sœur* de Rotrou. En
constatant même que ses deux premières phrases sont des
alexandrins, faut-il se demander s'il n'avait pas voulu réem-
ployer quelque tirade par laquelle il rivalisait avec Rotrou :

LÉLIE	Ô fatale nouvelle et qui me désespère!
	Mon oncle te l'a dit et le tient de mon père.
ERGASTE	Oui.
LÉLIE	Que pour Éroxène il destine ma foi,
	Qu'il doit absolument m'imposer cette loi,
	Qu'il promet Aurélie aux vœux de Polydore?
ERGASTE	Je vous l'ai déjà dit et le redis encore.
LÉLIE	Et qu'exigeant ce funeste devoir,
	Il nous veut obliger d'épouser dès ce soir.
ERGASTE	Dès ce soir.
LÉLIE	Et tu crois qu'il parlait sans feinte?
ERGASTE	Sans feinte.
LÉLIE	Ah! Si d'amour tu ressentais l'atteinte,
	Tu plaindrais moins ces mots qui te coûtent si cher,
	Et qu'avec tant de peine il te faut arracher.

(*La Sœur,* acte I, sc. i, début.)

Page 224.

7. Un questionneur impatient, un questionné flegmatique, le
jeu est repris de *Mélicerte,* acte II, sc. i et, avant, du début de *La
Sœur* de Rotrou.

8. Cf. *Le Médecin volant,* sc. xiv.

Page 225.

9. *Consolatif* n'est pas dans les dictionnaires du xviie siècle. Le
mot vient du langage religieux (voir exemples dans Livet) non
sans une pointe d'irrévérence peut-être.

10. Le mot est pris ironiquement, comme dans *L'Avare,* acte II,

sc. I (Folio, p. 215) pour désigner des inventions répréhensibles, voire pendables.

Page 226.

11. Ce récit s'inspire très directement de Térence. Les deux vieillards sont partis en voyage laissant leurs deux fils à la garde de deux « serviteurs » (traduction Marolles). L'un des enfants, Phédrie, s'est épris tout de suite d'une « certaine joueuse de harpe... esclave chez un infâme corrupteur de la jeunesse ». L'autre jeune homme, Antiphon, voit une jeune orpheline : « elle nous parut fort belle... et si [pourtant] elle n'avait point de parure qui contribuât à relever sa beauté. Elle avait des cheveux épais et était nu-pieds. Une autre eût fait peur en l'état où elle était, tout éplorée et si mal vêtue, que si sa beauté n'eût été extraordinaire on ne s'en serait pas aperçu ». Antiphon veut que Phédrie l'admire. Phédrie se contente de dire « elle est vraiment jolie ». Antiphon en devient amoureux et l'épouse en l'absence du père.

12. Les Égyptiens sont les Bohémiens, ou Gitans ou Gypsies. Leurs costumes colorés sont heureusement à leur place dans les Ballets (voir *Le Mariage forcé, Le Malade imaginaire*, et aussi de très nombreux ballets).

Page 227.

13. Costume pauvre. « On se sert de *futaine* pour faire des camisoles, pour couvrir des matelas » (Furetière). Mais la belle éplorée garde un souci notable de protéger son teint : « Les coquettes mettent sur leur visage des *cornettes* de toile d'ortie, des *cornettes jaunes* pour se conserver le teint frais » (Furetière). — Une modeste demoiselle du XVIIe siècle a remplacé la jeune fille dont Térence se contentait de dire qu'elle était pauvrement vêtue *(vestitus turpis).* — De l'habit de la jeune fille on se fera une idée par celui des sœurs de Saint-Vincent-de-Paul, dont l'institut a été fondé à cette époque.

Page 228.

14. Elle était belle malgré ses larmes, dit Térence. Elle était belle à cause de ses larmes, dit Molière. La modification est lourde d'expérience humaine : l'amour s'insinue par la pitié ; et il n'est pas sans prendre à la douleur quelque plaisir (cf. dans *Britannicus,* Junie désirable pour Néron, à cause de ses larmes). Le siècle est à un tournant et le goût des larmes annonce une sensibilité nouvelle.

15. Cf. Rotrou, *La Sœur,* acte I, sc. IV. ERGASTE, *à son maître* Lélie :* « Si de ce long récit vous n'abrégez le cours / Le jour

achèvera plus tôt que ce discours. / Laissez-le-moi finir avec une parole. »

Page 229.

16. « Il a tant d'avantage sur vous qu'il vous jouerait par-dessous la jambe » (Furetière). Sans difficulté.

17. *Joli*, au sens de spirituel (cf. Furetière).

Page 232.

18. *Prendre le pied de :* se mettre en mesure de, se donner le pouvoir de... Cf. La Fontaine, *Fables*, VIII, 20. « Notre engeance / Prit pied sur cette indulgence. »

19. Se donner une contenance.

Page 234.

20. Il vous en a bien donné à garder, il vous en a bien fait accroire.

21. *Gouverneur* et *directeur* sont par une ironie très volontaire impropres et emphatiques, s'appliquant à un « valet » (voir liste des personnages). « *Gouverneur :* celui qui a soin de l'éducation d'un jeune prince, d'un seigneur, des enfants de bonne maison » (Furetière). *Directeur :* de conscience.

Page 236.

22. Abrégé de l'expression ordinaire : un *bon* compagnon, « qui aime la joie » (Furetière).

23. *Faire de votre drôle :* se comporter en bon compagnon, homme de débauche, plaisant et gaillard.

Page 237.

24. Protester pour cause de violence (cf. Furetière : protester *de* nullité).

25. Déjà dans *Le Tartuffe,* acte II, sc. II (Folio, p. 62). Dorine soutenait devant Orgon qu'il ne marierait pas sa fille avec Tartuffe. C'était la première idée de ce développement. Le dialogue sera repris, avec simplement l'idée de mettre au couvent au lieu de déshériter, dans *Le Malade imaginaire,* acte I, sc. v (Folio, p. 272), entre Toinette et Argan. Si bien que l'éditeur de 1682, La Grange, a supprimé dans *Les Fourberies de Scapin* la partie du dialogue qui va de : « Il ne le fera pas, vous dis-je, [p. 237, l. 34] » à « Finissons ce discours [p. 238, l. 28] ». Il ne voulait sans doute pas laisser apparaître que Molière s'était imité lui-même. Le dialogue était bien pourtant dans l'édition originale. Cette « amélioration » de la part d'un éditeur au demeurant fidèle peut inquiéter.

Page 239.

26. « On dit [qu'un jeune homme] fait le *méchant garçon* pour dire qu'il menace, qu'il frappe, qu'il est brave et dangereux » (Furetière).

27. On songe au cruel croquis de Montfleury, comédien jouant les rois à l'Hôtel de Bourgogne dans son rôle de Prusias dans *Nicomède* (*L'Impromptu de Versailles,* Pléiade, I, sc. I).

Page 242.

28. *Morigéner* ne l'emporte sur *moriginer* qu'à la fin du siècle.

Page 244.

29. « *Résolu :* hardi » (Richelet), brave, déterminé.

Page 246.

30. 70 litres environ.

Page 247.

31. Le loup-garou est un diable qui court les rues en commettant des méfaits.

Page 249.

32. Le mot est très fort : « grande honte qu'on fait à quelqu'un » (Furetière).

33. *Insulte* aussi est très fort : il n'est pas synonyme d'injure, mais d'attaque : « Les *insultes* des filous et des bretteurs » (Furetière). Léandre a voulu frapper Scapin.

Page 251.

34. Ces propos que Scapin attribue à un ancien sont en effet de Térence, *Phormio,* acte II, sc. I. Dans le *Phormio,* le père se lamente sur le mariage inattendu de son fils ; un père de famille doit s'attendre à toutes les disgrâces et considérer comme bénéfice les malheurs qui ne lui seront pas arrivés. L'esclave répond par un couplet symétrique ; il évoque ses malheurs possibles et conclut de même à considérer comme bénéfice les disgrâces qui ne lui seront pas arrivées. Molière a uni les deux couplets dans la bouche de Scapin et, d'être réunis, ils prennent une saveur supplémentaire.

Page 252.

35. « *Brave :* un bretteur, un assassin, un homme qu'on emploie à toutes sortes de méchantes actions. Cette courtisane a plusieurs braves qui la protègent » (Furetière).

36. Voir n. 24.

37. Ici encore Molière a utilisé le *Phormio,* acte IV, sc. III. Par exemple : « CHRÉMÈS : Que demandait-il? / GETA : Ce qu'il demandait? Des choses extravagantes... / CHRÉMÈS : Mais encore? / GETA... : Si quelqu'un lui donnait la valeur d'un grand talent. / CHRÉMÈS... Mais plutôt un mal incurable... » L'adversaire demande de l'argent pour dégager une terre, puis pour dégager une maison, puis une petite servante, puis une servante robuste. Chrémès finit par céder, donne l'argent à l'esclave qui s'écrie : « J'ai tiré l'argent de la bourse de nos vieillards. »

Page 253.

38. Je comprends un *bon* cheval, d'après Furetière : « Plusieurs doivent des redevances à leur seigneur d'un *cheval de service,* d'un bon coureur. »

Page 254.

39. La multitude des justices royales, seigneuriales, ecclésiastiques, et leurs chevauchements étaient une des plaies de la justice. « Orante [...] saura peut-être dans cinq années quels seront ses juges [...] » (La Bruyère, *Les Caractères,* « De quelques usages », 41, Folio, p. 341). La seconde plaie étant la prolifération des gens de justice. « La chicane établie par une possession de plusieurs siècles, fertile en inventions contre les meilleures lois et enfin, ce qui la produit principalement, j'entends ce peuple excessif aimant les procès et les cultivant comme son propre héritage, sans autre application que d'en augmenter la durée et le nombre », écrivait Louis XIV (*Mémoires,* éd. Longnon, p. 17). Molière rappelait ces abus au moment où une réforme, mieux intentionnée qu'efficace, aboutit à un nouveau code de procédure civile.

40. « *Contumace :* refus de comparaître, de se présenter en justice. Il se dit au civil aussi bien qu'au criminel » (Richelet). Argante sera donc jugé frauduleusement, comme s'il était absent. La condamnation par contumace est, au civil, définitive, si je comprends bien Furetière.

41. « *Sentence :* jugement rendu par des juges inférieurs et dont on peut appeler. — *Arrêt :* jugement ferme et stable d'une puissance souveraine » (Furetière) donc définitif.

Page 255.

42. Le déroulement chronologique du procès est suivi de façon très compétente par Scapin qui a dû être à quelque moment clerc de procureur. — *Exploit* d'assignation pour introduire l'instance. — *Contrôle :* enregistrement de l'exploit. « Le contrôle des

exploits empêche bien des antidates, des friponneries de sergents »
(Furetière). — Par la *procuration,* Argante donnerait pouvoir à un
procureur de le représenter. — « *Présentation :* le droit du
procureur qui offre d'occuper en une cause » (Furetière). —
Conseils, productions et *journées* sont aussi des rémunérations du
procureur (l'avoué). — Après l'avoué, les avocats : *consultations,*
plaidoiries. Puis vient le temps où Argante aura à rétribuer
greffiers et juges. Le sac contenant la procédure a été déposé
entre les mains du greffier garde-sacs. Lorsque l'instruction est
finie, il doit être repris par la partie d'où droit *pour retirer le sac,*
et pour avoir des doubles, *les grosses,* du dossier. Les substituts
présentent *leurs conclusions* qui donnent droit à *épices. Enregistre-*
ment par le greffier. Paiement de la *façon d'appointement.* « La
façon d'un décret, d'un arrêt, d'une sentence, le salaire du greffier
qui les a dressés ou mis en peau, sans y comprendre la signature »
(Furetière). L'appointement est une manière de mise au point qui
précise la qualité des parties, l'objet du litige, les conclusions des
demandes.
Sur *sentences* et *arrêts,* voir n. 41, ci-dessus. Le jugement est
rendu. Intervient alors la série des paiements pour obtenir la
connaissance du jugement.
43. *L'Ordonnance civile touchant la réformation de la justice*
(1667) avait été précédée de tout un travail en commissions. Les
procès-verbaux observent « qu'il pouvait y avoir des procureurs
gens de bien, mais qu'universellement [dans leur ensemble] ils
étaient la cause de tous les désordres de la Justice [...] Les clercs
rapporteurs [...] causent les plus grands dérèglements de la
justice ; ils exigent des parties de plus grands droits que ceux qui
appartiennent à leurs maîtres » [les procureurs].

Page 256.

44. « *Eschigner :* tuer, massacrer, assommer, rompre l'eschine »
(Furetière).

Page 257.

45. Livet, *Lexique de Molière,* explique ce féminin au premier
abord étonnant, le juron : « Par la mort de Dieu » devient *par la*
morbleu, sur quoi est fabriqué *palsambleu* ou *par le sang bleu*
abrégé en *par la sang.*
46. « Au théâtre on fait dire tout de suite après à Argante :
« Non, monsieur, ce n'est pas moi » (note d'Auger, 1824).

Page 258.
47. Bien du bonheur.

Page 259.

48. Les deux mots *accommoder* et *affaires* sont du vocabulaire du duel tout autant que de celui des affaires, ils ont aux oreilles d'Argante une sonorité inquiétante, propre à faire réfléchir.

Page 260.

49. *L'Amour médecin* (acte I, sc. VI) et *Monsieur de Pourceaugnac* (acte III, sc. VI) utilisaient déjà ce jeu.

50. Dans *Il Capitano* de Flaminio Scala (1611), on fait croire à Pantalon que son fils a été pris par des bandits qui demandent cent écus de rançon. Il est bien possible que Molière ait connu ce canevas de la *commedia dell'arte*. Mais, à côté de cette source possible, une source certaine : dans *Le Pédant joué* de Cyrano de Bergerac (1654), le valet du jeune homme vient apprendre au pédant Granger que son fils a été enlevé par les Turcs tandis qu'il traversait la Seine pour aller de la porte de Nesle au quai de l'École (quai du Louvre). Et Granger s'écrie à quatre reprises : « Que diable aller faire aussi dans la galère d'un Turc ? » Et pour payer la rançon : « Va prendre dans mes armoires ce pourpoint découpé que quitta feu mon père l'année du grand hiver. »

Page 262.

51. Sans peine sur le grand chemin.

Page 267.

52. *Attaquer d'amitié :* proposer de faire amitié. L'expression est comparable à celle-ci : « On dit à table " Je vous attaque " pour dire " Je vous porte une santé " » (Furetière).

Page 270.

53. *Une venue :* une poussée, une récolte.

Page 272.

54. Sur ce *sac*, on a beaucoup discuté, à l'occasion de deux vers fameux de Boileau rappelés dans la Notice des *Fourberies*. On verra dans l'*Histoire de la littérature française au XVII*ᵉ *siècle* d'A. Adam (Domat-Del Duca, t. III, 1952, p. 386, n. 1) l'analyse de la discussion et sa solution qui nous paraît acquise : les gravures anciennes donnent à Scapin comme attribut un immense manteau sur l'épaule, pendant devant et derrière (voir Callot). Molière-Scapin apparaît ainsi accoutré ; on croit qu'il a un manteau ; il le déploie : c'est un sac dans lequel il fait entrer Géronte ; mais il était bien, avant d'y mettre Géronte, drapé, « enveloppé » lui-même dans le manteau-sac.

55. Ce spadassin parle le gascon de comédie (cf. *Monsieur de Pourceaugnac*) dont l'élément essentiel est la substitution du *b* au *v*.

56. Tête de Dieu.

Page 273.

57. *Bélître :* voir note 9, page 312.

58. *Adieu*, en gascon.

Page 274.

59. Le français à la suisse après le français à la gasconne. Cf. *Monsieur de Pourceaugnac*.

60. « On dit proverbialement *courir comme un Basque,* pour dire marcher vite et longtemps parce que ceux de Biscaye sont en réputation pour cela » (Furetière).

Page 276.

61. Dans *Le Pédant joué* (acte III, sc. II) de Cyrano de Bergerac, Génevote conte de même à Granger le tour dont celui-ci a été victime. Mais Génevote connaît Granger pour ce qu'il est : elle prend plaisir à lui jeter à la figure sans en avoir l'air ses cruelles vérités.

Page 277.

62. « Un *vilain* c'est un homme avare » (Furetière).

Page 279.

63. Deux sens possibles : où vous en allez-vous hors du logis ? ou, plutôt, à quelle fantaisie vous êtes-vous livrée ?

Page 280.

64. « On appelle un *oison bridé* celui à qui on a passé une plume par les ouvertures qui sont à la partie supérieure de son bec, pour les empêcher de passer des haies et d'entrer dans les jardins où il est permis de les tuer [...] C'est de là qu'est venu le proverbe de *passer la plume par le bec* » (Furetière, à *oison*).

Page 281.

65. Deux évêques italiens des XVe et XVIe siècles se nommaient ainsi.

Page 284.

66. « *Pointe* [...] se dit d'une résolution constante. Un habile homme poursuit toujours sa pointe quand il a bien concerté une entreprise » (Furetière).

Page 285.

67. Richelet et Furetière d'accord pour donner au mot le sens de prostituée.

Page 286.

68. Cette seconde reconnaissance est de Molière seul, rien de tel chez Térence.

69. On se rappellera que Cyrano, l'auteur du *Pédant joué* imité par Molière, est mort de cette façon-là.

Page 288.

70. Scapin rejette son pansement, se dresse et il est emporté en triomphe. Ce jeu de scène peut bien remonter à Molière.

DU MÊME AUTEUR

Dans la collection Folio théâtre

L'AVARE. *Édition présentée et établie par Jacques Chupeau.*

LE BOURGEOIS GENTILHOMME. *Édition présentée et établie par Jean Serroy.*

LES PRÉCIEUSES RIDICULES. *Édition présentée et établie par Jacques Chupeau.*

L'ÉTOURDI. *Édition présentée et établie par Patrick Dandrey.*

SGANARELLE. *Édition présentée et établie par Patrick Dandrey.*

LES FÂCHEUX. *Édition présentée et établie par Jean Serroy.*

Dans la collection Folio classique

Éditions collectives

AMPHITRYON, GEORGE DANDIN, L'AVARE. *Édition présentée et établie par Georges Couton.*

LE BOURGEOIS GENTILHOMME, LES FEMMES SAVANTES, LE MALADE IMAGINAIRE. *Édition présentée et établie par Georges Couton.*

L'ÉCOLE DES MARIS, L'ÉCOLE DES FEMMES, LA CRITIQUE DE L'ÉCOLE DES FEMMES, L'IMPROMPTU DE VERSAILLES. *Édition présentée et établie par Jean Serroy.*

LE TARTUFFE, DOM JUAN, LE MISANTHROPE. *Édition présentée et établie par Georges Couton.*

Éditions isolées

L'AVARE. *Édition présentée et établie par Georges Couton.*

LE BOURGEOIS GENTILHOMME. *Édition présentée et établie par Georges Couton.*

Impression Novoprint
à Barcelone, le 21 juin 2012
Dépôt légal : juin 2012
Premier dépôt légal dans la collection : février 1978

ISBN 978-2-07-036996-6./Imprimé en Espagne.